dg-thz

THÉÂTRE DU XVIIIe SIÈCLE

JEUX, ÉCRITURES, REGARDS

David Trott

THÉÂTRE DU XVIIIe SIÈCLE

JEUX, ÉCRITURES, REGARDS

Essai sur les spectacles en France
de 1700 à 1790

Éditions espaces 34

Pièces de théâtre du XVIIIᵉ siècle
parues aux éditions Espaces 34

ISBN : 2-907293-65-6

© 2000, par Éditions Espaces 34, B.P. 2080, 34025 Montpellier Cedex 1, France.

À Michèle.

SOMMAIRE

AVANT-PROPOS ET REMERCIEMENTS

Quand on va au théâtre, que regarde-t-on ? L'interprétation scénique d'une pièce ? Le jeu d'un acteur célèbre ? La création d'un metteur en scène ? Autre chose encore ? Tout cela, sans doute, mais dans des proportions qui varient selon la perspective de chaque spectateur et selon les circonstances ponctuelles de chaque représentation. C'est cette variabilité qui fait du théâtre un art doublement plastique ; d'abord parce qu'on y donne une forme concrète à des mots écrits, mais aussi parce que cette « concrétisation » n'en reste pas moins mouvante. Le théâtre peut donc être vu comme le produit éphémère d'une combinatoire d'éléments dont aucun ne peut se considérer comme suffisant de lui-même, mais, en même temps, comme un acte d'inventivité pure devant des observateurs qui assistent en direct à la création de nouvelles formes. Le théâtre de tous temps est fait de mouvance et de fragments ; mais il y a des moments où il résulte de ce processus des réalisations incontestablement originales dont on pourra tâcher de fixer les contours.

La France au XVIII⁰ siècle présente un de ces moments. À cette époque, les éléments constitutifs du théâtre évoluent et s'organisent de façon unique. Sous la surface qu'une survalorisation de la dramaturgie néoclassique rend excessivement tranquille, deux visions du théâtre se heurtent. Les racines de ce qui deviendra la représentation naturaliste se mettent en place, mais non pas aux dépens du seul théâtre classique ; des pans massifs d'une production théâtrale « autre », prénaturaliste, si l'on veut garder le classement que nous venons de suggérer, furent marginalisés ou supprimés. L'objectif de cette étude sera de préciser le fonctionnement de cette rencontre – à partir de 1700 et jusqu'aux débuts de la Révolution. Au-delà du simple repérage d'une multitude de faits « concrets » (parce que documentés), l'histoire du théâtre s'efforce de fixer les traits marquants de sa combinatoire à des moments donnés, d'arrêter la mouvance pour identifier les fragments dont elle est alors composée. Quelles ont été les forces régissant leur confluence ? Trop d'aperçus d'ensemble du théâtre en France au XVIII⁰ siècle atténuent son caractère dynamique et hétérogène. Ils lui préfèrent des caractérisations plus schématiques et figées. Ainsi nous trouvons-nous devant ces généralisations devenues lieux communs :

1) celle d'une « hiérarchie » de genres et de troupes ; l'Académie Royale de Musique (ou l'Opéra), fondée en 1669 et se spécialisant dans les tragédies lyriques et les ballets ; la Comédie-Française (ou Théâtre Français), créée ensuite en 1680 et se spécialisant dans les tragédies, les comédies et, plus tard, dans les drames ; la Comédie-Italienne (ou Théâtre Italien), présente en France de façon intermittente depuis la Renaissance, bannie par Louis XIV en 1697, ramenée par le Régent en 1716 sous la direction de Luigi Riccoboni, et se spécialisant dans les canevas italiens, les comédies, les parodies et, plus tard, dans les opéras-comiques ; le théâtre forain dont l'Opéra-Comique a émergé pour fusionner avec la Comédie-Italienne en 1762 ; le théâtre des Boulevards, sorte de prolongement du répertoire forain après le milieu du siècle, et se spécialisant dans les genres moins valorisés tels que la parade, la farce, les opéras-comiques à ariettes ; et le théâtre de société dont le caractère privé le rend moins important pour plusieurs ;

2) celle d'un palmarès de « grands » dramaturges ; Voltaire en tête, suivi par plusieurs des auteurs les plus joués à la Comédie-Française (tels que [alphabétiquement] Crébillon, Destouches, Gresset, La Chaussée, La Motte, Lesage, Regnard, Sedaine, etc.), une place importante pour Marivaux et Beaumarchais, et, davantage pour ses écrits théoriques sur le drame, pour Diderot ;

3) celle d'un mythe d'immobilisme dû au poids d'une dramaturgie classique aussi tenace qu'agonisante ; en maintenant une focalisation sur la partie supérieure de la hiérarchie que nous venons d'évoquer, et en cantonnant la production musicale dans une catégorie séparée du théâtre « pur », l'impression de statisme formel ne peut être que renforcée ;

4) celle du caractère divertissant plutôt qu'engagé et subversif du théâtre ; comme il s'agissait en cette ère des Lumières de grands débats d'idées livrés sur des tribunes plus aérées et amples que les scènes étroites et encombrées de la Loge du Sieur Pellegrin à la Foire Saint-Laurent, de l'Hôtel de Bourgogne ou même du Palais-Royal,

le rôle idéologique des spectacles et des divertissements des Français entre 1700 et 1790 s'en est trouvé marginalisé pour beaucoup, et amoindri en comparaison avec le cosmopolitisme régnant.

L'effet cumulé de ces caractérisations du théâtre tend à en minimiser le côté problématique et à le rendre d'importance secondaire par rapport au grand brassage d'idées en cours pendant les dernières décennies de l'Ancien Régime.

Pourtant, le XVIIIᵉ siècle en France fut également un âge du théâtre. Cette époque de la fin de l'Ancien Régime, de la dissémination de savoirs nouveaux s'adonna massivement et collectivement en même temps à l'art dramatique. Aller à la Comédie, monter en scène, admirer et maîtriser l'exécution d'un rôle, « tout le monde » le faisait, « tout le monde » en débattait, « tout le monde » en était touché. Ce siècle des Idées fut donc aussi le moment d'une manie de la mise en scène dont toutes les couches sociales qui en avaient la possibilité subissaient une contagion quasi pandémique. Parce que la passion du théâtre se caractérisait par un volume sans précédent de représentations et d'éditions de pièces, il reste toujours difficile à plus de deux siècles de distance d'en estimer la portée globale et d'en préciser les sens. Par ailleurs, la multiplication et l'accumulation récentes de nombreux travaux de grande érudition offrent enfin les outils d'une nouvelle synthèse [1]. Il s'agit dans cet essai d'extraire quelques nouvelles mesures de l'ampleur de l'activité théâtrale, de dégager plus clairement certaines grandes lignes de force et de proposer une sélection tant soit peu différente de faits et de moments privilégiés vus à plus de deux siècles de distance. Le temps d'une nouvelle tentative de bilan est venu.

Sans l'aide précieuse de nombreux collègues et amis, cette étude n'aurait pas été possible. Je tiens à remercier vivement le personnel des bibliothèques et archives de France, dont Mᵐᵉ Claude Billaud de la BHVP, le Conseil des Recherches en Sciences Humaines du Canada, le Centre d'Étude du XVIIIᵉ siècle de l'Université Paul Valéry (Montpellier III), l'Université de Toronto, ainsi qu'Isabelle

---

1. L'exhaustivité de l'inventaire d'A. Tissier, *Les Spectacles à Paris pendant la Révolution*, en est un exemple. Il fait état pour les trois années étudiées de quelques 3 000 représentations théâtrales.

Degauque, John Fleming, Jean-Pierre Lassalle, Claude Lauriol, Janet M. Paterson, Françoise Rubellin, Barry Russell, David Smith, Dominique Triaire, Edward A. Walker.

INTRODUCTION

A - NOUVEAU BILAN : POUR UNE PLUS LARGE VISION D'ENSEMBLE DE LA PRODUCTION THÉÂTRALE ENTRE 1700 ET 1790

Presque 12 000 titres [2] ; nous oublions jusqu'à quel point le théâtre du XVIIIe siècle fut marqué par la quantité. Raréfiée depuis par l'usure du temps et par un décantage cumulé d'optiques critiques successives, la pratique scénique entre 1700 et 1790 nous parvient sous une forme nécessairement filtrée. En réalité, son empreinte est celle de toutes les pièces qu'annoncent ces titres, de l'existence de centaines sinon de milliers de salles de théâtre dans toutes les villes de France ainsi que dans les résidences privées et lieux publics de la campagne, et de l'activité de milliers de faiseurs de spectacles de toutes sortes (acteurs, « poètes », musiciens, décorateurs, etc.). Et ce n'est qu'un premier aperçu du phénomène. Augmenté par les reprises du répertoire classique ainsi que par la dissémination d'innombrables succès du moment, le nombre de représentations individuelles d'une telle production nationale doit s'estimer au moins dans les centaines de milliers d'événements.

Le classement des faits saillants du phénomène scénique reste très ouvert en dépit de notre recul temporel. À la différence du XVIIe siècle où la réputation exceptionnelle de l'œuvre théâtrale de Corneille, de Molière et de Racine n'a pas connu les mêmes contentieux, l'histoire du théâtre au XVIIIe siècle n'en a pas cerné unanimement les lauréats incontestés, ne nous a pas légué d'emblée

---

2. Précisément, 11 661 selon C. Brenner (*A Bibliographical List of Plays in the French Language, 1700-1789*), dont pourtant le relevé ne dépasse pas l'an 1789.

des chefs-d'œuvre incontestés. Pendant la première moitié du siècle, une comédie de Delisle de la Drevetière, *Timon le misanthrope*, connut le plus grand nombre de représentations ; vu à la loupe de la Comédie-Française et du palmarès de l'art néoclassique, Voltaire fut longtemps présenté comme le dramaturge le plus important, pour le nombre global des représentations de ses pièces, pour son ambition d'être le continuateur du genre tragique et pour sa célébrité phénoménale dans les théâtres de province ; Collé, Vadé et Carmontelle contribuèrent, en passant par la parade et le genre poissard, à l'essor du proverbe de société ; Diderot, Sedaine, Mercier et de nombreux imitateurs pratiquèrent les régions « intermédiaires » ou inexplorées ouvertes par le drame ; Marivaux et Beaumarchais ont émergé de la cohorte des écrivains comme les plus grands créateurs individuels du siècle. D'autre part, on reconnaît de plus en plus au XVIIIe siècle la création d'un nouveau genre, l'opéra-comique à ariettes, où excellèrent d'abord les Favart, et qui eut des rapports (cf. chapitre III, B.6) avec l'évolution de la mise en scène. À la lumière de ce bilan multiple, il est facile de comprendre pourquoi le « canon » et les grands moments du théâtre du XVIIIe siècle ne semblent pas encore fixés. Or ce flottement est significatif, car il traduit et fait ressortir le recentrage de perspectives qui caractérise, selon nous, ce moment particulier de l'évolution théâtrale occidentale.

Parallèlement aux fluctuations du palmarès des dramaturges du XVIIIe siècle, il y eut le lancement d'une réflexion historique et théorique sur l'objet « théâtre ». Vu principalement au début des années 1700 comme, au mieux, une extension des belles-lettres, ou, au pire, comme le vice charnellement incarné, la pratique scénique s'auto-évaluait dans les innombrables prologues du temps, avant d'attirer vers elle la curiosité des théâtromanes et, graduellement, d'élaborer un discours métathéâtral sur la mise en scène comme phénomène distinct de l'écriture d'un texte. En même temps, l'encyclopédisme qui se cristallisa en France au milieu du XVIIIe siècle permettait dès son commencement l'élaboration d'inventaires, de dictionnaires d'auteurs, d'almanachs et de recueils de pièces ; sans parler des « Mémoires » et « Histoires » du théâtre qui se multipliaient en même temps.

À ce qui a été amorcé au XVIIIᵉ siècle, la théâtrologie du XXᵉ siècle apporte de nouveaux outils. Propulsée par des mises au point dont *Lire le théâtre* d'Anne Ubersfeld constitue peut-être l'exemple classique, elle alimente depuis plus d'une génération le débat sur la spécificité du fait théâtral. L'ambivalence fondamentale du théâtre – activité scénique ou littérature dramatique ? – fait de lui en tous temps un phénomène ambigu et marginalisé. Genre dont la littérarité reste suspecte à cause de ses composantes extratextuelles (corps de l'acteur, lieux concrets, appel aux sens multiples...), il ne rentre pas facilement dans la sphère des belles-lettres. Qu'on ne s'y méprenne pas pourtant ; ce statut sous-valorisé chez les uns n'empêcha nullement le théâtre d'être l'objet de plusieurs luttes d'appropriation, révélant par là une importance non entièrement avouée. Le siècle fut traversé de heurts : animés par les encyclopédistes contre l'exclusivité des partisans du néoclassicisme ; ou dirigés contre la mainmise des troupes ou des acteurs individuels par les auteurs cherchant à faire valoir des droits souvent foulés (ce dernier effort, intensifié par Beaumarchais, vit l'émergence en 1777 d'une société des auteurs dramatiques). Il y a donc une spécificité de cet antagonisme qui est propre au XVIIIᵉ siècle. Alors qu'on situe depuis longtemps cette spécificité dans le versant édité, littéraire, dont le métier d'auteur enfin reconnu bénéficiera à la fin du siècle, nous nous appuyerons davantage sur le versant spectaculaire que la théâtrologie récente nous aide à mieux cerner.

Pour tenter d'y voir clair, il importe d'expliciter les présupposés qui sous-tendent l'appropriation du théâtre du XVIIIᵉ siècle par des générations et des groupes successifs. Pour les besoins d'une démonstration schématique et simplifiée, nous n'en dénombrons que quatre : les partisans du théâtre néoclassique et littéraire ; les Philosophes ; une critique puriste et moralisante du XIXᵉ siècle ; les historiens des idées au XXᵉ siècle. Dans chaque cas, l'activité théâtrale qui nous intéresse passa à travers le filtre idéologique de préoccupations différentes ; l'image qui en résulte devient nécessairement partielle et partiale. À chaque parti et à chaque génération sa lecture ; le relativisme qui en ressort est le propre de tout acte de réception.

L'angle qui orientera notre regard ici sera plus théâtrologique et anthropologique que littéraire, psychologique ou moralisant. Et, tout en recourant aux solides synthèses du phénomène théâtral que nous offrent plusieurs générations d'historiens et amateurs du théâtre depuis le XVIIIe siècle, il s'efforcera dans la mesure du possible d'y apporter quelques informations premières, inédites ainsi que des perspectives nouvellement envisageables grâce aux progrès de l'informatique. Face à tant de pièces, tant de témoignages, et tant de points de vue, les virtualités de synthèse restent multiples. Cet essai n'en proposera qu'une.

Nous organiserons cette trajectoire globale dans le cadre historique annoncé par notre titre, celui de deux saisons de théâtre, la première commencée en 1700, et la seconde finissant en 1790. Offrant des points de comparaison pour mesurer des mutations réelles, elles serviront de balises entre lesquelles l'évolution d'un monde théâtral qu'on a longtemps caractérisé de sclérosé a pu prendre son élan et se canaliser. Ouvrant ainsi un espace de mutation, les 90 ans qui séparent ces saisons limites le combleront et le relieront en suivant trois grands axes : celui qui va de la représentation au texte (chapitre I) ; celui qui va du théâtre officiel au théâtre non officiel (chapitre II) ; et celui qui va de la théâtralité au « réalisme » scénique (chapitre III). Cette structure offrira trois polarités problématiques concernant le théâtre de tous temps, et pourra aider à envisager l'évolution ponctuelle qui va de 1700 à 1790 par rapport à une perspective plus globale.

Aux classements fondés sur la dramaturgie classique, sur une hiérarchisation des théâtres, sur la pertinence par rapport au mouvement philosophique, ou sur la préférence accordée aux « grands écrivains » du canon, nous ajoutons une série de groupements d'informations venant de dépouillements réitérés des archives assistés par l'ordinateur. L'informatique rend désormais possibles des tris rapides dans des masses très lourdes de données. Là où le chercheur solitaire se trouve obligé d'explorer le répertoire théâtral du XVIIIe siècle chez C. Brenner (*A Bibliographical List of Plays in the French Language 1700-1789*) par le seul ordre alphabétique (des auteurs et des pièces), ou celui de A. Joannidès (*La Comédie-Française de 1680 à 1900*), par ordre chronologique par saison ou alphabétique par titre, la consultation de leurs informations, une fois numérisées pour l'ordinateur, peut se faire instantanément à partir de n'importe quel point de mire contenu dans l'inventaire-source : par exemple, par le nombre d'actes ou entrées, par le lieu de représentation, par le genre, etc. En y incorporant en outre le contenu d'ouvrages comme *La Vie théâtrale en province au XVIIIe siècle* (M. Fuchs), *Mémoires de Jean Monnet, Directeur du Théâtre de la Foire*, ou *Les Spectacles de Paris, ou suite du calendrier historique et chronologique des théâtres* (pour la deuxième moitié du siècle), il deviendrait possible d'élargir le choix des critères d'interrogation aux directeurs de troupes, aux acteurs ou au personnel administratif... Or, comme nous choisissons d'aborder le théâtre du XVIIIe siècle par le biais de son ampleur et de sa matérialité, le recours aux moyens de consultation rapides nous a paru s'imposer.

Aux archives numérisées de la base textuelle **Frantext** (120 textes de pièces du XVIIIe siècle consultables à partir de n'importe quel endroit du monde [3]) s'ajoute le début d'une bibliothèque virtuelle sur le « World Wide Web » (ABU [4], « Théâtre de la Foire » [5], ARTFL [6]), à laquelle des collections informatisées de la Bibliothèque Nationale de France viennent tout dernièrement se greffer. Nous travaillons personnellement de notre côté à une banque de données informatisées couvrant toute la période visée dans cet essai : plus de 8 000 « entrées », chacune pouvant inclure jusqu'à 28 types d'informations différentes, allant du titre, du lieu de représentation, d'une cote de manuscrit, à des dates de remise au théâtre ou à la distribution des acteurs lors d'un spectacle ponctuel. Encore loin d'être finie (en fait, sa nature est de ne l'être jamais...), cette banque en chantier sert d'ores et déjà d'aide-mémoire précieuse et de moteur de tri et de repérage indispensables. Les index de ce volume en témoignent modestement.

La « saison » de 1700 est en fait celle qui va d'avril 1700 à mars 1701, et celle de 1789 s'étend d'avril 1789 à mars 1790. L'année théâtrale sous l'Ancien Régime s'organisant d'après le calendrier religieux, chaque nouvelle saison commençait après les célébrations de Pâques (la réouverture de Quasimodo) et finissait avant le dimanche des Rameaux. Les très nombreux « compliments » d'ouverture et de clôture, à l'exception de théâtres saisonniers ou

---

3. http://www.ciril.fr/~mastina/FRANTEXT (par accord entre institutions).
4. http://cedric.cnam.fr/ABU/
5. http://foires.net
6. http://humanities.uchicago.edu/ARTFL/ARTFL.html

intermittents comme l'Opéra-Comique ou les théâtres de circonstance, se donnaient normalement autour de cette interruption du
calendrier théâtral, et les registres des troupes officielles établissaient
leur comptabilité et bilans selon le même modèle. En outre, cette
coupure de l'activité théâtrale d'après l'année canonique servait de
période de recrutement pour les troupes de province ; la durée des
contrats suivait la même organisation des saisons. D'après M. Fuchs,
dans l'ancienne rue des Boucheries à Paris, aboutissant à la rue des
Fossés Saint-Germain, se tenait la « grève » des comédiens :

> Entre l'abbaye [de Saint-Germain] et l'hôtel des illustres confrères
> « officiers du Roy », dans ces cabarets ou des chambres garnies d'assez
> pitre mine, se rencontraient le confident et le jeune premier, l'ingénue et
> la duègne, les talents inconnus et les médiocrités avérées, les espoirs et
> les épaves. Là, pendant les deux semaines pascales, les chefs de troupe
> venaient « faire recrue » [7].

B - DEUX SAISONS « BALISES » :
1700-1701 ET 1789-1790

Entre les première et dernière saisons théâtrales des neuf décennies comprises dans cette étude se situait l'espace d'un changement
plus majeur qu'on ne pense.

B.1. 1700-1701

L'activité théâtrale en 1700-1701 reflète avec une rare clarté les
principes centralisateurs du règne de Louis XIV. À force d'élimina-
tions progressives de la concurrence (aboutissement de la fusion des
trois troupes, de l'Hôtel de Bourgogne, du Marais et de Molière en
1680 ; expulsion des Comédiens Italiens en 1697) et en raison de

---

7. *La Vie théâtrale en province au XVIIIe siècle*, p. 47.

l'instauration d'un système résolument monopoliste (l'Académie Royale de Musique dès 1669 pour les représentations lyriques ; la Comédie-Française dès 1680 pour les pièces à dialogues « parlés »), un long projet culturel réalisait – ne serait-ce que brièvement – son rêve. Le régime devait bien le sentir, d'autant plus que le moment se doublait d'une relève de siècles. Et pour faire entrer le royaume dans un nouveau cycle de cent ans, quoi de plus significatif que le recours aux arts du spectacle des *Jeux séculaires de la France sous Louis le Grand* ? Comme ces jeux, le ballet du 1er janvier 1700 au Collège de France, *Le Destin du nouveau siècle*, et la célébration verbale du couronnement du petit-fils de Louis XIV comme roi d'Espagne, le théâtre que l'on voit à l'ouverture du siècle est massivement au service de ceux qui détiennent le pouvoir.

Paris se trouvait momentanément réduit à deux scènes seulement, l'Opéra et le Théâtre Français, ces deux troupes « du Roi », croyant pouvoir tenir en respect par décrets réitérés les réfugiés « Italiens » et les très entreprenants insoumis des foires dont les regroupements et élans à venir n'apparaissaient pas encore. Armées de leurs privilèges, fortes de leurs monopoles, et comptant sur l'interventionnisme des Gentilshommes de la Chambre qu'elles servaient, ces deux compagnies dominaient presque totalement le théâtre public à Paris (Tableau 1). L'éloignement à trente lieues de la région parisienne en 1697 des acteurs de la vieille troupe des Italiens d'Evariste Gherardi et le manque d'une présence organisée des théâtres forains au début des années 1700 – un seul spectacle forain, *La Défaite de Darius par Alexandre*, constitue l'exception [8] – laissent une infrastructure théâtrale extraordinairement réduite et concentrée. Bientôt renforcée par l'instauration de la censure théâtrale en 1701, l'imposition d'une mainmise par la monarchie louis-quatorzième sur l'activité culturelle au moyen d'académies et théâtres de privilège semble aboutir pendant les dernières années du règne à une extrême austérité. Le grand public théâtral du début du siècle devait se contenter, pour le théâtre parlé, du répertoire quasi quotidien des Français et, pour le théâtre chanté et dansé, des trois jours par semaine de l'Opéra. Étant donné que le nombre de créations dans ces sélections restait modeste

---

8. Ce semblerait être le « spectacle mixte » d'acteurs vivants et de marionnettes que Louis Fuzelier alimentera l'année suivante avec son *Thésée ou la défaite des Amazones*. *La Défaite de Darius* fut montée à la Foire Saint-Laurent, probablement par Alexandre Bertrand.

Théâtre public	Théâtre privé	Théâtre de collège
– Théâtre officiel Académie Royale de Musique Comédie-Française	– Cour Versailles Marly-le-roi Fontainebleau	– Louis-le-Grand – Duplessis-Sorbonne – De la Marche – D'Harcourt
– Théâtre non officiel Foire Saint-Laurent Troupe vve. Maurice & Alard Troupe A. Bertrand Foire Saint-Germain Troupe A. Bertrand Troupe vve. Maurice & Alard	– Société Conti Ponchartrain Château Grillon	
Le Triomphe des Arts (16 avril) *Les Bourgeoises de qualité* (13 juillet) *La Défaite de Darius par* *Alexandre* *L'Esprit de contradiction* (27 août) *Gros Lot de Marseille* (23 sept.) *Les Trois cousines* (18 oct.) *Canente* (4 nov.) *Hercule et Omphale* (10 nov.) *Le Capricieux* (17 déc.) *Hesione* (21 déc.) *Vononez* (8 janv.) « scènes détachées » (fév.)	*L'Ile d'Alcine* *Impromptu de campagne* *Jonathas* (2 fois, 2 lieux) *Le lendemain de noces de* *village* *Mascarade des Savoyards* *Mascarade du roi de la* *Chine* *Noce de village* *L'Opérateur Barry* *Les Souhaits* *Le Temple des vertus* *Fête d'accueil à la duchesse* *de Bourgogne* (1er juil.) *Mascarade des Amazones* (1er juil.) *Repos du soleil* (8 juil.) *Impromptu à Monseigneur* (18 juil.) *Ceinture magique* (fév.)	*Abdolomine* (26 mars) *Récits en musique* (26 mars) *Énigmes* (11 mai) *Maxime martyre* (12 mai) *Destin du nouveau siècle* (12 mai) *La Fortune* (4 août) *Moyse* (4 août) *Amurat* (11 août) *Le Brave Extravagant* (11 août) *Absalon* (12 août) *Philoctète* (18 août) *Croesus* (22 déc.) *Récits en musique* (22 déc.) *Timandre* (22 déc.)

Tableau 1. – Créations de la saison théâtrale à Paris, 1700-1701.

(10 par an pour la Comédie-Française et 5-6 pour l'Opéra), Paris n'offrait guère plus d'une quinzaine de nouvelles pièces cette saison sur les deux scènes publiques et officielles.

La Fête de village, ou les bourgeoises de qualité, de Dancourt, fut représentée pour la première fois à la Comédie-Française le 13 juillet 1700. Tant au niveau de ses dialogues qu'à celui du divertissement de la fin, le tournant du siècle passe en filigrane :

> LA GREFFIÈRE [au Magister à qui elle commande la fête villageoi-
> se du titre] – Ne manquez pas, surtout, d'y bien marquer les agréments
> de la fin du siècle. (II, 1)

> UN PAYSAN
> Que la fin de ce siècle est belle
> Pour quiconque a bonne moisson,
> De bon vin, maîtresse fidèle,
> Et des pistoles à foison. (Divertissement)

Au-delà d'une valeur documentaire habituellement mise en avant par les histoires du théâtre, cette comédie en trois actes offre des moments forts de théâtralité : « la pièce donne une très forte impression de mouvement dramatique, et [...] on ne voudrait pour rien (même pour une charpente plus robuste) perdre ces scènes épisodiques où figurent des êtres tels que Mme Carmin » [9]. Les temps forts sont ceux, surtout, de la « folie » qui relie les bourgeoises obsédées de titres... La Greffière elle-même a de la peine à croire à la réalité de son mariage prévu avec le Comte : « Mais veillé-je ? N'est-ce point un songe ? Suis-je bien moi-même ? » (III, 5) Comme sa sœur Mme Blandineau (« ... je ne suis plus madame Blandineau, je suis la baronne de Bois-Tortu... » [III, 8]), la manie des anoblissements vénaux mène à une forme d'aliénation identitaire, sur le plan social et théâtral en même temps. Prises dans la logique « absurde » des mariages contre nature, toutes les bourgeoises du « village de Brie » où se situe l'action perdent leur rôle de vue de la même façon que les Amoureux se trouvent obligés de nier leur passion sans pour autant y renoncer : « Je vous adore... » dit le Comte à Angélique qui rétorque : « Et vous croyez me le persuader en devenant le mari de

---

9. *La Fête de village*, Présentation, p. 13

ma tante » (III, 1). L'unité « intention-action » vole en éclats, et le Comte dépeint cette faille qui menace : « Ce n'est point elle, c'est son bien que j'épouse pour le partager avec vous » (III, 1).

Du côté de la sphère privée dont *La Fête de village* de Dancourt suggère déjà une dimension « bourgeoise » [10], acteurs et aristocrates, d'après nos archives, s'adonnent aux jeux théâtraux en société, loin du regard des autres. Les auteurs Paul Poisson et Regnard, de concert avec les comédiens « Français » La Thorillère et Mlle Beauval, jouent *Les Souhaits* et *L'Ile d'Alcine* de Regnard au grand salon du château de Grillon que ce dernier venait d'acheter à Poisson en 1700. À la Cour, malgré la sévérité du roi envers le théâtre pendant les dernières années de son règne, les princes du sang et leur entourage immédiat nourrissaient un même goût de la représentation privée. Parmi ces derniers, il faut signaler Philippe duc d'Orléans (futur Régent), le duc et la duchesse de Bourgogne, et les ducs d'Anjou et de Berry. À Versailles, l'on fait état d'une représentation du *Jonathas* de Duché dans laquelle la duchesse de Bourgogne et le duc d'Orléans exécutè-rent des rôles. Chez le comte de Ponchartrain, sur ce que G. Bapst appelle le premier théâtre de société construit et démoli de façon si « complète » [11], l'on joue en primeur *L'Opérateur Barry* de Dancourt essentiellement devant ces mêmes spectateurs nobles et théâtro-philes.

Difficile déjà d'établir une frontière nette entre « théâtre de cour » et « théâtre de société », à moins qu'elle ne dépende uniquement de la présence ou absence du monarque. Les fêtes, plaisirs et spectacles organisés par Molière et Lully au début du règne de Louis XIV se faisaient plus intimes, et la rivalité que tenta la duchesse du Maine à son château de Seaux n'avait pas encore pris son essor. Toujours est-il que les archives divulguent une intense activité théâtrale « de cour » (le roi y assistait) au château de Marly-le-Roi. Entre Marly et Versailles, l'on relève des sujets bibliques, *les Saints Amants* et le *Jonathas* évoqué plus haut, ainsi qu'une série de ballets mascarades accompagnés de musique composée par Philidor l'aîné. *Noce de*

---

10. « Jouer en bourgeoisie » signifiait au XVIIIe siècle jouer en société. Voir les scènes où La Greffière commande un divertissement au Magister qui lui promet : « ... partant que les garçons ne manquiont pas de vin et les filles de tartes, et que vous bailliez ces vingt écus que vous m'avez dit pour les ménestriers et pour ces petites chansonnettes que je fourrerons par-ci par-là, nan ragaillardira votre soirée de la belle façon, je vous en réponds » (II, 1).

11. « Mise en scène des théâtres de société », *Essai sur l'histoire du théâtre*, p. 300-301.

village, Lendemain de noces de village (Philidor fils), *Mascarade des Amazones* (accompagné d'une Fête d'Arcueil en l'honneur de la duchesse de Bourgogne), *Mascarade des Savoyards, Mascarade du roi de la Chine* [12].

Ce théâtre de cour insiste lourdement sur l'encensement du monarque et du pouvoir qu'il exerçait. Si la *Noce de village* rappelle par son titre la « mascarade ridicule » du même nom qui, en 1663, vit danser Louis XIV habillé en jeune fille de village, puis en Bohémien [13], le message d'ordre moral qu'elle véhicule est nettement moins ludique et ambigu. Après avoir été chargée par sa mère (« C'est ma fille/ qui fera comme moy/ L'honneur de la famille » [seconde Entrée]), elle s'incline avec les autres villageois devant le Seigneur du Village : « Je suis le Seigneur du Village/ Chacun me vient rendre hommage ». Ce dernier met fin aux disputes, et s'attend, non sans échos cornéliens, à ce que tous se règlent sur lui :

> Je suis maitre, je parle. C'est assez
> pour vous faire oublier tous les chagrins passez.
> > Dans cette feste
> > Je veux me divertir
> > Que chacun s'aprête
> > À se réjouir.

Le jeune Philidor, auteur du *Lendemain de la Noce de village*, prêche également la soumission. Mlle Chappe (de l'Académie de Musique), en « Une des filles de la nopce », se moque, le matin après, des « maux où l'amour nous livre », et clôt la seconde Entrée par cet appel à la soumision devant ce qu'elle présente comme la condition de la femme :

> Soupirez tendres cœurs, soupirez
> L'amour doit combler votre attente
> C'est à tort que vous murmurez

---

12. Ces jeux avaient été précédés d'une *Mascarade du vaisseau marchand* en février 1700, et peut-être par la *Mascarade de la Foire Saint-Germain* et la *Mascarade de la mascarade*.

13. Voir le vol. ms « Divertissements et Mascarades », BHVP, C.P. 4319, Fo. 172 recto à 175 recto. Le roi devait prononcer les vers suivants : « De tous ceux qu'elle voit Elle engage le Cœur,/à quiconque la sert Elle fait bon visage/ Mais jamais fille de Village/ n'eut tant de soins de son homme » (fo. 173 verso).

D'une peine si charmante.
Défaites-vous de la fierté,
L'on ne sauroit trop tôt perdre sa liberté.

Nous sommes encore loin ici de l'esprit du *Mariage de Figaro*, avec sa dénonciation du droit du seigneur...

Après les hommages offerts du *Roi de la Chine* et des *Marchands du monde*, la *Mascarade des Amazones* présente la France de juillet 1700 comme un asile où les talents militaires des célèbres femmes guerrières doivent se muer en spectacles ordonnés. Deux reines des Amazones « viennent avec leur suite pour prendre part aux divertissements d'une célèbre Cour... » :

Puisque tout est tranquile aujourd'hui sur la terre
Que tous les cœurs y sont heureux
Renouvellez par d'agréables jeux
Ce qu'autrefois la guerre
Avoit de terrible et d'affreux.

Ailleurs, et presque en même temps, le 1er juillet, la duchesse de Bourgogne est reçue au château d'Arcueil par la princesse d'Harcourt et sa famille. Depuis Bourg-la-Reine, tout est en place pour transformer l'événement social en spectacle. Le discours d'accueil : « PAN – Dans ces lieux fortunez où regnent les plaisirs/ Nous voyons aujourd'huy no.re (*sic*) Illustre Princesse,/ disons, disons, sans cesse/ qu'elle a comblé tous nos desirs. » Le souper et le bal. Et même le retour : « ... le Bal ayant cessé Mad.e (*sic*) la duchesse de Bourgogne fut reconduite jusqu'au Bourg de la Reine au bruit des trompettes, des hautbois, et des timballes » [14].

Très actifs également, mais aussi d'un accès limité, sont les théâtres de collège. La saison 1700-1701 livre une profusion de créations, dans quatre écoles parisiennes, le Collège Louis-le-Grand, le Collège de la Marche, le Collège d'Harcourt et le Collège du Plessis-Sorbonne. 12 titres – nombre exceptionnel pour une année d'archives théâtrales. Ce relevé annonce avec force la place importante qu'occupait le théâtre dans le système d'éducation de l'époque. À

---

14. Ms. fo. 109 recto & verso.

peine 10 ans plus tôt (en 1691), les pensionnaires de Mme de Maintenon à Saint-Cyr représentaient l'*Athalie* de Racine devant le roi lui-même... Comme ce système dépendait d'enseignants cléricaux, c'est constater l'extraordinaire imbrication de la religion et du spectacle dans la culture générale du Français instruit de l'époque. En dépit des attaques de certains prédicateurs (tel que Bossuet contre le père Caffaro [15]), la connaissance sinon l'amour du théâtre était activement développé chez les jeunes élèves, ainsi que l'explique M. de Rougemont :

> L'impact du théâtre des jésuites et de leurs émules est essentiel pendant la première moitié du XVIIIᵉ siècle : il donne plus encore que le goût, le sens vécu du théâtre à des milliers de jeunes gens chaque année. Cette familiarité est une des raisons du comportement des publics de théâtre au XVIIIᵉ siècle. Certes, les élèves des collèges religieux ne confondent pas, entre eux, les rangs et les fortunes, même sur la scène ; et Lekain, trop pauvre pour acheter ou louer un costume, fait à Louis-le-Grand office de souffleur ; mais en revanche tous acquièrent cette expérience directe de la scène, de la facture du spectacle, de l'épreuve du public. Il est bien peu de dramaturges, aux XVIIᵉ et XVIIIᵉ siècles, qui n'aient dû leur premier contact émouvant avec le théâtre au collège ; beaucoup d'acteurs ont trouvé leur vocation grâce aux prêtres qui les initièrent aux joies de la comédie ; et presque toutes les catégories de spectateurs des théâtres adultes recoupent les effectifs des collégiens [16].

L'organisation et la distribution des rôles dans les exercices publics au collège Louis-le-Grand au mois de mai 1700 offre une bonne illustration. Le 26 mars, « les rhétoriciens du collège » montent *Abdolomine*, « pièce dramatique » accompagnée d'intermèdes faits de « récits et/en musique ». L'ordre jésuite faisait ainsi passer ses charges de l'étude théorique de l'art de la persuasion à des pratiques de vive voix devant un public d'invités priés de se présenter au collège « a 2 heures après-midy ». Le 11 mai, c'était le tour des « petits pensionnaires », tenus d'expliquer des « énigmes » devant un public convié comme avant à 2 heures. Le lendemain, le mercredi 12, les « écoliers de seconde » jouent la tragédie *Maxime martyre* du

---

15. Auteur de la *Lettre d'un Théologien illustre par sa qualité et par son mérite, consulté par l'Auteur, pour sçavoir si la Comédie peut estre permise, ou doit estre absolument deffendue*, mise en préface à l'édition 1694 du théâtre d'E. Boursault.

16. *La Vie théâtrale en France au XVIIIᵉ siècle*, p. 303-304.

père Jean-Antoine De Cerceau avec, comme intermède de nouveau, des « récits en musique ». Indication supplémentaire de l'importance et des grands soins accordés à ces exercices de mise en scène, la musique fut signée André Campra.

Voltaire est sans aucun doute celui dont l'éducation théâtrale reçue chez les jésuites a porté fruit avec le plus d'éclat. Son goût du théâtre encouragé au collège, il a entretenu une correspondance avec son mentor dramatique, le père Porée, pendant de longues années, correspondance dans laquelle il s'entretenait justement de théâtre. Mais, pour ce qui est de la saison 1700-1701, une autre initiation théâtrale avait lieu au collège de la Marche. Le 11 août, Thomas-Simon Gueullette, grand ami des Comédiens Italiens, traducteur des scénarios du célèbre Arlequin du temps de Molière, Domenico Biancolelli, et initiateur des parades de société, faisait un début double : Soliman, empereur des Turcs, dans la tragédie *Amurat* de Du Cerceau, et Listor, valet de Lisandre, dans un intermède comique, *Le Brave Extravagant*.

D'un point de vue dramaturgique, il faut se pencher sur les genres de pièces que l'on pratiquait en 1700-1701. Celles-ci se répartissent principalement entre les tragédies (3 tragédies lyriques à l'Opéra, 2 créations de tragédies à la Comédie-Française, 6 tragédies dans les collèges), les comédies, et des spectacles chorégraphiés (opéra ballet, ballet comique, ballet, mascarades). Plusieurs pièces (opéras, tragédies et comédies) en 5 actes et en vers. La saison confirme l'image d'une continuité, sinon de l'essor d'un système théâtral ayant balayé ou marginalisé d'autres pratiques théâtrales plus libres.

B.2. 1789-1790

« Rien n'était changé extérieurement, et cependant tout était changé : les formes, les hiérarchies étaient les mêmes ; la foi vivifiante qui les avait animées n'existait plus. » [17]

En dépit de sa vétusté, ce vieux mythe du théâtre du XVIIIe siècle n'est pas totalement dissipé ; entre le début et la fin du siècle, les

---

17. Villemain, *Cours de littérature française*, « Tableau de la littérature au XVIIIe siècle », t. III, p. 208.

formes restaient inchangées, vidées, il est vrai, de leur contenu, mais toujours ancrées et attendant des bouleversements plus puissants comme la fameuse bataille d'*Hernani* de la génération de Victor Hugo pour les balayer définitivement. Or l'examen de la saison 1789-1790 montre jusqu'à quel point ces formes étaient déjà transformées et dans certains cas que même leur contour ne subsistait plus. La structuration en théâtres officiels et non officiels s'est brouillée. L'opposition public-privé s'est volatilisée, ainsi qu'en témoigne l'organisation critiquée d'un programme de représentations « de cour » destinées à plus de mille députés à Versailles rassemblés pour les États Généraux du 5 mai et dont certains rechignèrent devant des spectacles jugés trop coûteux [18]. La survivance de la tragédie en 5 actes et en vers constitue désormais l'exception et non pas la règle. Les programmes de spectacles, formés de « grande » puis de « petite » pièces, sont remplacés par un plus grand nombre de scènes isolées. La troupe qui porte le nom des Italiens n'a plus rien d'italien que ce nom.

La saison théâtrale qui devait voir l'éclat de la Révolution s'ouvre chez les Italiens le 20 avril 1789 et se clôt au début d'avril 1790. Par rapport à la première saison du XVIIIᵉ siècle, cependant, le paysage théâtral est radicalement différent ; il s'agit de constater le nombre et la nature des écarts, afin de délimiter « l'aire » de neuf décennies dans laquelle les forces de réforme œuvrèrent. Bien que notre échantillon des deux saisons « limites » ne renferme pas de façon ponctuelle tous les problèmes théâtraux auxquels le siècle se heurta, il permet néanmoins un constat de plusieurs glissements qui nous semblent fondamentaux.

Le premier constat est purement numérique. L'amplification de l'activité théâtrale se poursuit de façon remarquable : quelque 255 nouveautés et plus de 600 autres ouvrages remis au théâtre pour un total à Paris de 857 pièces/spectacles affichés. Comme la fréquence de représentations pour ces titres pouvait s'élever à 10, voire à 22 (*Charles IX*) ou 35 (*Annette et Lubin à Paris*, à L'Ambigu-Comique) pour la saison, nous sommes devant des milliers de repré-

---

18. « Quelques membres de l'assemblée demandent que les spectacles soient supprimés et, bons démocrates, proposent de distribuer aux indigents le prix des représentations » (Fleury, *Les Derniers Jours de Versailles*, p. 112).

sentations de pièces pour l'année. Par rapport à nos données qui font état de 12 créations publiques en 1700-1701, le nombre des titres de spectacles lancés publiquement à Paris en 1789-1790 est donc entre 15 à 20 fois [19] plus important. En outre, comme le nombre de théâtres était en croissance régulière depuis la libéralisation des compagnies qui suivit la réouverture de l'Opéra-Comique à Paris en 1752 et que la vogue des théâtres de société s'était généralisée de façon très significative chez les Français aisés, Paris se trouva doté d'une bonne quinzaine de théâtres publics et d'un nombre si élevé de scènes particulières à l'éclipse de l'Ancien Régime qu'on ne les dénombre plus [20]. Signe de l'effervescence des théâtres de province, on remarque que certaines « créations » parisiennes furent en fait des importations de pièces déjà créées en dehors de la capitale. Ces tendances déjà fortes ne vont que s'accroître à partir de 1790 [21].

Face à l'Académie Royale de Musique et à la Comédie-Française s'alignent une bonne douzaine de théâtres, dont le Théâtre de Monsieur (frère du roi) qui rivalisait avec le « Français » et les Grands Danseurs qui avaient pris plusieurs arlequinades rappelant le vieux répertoire Italien [22] (Tableau 2). Contre 6 créations à l'Opéra [23] (Op.) et 17 à la Comédie-Française [24] (CF), il y en eut 18 aux

---

19. L'étude minutieuse d'A. Tissier que nous avons utilisée largement pour ces chiffres, ne peut pas toujours donner la date précise des représentations. Dans le cas des nouveautés au Théâtre des Associés, il précise : « En 1789, j'indique ce que je pense être des nouveautés, en m'en tenant à l'ordre alphabétique, faute de connaître la date des premières représentations » (p. 167). Le répertoire de Joannidès ne suit pas l'année canonique pour ses listes, ce qui empêche de faire un tri pour l'année commençant en mars plutôt que janvier. Par conséquent, nous sommes obligé d'estimer le nombre de créations entre 200 et 255.

20. A. Tissier constate tout simplement : « Ils étaient encore nombreux. [...] Certains [...] sont devenus temporairement des théâtres publics [...] Mais aucun programme n'est connu. » (p. 377). Toutefois, pour donner une idée de leur nombre, il réfère à une « liste énumérative » de salles de société dans l'*Almanach général de tous les spectacles de Paris,* pour 1791 (retrospect de 1790), Paris, Froullé, 1791, p. 256-57.

21. La dernière décennie du siècle verra une véritable explosion de l'activité théâtrale, ainsi que l'atteste, en plus de l'étude d'A. Tissier, *Le Théâtre de la Révolution* de M. Carlson.

22. En 1789, on trouve parmi les reprises : *Arlequin apprenti magicien, Arlequin au tombeau de Nostradamus, Arlequin, dogue d'Angleterre, Arlequin Hulla, Arlequin invisible,* et *Arlequin, médecin du malade jaloux,* etc.

23. A. Tissier n'en mentionne que cinq, omettant un opéra anonyme, signalé dans Brenner (no. 2442), *Les Sauvages civilisés ou le roi bienfaisant,* joué le 31 juillet 1789.

24. Dont 3 seraient plutôt des « reprises » ; *L'Ericie,* de Dubois-Fontanelle, avait déjà été représentée en province ; *L'Honnête criminel* de F. de Falbaire remontait à 1767.

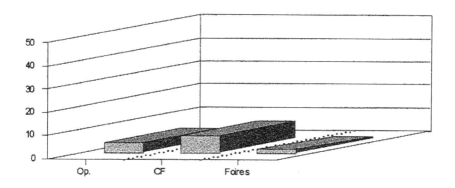

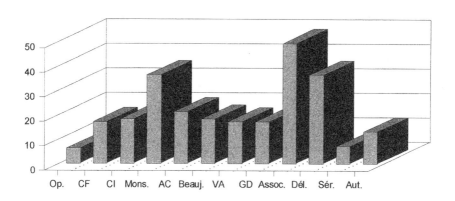

Tableau 2. – Créations sur différents théâtres publics à Paris
en 1700-1701 (en haut) et en 1789-1790 (en bas).

Italiens [25] (CI), 36 au Théâtre de Monsieur (Mons.), 21 à l'Ambigu-Comique (AC), 18 aux Beaujolais (Beauj.), 17 aux Variétés-Amusantes (VA), 17 aux Grands-Danseurs (GD), 49 aux Associés (Assoc.), 36 aux Délassements comiques (Dél.), 7 au Spectacle de Séraphin (Sér.) et 13 aux « autres » spectacles (Aut.), dont le Panthéon, chez l'artificier Ruggieri, le Waux-hall d'été et le Cirque du Palais Royal. Signe de la confusion causée par une telle pléthore de salles, les inventaires couvrant l'époque mêlent encore d'autres théâtres à cette énumération : le théâtre des Bluettes, le théâtre de Sallé, le Sans-Prétention, et le Feydeau. Malgré la persistance des monopoles, nous sommes devant une féroce concurrence de fait qui devra attendre encore un an pour être prise en compte et entérinée par la législation (en janvier 1791, suppression des privilèges de l'Opéra, de la Comédie-Française et du Théâtre Italien, dont l'ancien réper-toire appartiendra désormais à tous les théâtres).

La multiplication des théâtres semble d'autant plus significative que les représentations de collège étaient devenues depuis l'expulsion de l'ordre de Jésus en 1763, soit inexistantes dans la capitale, soit plus discrètes en province (à l'exception du collège des Oratoriens à Niort). Ce contraste est très marquant par rapport à 1700-1701, moment où les productions de collège rivalisaient de près avec celles des théâtres subventionnés. Cette évacuation du théâtre éducatif des collèges n'est qu'un signe parmi d'autres que le théâtre en 1789-1790 se libérait de la direction serrée que l'on a pu constater en 1700-1701. L'Église et la monarchie ne dirigeaient plus si directement la vie des planches, ainsi qu'en témoigne le bouleversement de la répartition entre troupes protégées et entreprises « libérales ». Par ailleurs, les somptueuses représentations à Marly devant Louis XIV et ses proches en 1700 ont comme un écho creux en 1789 lors de la dernière retraite qu'y fit la famille royale, pour se remettre de la mort du Dauphin, Louis-Joseph, le 4 juin : « Le voyage, à cause du deuil, sera très simple, la suite de leurs Majestés, très restreinte » [26]. Les courtisans se virent obligés « de laisser leurs serviteurs faire la cui-sine dans les antichambres boisées des pavillons, au grand désespoir [...] d[e l']inspecteur du domaine de Marly » [27]. Pire encore pour la

---

25. Dont 2 seraient des « reprises » ; *Le Bon Père* de Florian, par exemple, ayant été joué chez le comte d'Artois le 28 décembre 1783.

26. Fleury, p. 160.

27. *Ibid.*, p. 161.

monarchie, c'est à Marly, le 17 juin, que Louis XVI apprend que le tiers état s'est déclaré Assemblée nationale... Il n'y a plus lieu d'offrir en spectacle la puissance et l'idéologie triomphantes d'un régime qui s'en va.

Les efforts d'autorités, « en haut lieu » selon Fuchs, pour interdire la représentation d'*Éricie, ou la vestale* de Dubois-Fontanelle n'avaient pas empêché que cette pièce « subversive et scandaleuse » passe sur plusieurs scènes de province. Interdite dès mars 1768 à Paris, elle fut représentée à Lyon le 4 juin 1768, à Besançon en février 1769, à Bordeaux en septembre et octobre 1772, et à Saint-Quentin le 3 août 1778 [28]. Sa représentation sous l'étiquette d'une « tragédie » le 19 août 1789 au Théâtre Français montra aux Parisiens une attaque sur scène contre les vœux monastiques.

Ce ne fut pas, loin de là, le seul recours au premier Théâtre de France comme tribune d'idées. Reçu par les Comédiens Français depuis 1783, selon l'auteur, *L'Esclavage des Noirs, ou l'heureux naufrage* d'Olympe de Gouges illustre jusqu'à quel point des pratiques tolérées sous l'Ancien Régime se trouvaient contestées par l'idéologie des Lumières. Représenté le 28 décembre 1789 devant une salle déchaînée dans son opposition, ce drame en trois actes se vit priver de lendemain à cause, en partie, de l'acharnement de « Colons » qui profitaient du maintien de l'esclavage. En même temps que des affirmations réputées être « incendiaire[s] », *L'Esclavage des Noirs* contient un appel à la liberté des populations exploitées d'Amérique ainsi que la réclamation de leur droit à l'éducation. Les Européens sont accusés d'employer leur science pour le rabaissement d'une partie de l'humanité plutôt que pour l'amélioration de ses conditions de vie :

> L'art les a mis au-dessus de la Nature : l'instruction en a fait des Dieux, & nous ne sommes que des hommes. Ils se servent de nous dans ces climats comme ils se servent des animaux dans les leurs. (I, 1)

La mise en espace de cette injustice passe par une intrigue hautement romanesque, suggérée par le sous-titre de la pièce. Zamor, « Indien instruit », et Mirza, fuient les forces du Gouverneur d'une île

---

28. Fuchs II, p. 123.

aux « Indes » après en avoir tué l'adjoint abusif. Ils sauvent la vie à deux Français naufragés, Sophie et Valère, avant d'être pris par les hommes du Gouverneur. Les Français reconnaissants entreprennent une défense inspirée des deux esclaves laquelle ne réussit qu'après la révélation à un Gouverneur ému que Sophie est la fille dont des circonstances de son passé caché l'avaient jadis séparé. Véhicule à faciliter des effets forts, *L'Esclavage des Noirs* déploie des décors frappants, des prouesses oratoires, des mouvements de groupes sur la scène et des moments de pathos extrême.

Tout semble conçu pour toucher viscéralement le spectateur : Sophie est caractérisée comme « intéressante » par Madame de Frécourt : « Sa jeunesse, sa sensibilité, touchent mon cœur à un point que je ne puis exprimer. (*À Sophie*) Étrangère intéressante, je vais tout employer pour vous faire accorder la grâce... » (II, 9) ; les scènes de foules font évoluer et se confronter sur le plateau « *Une Compagnie de Grenadiers & une de Soldats François [...] la bayon-nette au bout du fusil* », « *une troupe d'Esclaves avec des arcs & des flèches* » (III, 4), des « Esclaves non armés » ; le dispositif scénique représente une Nature impressionnante par son aspect pittoresque :

> Le Théâtre représente un lieu sauvage où l'on voit deux collines en pointes, & bordées de touffes d'arbrisseaux qui s'étendent à perte de vue. Sur un des côtés est un rocher escarpé, dont le sommet est une plate-forme, & dont la base est perpendiculaire sur le bord de l'avant-scène.
>
> (Acte III)

Les moyens de concrétisation scénique ressortent clairement de cette pièce de fin de régime. L'évidence textuelle rejoint celle de la gestion financière de la Comédie-Française analysée par Claude Alasseur. Pour ce qui est des conditions matérielles de la représen-tation, ce dernier fait état d'une forte augmentation de la part des budgets d'exploitation à la Comédie-Française réservée à la mise en scène. Un quadruplement de « la dépense du théâtre » dépasse de loin l'augmentation de 50 % entre le début et la fin du siècle pour « les prix dans leur ensemble » [29]. C. Alasseur attribue cette croissance principalement à un plus grand « confort », mais précise que ce terme

---

29. *La Comédie Française au 18ᵉ siècle, étude économique*, p. 94.

incorpore *tout* ce qui caresse les sens du spectateur, y compris ce qui touche les yeux :

> Cette augmentation étant nettement supérieure à celle des prix ne peut s'expliquer que par une modernisation, un confort, un luxe plus grand dans les représentations. L'étude de l'éclairage, en particulier, donne très nettement cette impression : il fait partie des dépenses qui ont le plus augmenté. De même le total des salaires distribués a beaucoup augmenté, au profit surtout du nombre d'employés. Des représentations plus brillantes demandent, en effet, un personnel plus abondant. (p. 109)

Bien que les quatorze personnages parlants de *L'Esclavage des Noirs* soient comparables en nombre aux acteurs de *La Fête de village*, ceux-ci ne sont pas, comme ceux-là, renforcés par des formations de soldats, esclaves et autres habitants de l'île des Indes. Le divertissement final de la comédie de Dancourt, fait de paysans et paysannes, est d'une grande modestie par rapport au ballet éblouissant évoqué à la fin du texte d'O. de Gouges :

> Le Spectacle se termine par un Ballet analogue à la pièce. On porte Zamor & Mirza sur un palanquin. Il y a une marche de Nègres [*sic*] qui doit produire un effet intéressant. La Comédie Françoise avoit parfaitement imité les mœurs, les usages champêtres de l'Amérique, & le Maître de Ballet avoit rempli exactement les intentions de l'Auteur. Le Théâtre qui représentera cette Pièce devroit se procurer la partition de la musique & le programme du Ballet. Aucun Spectacle, excepté l'Opéra, n'auroit jamais mieux exécuté cette Fête qu'elle ne l'a été par la Comédie Françoise.   (p. 91)

L'architecture des salles et les conditions matérielles de la représentation permettent de mesurer l'étendue de ces changements d'infrastructure. Les trois compagnies protégées n'étaient plus logées dans les salles qu'elles occupaient au début du siècle. L'Opéra offre peut-être la meilleure illustration des changements qu'il fallut affronter au cours des 90 ans qui suivirent ce début, car il dut occuper non moins de six théâtres différents pendant cette période, sans compter les innombrables déménagements saisonniers dans les résidences royales. La salle du Palais-Royal où il jouait en 1700 brûla deux fois, en 1763 et en 1781. Pendant les périodes d'attente d'une salle de remplacement, l'Académie Royale de Musique passa dans la salle des Concerts aux Tuileries (1763-64), dans un théâtre construit à l'intérieur de la salle des Machines du même château (1763-70), dans la salle de répétitions des Menus Plaisirs (août-oct. 1781), avant de s'installer le 27 octobre 1781 dans l'édifice que l'architecte Samson-Nicolas Lenoir fit construire en 65 jours près de la Porte Saint-Martin. Au cours de ces périples l'idée d'un espace conçu particulièrement pour des représentations d'opéras et de ballets se fit jour. Selon J. Gourret, la deuxième salle du Palais Royal, œuvre de l'architecte Soufflot, constitua la meilleure réussite pour l'Académie, mais la salle de la Porte Saint-Martin incorpora aussi des réaménagements courants tels que l'élimination des spectateurs de la scène et l'installation de sièges au parterre. Les Comédiens Français avaient quitté leur théâtre rue des Fossés Saint-Germain en 1770, pour passer aux Tuileries entre 1771-82, et jouaient depuis 1782 dans leur nouvelle salle du Faubourg Saint-Germain (plus tard, l'Odéon). Quant aux Italiens, en 1783 ils avaient quitté l'Hôtel de Bourgogne (édifié en 1548) pour jouer dans un nouveau théâtre construit près du Boulevard des Italiens, sur l'emplacement de l'actuelle Salle Favart, ou Opéra-Comique.

Chacun de ces changements alimentèrent la réflexion sur le type d'espace qui convenait à une conception de la mise en scène en pleine évolution. Entre 1700 et 1789, on abandonna les salles rectangulaires du type jeu de paume pour adopter des formes plus ovales, voire circulaires, dirigeant le regard des spectateurs davantage vers la scène et moins vers les loges d'en face. Pour permettre l'installation de dispositifs scéniques plus élaborés, comme dans le drame d'O. de Gouges, on dégagea la scène des bancs de spectateurs (en 1759 à la Comédie-Française), et on immobilisa les turbulents spectateurs du parterre dans des sièges. Le rapport du public au spectacle avait changé dans la direction d'une plus grande séparation physique de la scène et de la salle.

Si malgré ses efforts de mise en scène le drame d'O. de Gouges ne s'imposa pas au public parisien, le *Charles IX* de Chénier fut un grand succès qui semble confimer la vigueur de la tragédie néoclassique. « Déclamatoire », selon A. Tissier, cette tragédie nationale fut « construite suivant les règles classiques » (cinq actes en vers, etc.), tout en véhiculant des « idées [...] conformes à l'esprit du jour » (p. 26). Représenté le 4 novembre 1789, l'ouvrage avait été soumis aux Français l'année précédente mais rejeté pour les idées révolutionnaires qu'il contenait. Pourtant, J. Truchet s'empresse dans son *Théâtre du XVIIIᵉ siècle* de faire remarquer que l'innovation idéologique de *Charles IX* ne dépasse pas autant qu'on pourrait le croire les efforts de Voltaire et de Belloy à actualiser des épisodes de l'histoire de France ou ceux de Baculard d'Arnaud et Sébastien Mercier à dramatiser le massacre de la Saint-Barthélémy (t. II, p. 1519). C'est par un assouplissement de l'alexandrin racinien ainsi que par une introduction subtile d'effets scéniques plus concrets que Chénier reflète l'évolution théâtrale de la fin de l'Ancien Régime.

Comme le sous-titre *L'École des rois* (adopté par l'auteur après la première représentation de sa tragédie) le suggère, l'action a lieu dans la conscience d'un Charles IX singulièrement indécis et influençable. Le fils de Catherine de Médicis, joué par l'acteur Talma, subit une succession de pressions (pour la paix entre catholiques et protestants à la fin de l'Acte II, pour la guerre à la fin de l'Acte III) qui le font sombrer au dénouement dans un remords proche de la folie d'Oreste dans l'*Andromaque* de Racine. L'avant-dernier des rois Valois, malgré son monologue de IV, 1 (« Ou rester vertueux, ou devenir coupable !/ Il est temps de choisir. C'est un choix redoutable »), ne réagit qu'aux pressions de son entourage. Celui-ci lui fait subir une batterie d'exhortations dont l'élan rhétorique déborde constamment le rythme régulier du vers à douze syllabes. Ainsi Coligny supplie le roi de résister aux courtisans du Louvre :

> Ne laissez point sans cesse au gré des courtisans
> Errer de main en main l'autorité suprême ;
> Ne croyez que votre âme, et régnez par vous-même ;
> Et si de vos sujets vous désirez l'amour,
> Soyez roi de la France et non de votre Cour.   (II, 3)

Le massacre terminé, Henri de Navarre brave le roi d'un ton méprisant, en le défiant d'aller jusqu'au bout de cette démarche sanguinaire accomplie en son nom :

> Vous n'éviterez pas votre juste supplice :
> Il commence ; et je vois dans vos yeux égarés
> Le désespoir des cœurs en secret déchirés.

Eh bien ! vous n'avez fait que la moitié du crime :
Je respire ; il vous reste encore une victime ;   (I, 3)

Le peu d'indications scéniques dans le texte de *Charles IX* donne l'impression (fausse) que sa mise en scène renoue avec celles du siècle précédent par la simplicité relative des moyens scéniques. Or Chénier aménage très habilement des scènes stychomythiques où plusieurs personnages se passent la parole en cherchant à réduire les doutes du roi. Dans l'acte II, scène 4, Catherine, Lorraine et Guise entourent et accablent Charles :

LORRAINE
Dieu parle ; c'est assez.
GUISE
Désignez les proscrits.
CATHERINE
Ah ! vous les connaissez.
LORRAINE
Coligny.
GUISE
Cette main punira le rebelle.
LORRAINE
Téligny.
CATHERINE
C'est son gendre et son appui fidèle.

Dans l'acte IV, scène 5, les mêmes passent à l'action au son insistant de la cloche qui les alerte, et secondés par une foule armée de courtisans, de gardes et de pages. Après une bénédiction ironique du massacre à venir, la scène présente aux spectateurs mouvements, exhortations et effets sonores :

Le tocsin sonne jusqu'à la fin de l'acte.
CHARLES
D'une héroïque ardeur mon cœur se sent brûler.
Acceptez, ô Dieu, le sang qui va couler !
CATHERINE
Il vous entend, mon fils, il reçoit votre hommage ;
Venez, et de ces lieux présidez au carnage.

GUISE
Et vous, suivez-moi tous. Amis, guerriers, soldats,
Au toit de Coligny courons porter nos pas.
LORRAINE
C'est l'ennemi du trône et l'artisan du crime.
GUISE
Qu'il soit de cette nuit la première victime.

En tant que « Comédiens du roi », le Théâtre des Italiens, proscrit en 1700-1701, était devenu théâtre officiel en 1789. Parmi les signes du grand changement de son statut, il partageait avec les deux autres théâtres privilégiés la fonction de censeur des pièces jouées sur les autres scènes parisiennes. En outre, M. Fuchs cite les règlements de 1767 à Grenoble qui reconnaissent, en passant, la compétence des Italiens dont le fait d'avoir représenté une pièce à Paris constituait une approbation préalable pour les directeurs de province :

> Le directeur aura la liberté de mettre à l'étude toutes les pièces qu'il jugera à propos, à charge de les faire approuver, dans le cas où elles n'auraient pas été jouées à Paris par les Comédiens-Français ou Italiens (art. 3) [30].

Autre signe du flottement de l'idée du théâtre officiel, l'almanach des spectacles de 1789 accordait au répertoire et au personnel du Théâtre de Monsieur, à côté de ceux de l'Opéra, des Français et des Italiens, une mention équivalente, alors qu'il continuait de passer sous silence les autres théâtres parisiens dont plusieurs étaient pourtant bien plus anciens que cette compagnie, au théâtre des Tuileries depuis janvier seulement.

Au-delà des limites élargies de la sphère « officielle » l'activité théâtrale dans les autres salles de spectacle publiques était vibrante de vitalité. Même si l'on accepte d'inclure le répertoire du Théâtre de Monsieur du côté « officiel », il reste encore 70 % des nouveautés de la saison du côté « non officiel » à Paris. Alors qu'on s'attendrait à voir la balance pencher en faveur du théâtre officiel pour les reprises – leur mission étant depuis le XVIIe siècle la préservation du patrimoine théâtral ancien –, ce sont les salles non officielles qui

---

30. Fuchs, II, 125.

l'emportent, avec 324 (54 %) reprises en comparaison avec 279 (46 %) pour les troupes subventionnées. Il s'est créé depuis 1700-1701 un secteur théâtral auquel peu d'histoires du théâtre accordent le poids suggéré par ces chiffres.

Une partie de l'explication de cette disparité vient de la nature des « pièces » qu'on y représentait. Elles ne correspondent pas à l'idée de « grande pièce » qui dominait la production théâtrale de 1700-1701. En dehors du répertoire de la Comédie-Française, on ne trouve guère de traces des formes théâtrales du début du siècle. Bien que notre échantillon informatisé ne comprenne pas la totalité des 255 pièces « nouvelles » évoquées plus haut, il offre une idée générale des tendances qu'elles reflètent. Plus, ou peu de pièces en 5 actes (une exception étant *Le Mari-fille* de Gabiot de Salins aux Beaujolais), peu de pièces en vers (28 sur 118 ouvrages relevés dans notre base de données du répertoire des théâtres Italien, de Monsieur, de l'Ambigu-Comique, des Beaujolais, et des Grands-Danseurs), le mélange généralisé de paroles et de chants (3 opéras comiques, 2 opéras, 5 opéras bouffes, 3 comédies lyriques, 1 comédie en prose mêlée d'ariettes, ainsi que la présence non-affichée de musique dans bien d'autres des textes répertoriés), et quelques genres nouveaux (1 mélodrame, de nombreuses « pièces », et 2 « pantomimes natio-nales » – dont 1 « militaire » aussi). Il y a également une présence massive de « petites pièces » en un ou deux actes (plus de 40 parmi les ouvrages évoqués plus haut), ce qui ouvre la question de la composition des programmes, puisqu'une seule pièce, même en 2 actes, ne suffisait pas normalement pour meubler une soirée entière. Comme les archives restent incomplètes à ce sujet, il est difficile d'apporter une réponse satisfaisante.

Le vide ainsi créé par l'affaiblissement de l'activité pédagogique de l'Église, du moins à Paris, se comble par une prolifération extra-ordinaire de pièces « éducatives » jouées, semble-t-il, en particu-lier [31]. *Le Théâtre à l'usage des collèges des Écoles Royales Militaires* de P.J.B. Nougaret, paru en 2 volumes en 1789, s'il ne

---

31. Moins d'une décennie après le départ des jésuites, nous constatons la mise en circu-lation de collections imprimées dont le titre annonce clairement l'intention : *École dramatique de l'homme* (1770), *Comédies de Térence mises à la portée des jeunes étudiants* (1771), *Le Courrier des Enfants* (1776), *Almanach des enfants* (1777), *Demi-drames, petites pièces propres à l'éducation des enfants* (1778), et *Théâtre à l'usage des jeunes personnes* (1779-80).

témoigne pas d'une utilisation « privée », indique la popularité de ces anthologies dont la circulation était devenue nettement plus facile que celle du circuit plus « fermé » des pièces de collèges en 1700-1701.

C - PLAN D'APPROCHE

Comme ce survol de deux saisons en témoigne, tout système de sélection est susceptible de reproches pour telle ou telle lacune. En ouvrant la perspective à autant de pièces, de genres et de lieux que possible, nous ne nous dispensons pas de la nécessité du choix. Par ailleurs, les limites et le genre adopté (« essai ») pour cette étude y obligent. La répartition du corpus qui suivra, en plusieurs modalités de lecture, offre une approche qui cherche à équilibrer l'élargissement du champ avec un cadre conceptuel toutefois rigoureux. Aussi, un théâtre comme le Palais-Royal (siège de la très officielle Académie Royale de Musique) peut-il abriter les Italiens de Riccoboni en mai 1716 [32] ou les Forains de la troupe d'Honoré en mars 1725 [33]. De même, les parades de Beaumarchais relèvent du domaine « non officiel » par leur genre, et de la sous-catégorie de celui-ci, « théâtres de société », par les conditions de leur représentation sur le théâtre de Charles Lenormand à Etiolles, alors que *La Folle Journée, ou le Mariage de Figaro* relève du théâtre de texte, sous-catégorie « répertoire de la Comédie-Française ». S'il en résulte l'éclatement d'un auteur en « modalités » différentes – soit dit en passant, le XVIIIe siècle avait déjà fait de tels découpages en répartissant l'œuvre théâtrale de Marivaux en pièces « françaises » et pièces « italiennes », et, dans le cas de Beaumarchais, en passant sous silence ses premières parades –, le lecteur est invité à consulter l'index des auteurs à la fin de ce volume pour réarticuler les parties séparées. Voltaire, par exemple, fut un passionné des représentations

---

32. À cause des travaux de réaménagement, l'Hôtel de Bourgogne qui allait devenir leur base jusqu'à sa fermeture définitive en 1783, ne les accueillit que le 1er juin 1716.

33. *Le Ravisseur de sa femme* de Fuzelier y fut représenté le 24 mars 1725.

en société, activité que nous classons comme « non officielle », un écrivain très soucieux de la « correction » des pièces qu'il destinait à la publication, ce qui le place dans le camp de ceux qui prônaient la primauté du « texte », et un réformateur des conditions de la représentation que la suppression des bancs de spectateurs en 1759 orienterait vers une illusion plus « réaliste ». Tout cela, sans évoquer sa défense de la dramaturgie classique. C'est pour ces raisons multiples que ses apports considérables à la vie théâtrale au XVIIIe siècle apparaissent à plusieurs endroits dans ce livre. Voltaire ne sort que grandi de cette dispersion d'efforts.

Grâce au contraste entre l'année théâtrale 1700-1701 et celle de 1789-1790, il a été possible de voir un état de départ et un état d'arrivée de ce récit. Nous espérons que le lecteur saura mieux apprécier ainsi les modifications, voire les bouleversements, qui se sont produits dans l'intervalle. Cependant, la conscience du mouvement temporel ne disparaîtra pas totalement des trois chapitres qui suivent. Sans que la chronologie puisse être fixée rigidement, des tendances générales importantes se dessinent derrière et à travers les dichotomies des trois axes. Les spectacles du début du XVIIIe siècle verront défiler les derniers avatars du théâtre d'acteur – transmis oralement, fait de sujets non imprimés, improvisé rapidement, négligeant les auteurs sinon se passant de leur apport. La fin du siècle sera marqué, par contre, par la disparition de la *Commedia dell'arte* et l'essor des éditions théâtrales. L'amenuisement extrême de la place du théâtre non officiel en 1700 offre un contraste marquant avec la croissance effrénée des théâtres de Boulevard après le milieu du siècle et la multiplication de salles au seul Palais-Royal pendant les années 1780.

La dualité du théâtre, soit comme mise en espace soit comme mise en page, fut d'une grande actualité au XVIIIe siècle ; ce fut alors que le paradigme textuel prit tant d'essor. Les rivalités entre deux conceptions de l'activité théâtrale, privilégiée mais soumise à des contraintes, en opposition à celle qui émergeait en Europe sous l'impulsion d'une économie de l'entreprise privée, aboutirent à une expansion sans précédent des théâtres commerciaux. Si la littérature, dont la conceptualisation prenait forme à l'aube du XIXe siècle, incorporait le théâtre comme sous-genre littéraire, les pratiques scéniques que l'on cherchait à « écrire » (c'était l'ère du développement du discours didascalique dans les éditions...), évoluèrent aussi entre des ententes implicites de nature subtile, ludique, « théâtrale », et une matérialisation progressive du processus de la mise en scène : codification écrite de l'art du comédien, croissance de la décoration de la scène, immobilisation du spectateur face à une illusion « perfectionnée ». Les trois chapitres suivants aborderont successivement ces questions de fond pour le théâtre, en les situant ponctuellement dans l'histoire théâtrale du XVIIIe siècle.

– I –

DE LA REPRÉSENTATION AU TEXTE

INTRODUCTION

Saisis par une fureur généralisée de jouer, les Français du XVIIIᵉ siècle voient s'affronter sur scène et sur papier deux projets divergents pour la domination de leur activité théâtrale. Contre la mainmise et les interdictions de monopoles successifs, les partisans d'une conception plus ouverte et sans entraves de l'activité scénique luttent pour la survie. La croissance rapide du nombre de théâtres et la prolifération des textes qui l'accompagnent sont constamment tenues en échec par des actions régulatrices. Par ailleurs, les progrès rapides dans le domaine de l'édition en général ont des conséquences considérables sur la façon dont, désormais, le fait théâtral doit être perçu. Le XVIIIᵉ siècle est partagé entre une vision doctrinaire et littéraire du théâtre et une autre qui persiste bruyamment à se réclamer de son caractère corporel et spontané.

L'objectif de ce chapitre est de cerner cette dichotomie mise-en-scène/littérature, telle qu'elle se manifeste autour d'une sélection de pièces considérées à la fois comme événements théâtraux et comme éditions. Voltaire insiste à maintes reprises sur l'abîme entre ces deux perspectives. L'appréciation de la représentation : « D'un acteur quelquefois la séduisante adresse/D'un vers dur et sans grâce adoucit la rudesse » (discours préliminaire d'*Eryphile*) trouve sa contrepartie dans les exigences du livre : « mais il faut un autre mérite pour soutenir le grand jour de l'impression » (préface de la première édition de *Mariamne*). L'éditeur récent du théâtre de Florian constate lui aussi ce glissement du théâtre à jouer vers ce qu'il appelle un théâtre à lire :

> Il y a une évidente logique dans la succession de ce même *Bon Père*, de *La Bonne Mère* et du *Bon Fils*. Mais la continuité n'est plus drama-

tique, elle est, il faut bien le reconnaître, didactique, démonstrative. D'un théâtre à jouer, on passe, en somme, à un théâtre à lire, et c'est assurément un défaut, un péché même contre l'essence de ce genre littéraire [34].

Nous étudierons certains des enjeux de cette lente progression du « jeu » à la « lecture ».

Ce chapitre sera scindé en deux parties, « représentation » et « texte », ainsi que le suggère son titre. La première partie tâchera de cerner le théâtre du XVIIIe siècle par le biais des conditions matérielles de ses mises en scène. Il n'est pas étonnant que ce côté « corps et mouvement » du phénomène théâtral soit moins connu pour les spectacles. Leur nature étant éphémère, il est rare sinon impossible que la « vie » d'une représentation survive aux instants fugitifs de sa production. Par ailleurs, M. Vernet, en évoquant la fortune des pièces de Molière, fait état d'une véritable « subordination de l'éphémère » en faveur d'une « vision du monde axée sur le logocentrisme et le sujet » [35]. Nous nous efforcerons, toutefois, de réunir les informations disponibles pour montrer le rôle fondamental, générateur même, que joua la création des spectacles en France, indépendamment de la sphère d'une littérature écrite qui admet la « poésie dramatique » comme un genre d'écriture, même si sa littérarité reste problématique pour certains.

A - DE LA REPRÉSENTATION

Ceux qui accèdent au théâtre par le biais d'un texte écrit peuvent facilement oublier ce que ce texte doit aux pratiques scéniques. Un auteur de pièce, par contre, ne peut pas se permettre de l'oublier, sans quoi la mise en espace de ses paroles reste projet incertain. Et lorsque la rencontre écrivain-interprète a enfin lieu, l'auteur risque fort de se heurter au mur de la pratique si son manuscrit n'entraîne pas l'adhésion enthousiaste des acteurs. Ce fut l'expérience du jeune

---

34. J.-N. Pascal, éd., Florian, *Cinq Arlequinades*, p. 18.
35. Ch. I, Le texte et la représentation, *Molière, côté jardin, côté cour*, p. 44.

Voltaire quand il soumit sa première pièce, *Œdipe* (1718), aux Comédiens-Français ; il en parla des années plus tard à son mentor, le Père Porée. Les comédiens, accoutumés à des distributions par emploi, exigèrent des rôles d'amoureux dans ce sujet qui n'en contenait pas aux origines. Voltaire fut obligé de retirer sa première version en faveur d'une nouvelle incorporant le personnage Philoctète qui tient des propos galants à Jocaste. De même pour Philippe-Néricault Destouches, dont la fin jugée invraisemblable du *Glorieux* (1732) fut remaniée après que le manuscrit resta bloqué trois ans par l'acteur Quinault-Dufresne, « qui refusa de la manière la plus absolue de jouer une pièce dans laquelle son personnage se serait vu humilier au dénouement » [36]. Beaumarchais s'élève vigoureusement en 1775 contre ce qu'il voit comme un véritable abus du pouvoir des acteurs :

> Les comédiens ont multiplié chez eux les emplois à l'infini : emplois de grande, moyenne et petite amoureuse ; emplois de grands, moyens et petits valets ; emplois de niais, d'important, de croquant, de paysan, de tabellion, de bailli... [37]

Ce fut ainsi que la répartition matérielle des responsabilités des acteurs laissa son empreinte sur plus d'un texte d'auteur.

De la même façon, pour qu'un texte d'auteur atteigne le statut d'un énoncé théâtral, il doit passer par la matérialisation de son contenu. Ce processus variait au XVIIIe siècle selon les codes de représentation en vigueur. Au début du siècle il s'appuyait lourdement sur les vocalisations recherchées de comédiens dont le débit de passages versifiés se rapprochait du chant. Plus tard la « concrétisation » évoluait vers le tableau visuel qui renforçait le message verbal des acteurs, ou, dans le cas des recours croissants à la pantomime, cherchait à le véhiculer sans mots. Par la voie de la représentation, l'empreinte que laisse un texte d'auteur sur son destinataire passe par les sens, que ceux-ci soient auditifs, visuels, ou même olfactifs (les bougies, par exemple).

Même l'acte de lire passait par la matérialité de la voix avant d'évoluer vers une lecture silencieuse confondue avec notre moder-

---

36. *Théâtre du XVIIIe siècle*, t. I, p. 1403.
37. « Lettre modérée sur la chute et la critique du *Barbier de Séville* », Beaumarchais, *Œuvres*, p. 279.

nité. L'appropriation du sens des mots sur une page se faisait par leur prononciation à haute voix. Les histoires du théâtre favorisant son aspect littéraire adoptent une perspective rétroactive dans laquelle l'importance de l'écrit va déjà de soi. Avant la fin du XVIIIe siècle, pourtant, il faut se rappeler ce que l'assimilation de cet écrit par la lecture pouvait encore comporter de viscéral. Roger Chartier confirme, cependant, que cet écrit n'a jamais été fixe, que sa fonction et, surtout, ses modes d'assimilation ont évolué : « La remarque suffit à justifier le projet d'une histoire des pratiques de lecture » [38]. Nous voyons les implications d'une telle diachronie pour l'analyse des tensions au XVIIIe siècle entre un théâtre qui passe par sa mise en scène et un certain théâtre que le XIXe siècle offrira, en faisant l'économie d'une mise en scène, à des lecteurs « en fauteuil ». R. Chartier emprunte la formulation de Michel de Certeau que nous reprenons ici :

> La lecture est devenue depuis trois siècles un geste de l'œil. Elle n'est plus accompagnée, comme auparavant, par la rumeur d'une articulation vocale ni par le mouvement d'une manducation musculaire. Lire sans prononcer à haute ou à mi-voix, c'est une expérience « moderne », inconnue pendant des millénaires. Autrefois, le lecteur intériorisait le texte ; il faisait de sa voix le corps de l'autre ; il en était l'acteur. Aujourd'hui le texte n'impose plus son rythme au sujet, il ne se manifeste plus par la voix du lecteur. Ce retrait du corps, condition de son autonomie, est une mise à distance du texte [39].

Or, ce « retrait du corps » n'était pas achevé au commencement du XVIIIe siècle ; il était toujours en train de se faire. Les annales du siècle sont remplies d'allusions à des lectures à haute voix par des auteurs de leur propre texte ou de ceux des autres. Ce fut ainsi qu'un grand nombre de pièces furent reçues et/ou répétées par les acteurs. L'anecdote célèbre racontée par d'Alembert de la première rencontre de Marivaux avec l'actrice Silvia contient tous les éléments du paradigme. L'auteur se serait rendu chez elle au moment où elle apprenait le rôle de la Comtesse dans *La Surprise de l'amour* (1722) ; sans savoir à qui elle s'adressait, Silvia aurait parlé des difficultés d'interprétation que ce texte présentait :

---

38. *L'Ordre des livres*, p. 27.
39. *Ibid.*, p. 28.

C'est une comédie charmante ; mais j'en veux à l'auteur : c'est un méchant de ne pas se faire connaître, nous la jouerions cent fois mieux s'il avait seulement daigné nous la lire. M. de Marivaux prit alors son ouvrage, et y lut quelque chose du rôle de Mlle Silvia. Elle fut ravie de l'entendre : la précision, la finesse, la vérité avec laquelle il lisait furent de nouveaux traits de lumière pour elle [40].

Les sens possibles du texte marivaudien furent communiqués à l'auditrice/actrice par les intonations de la voix de l'auteur.

Dans *L'Homme impassible* (1782) de la marquise de Montesson, un passage sur la lecture des romans à haute voix montre que cette matérialité de la lecture se pratique toujours, et comment continue de fonctionner son appel aux sens :

ANGÉLIQUE [à Dorimène]
Écoutez mon projet. Il faut avec adresse
Disposer, s'il se peut, son ame à la tendresse.
Le moyen est facile. Il nous lit chaque jour
Des romans où l'on peint les charmes de l'amour :
Ils sont si séduisants, que je crois fort possible
Que son cœur, par degré, devienne plus sensible ;
Sur-tout si vous vouliez consentir quelquefois
À leur prêter encor votre touchante voix.
Vos sensibles accents pénétrant dans son ame,
Croyez-moi, de l'amour il sentira la flâme.   (I, 1)

C'est pour cela qu'il est crucial de réintégrer dans le concept, « théâtre du XVIIIe siècle », une masse de productions scéniques méconnues parce que non lisibles sur papier, et dont plusieurs, issues de la théâtromanie ambiante, sont inédites.

Ce que M. de Certeau appelle une « mise à distance » du texte, accomplie par l'évacuation de la voix haute peut s'appliquer dans le domaine du théâtre au glissement qui s'effectua de 1700 à 1790 entre la réception participative des productions scéniques et leur assimilation par lecture silencieuse. Il nous semble clair qu'une libre production du sens résultant de la collaboration active entre acteurs

---

40. *Théâtre complet*, I, p. 178.

et spectateurs fut progressivement enterrée/écartée au cours du siècle par une écriture dramatique modelée sur des idéologies non-théâtrales et axées sur l'édition.

Pour retrouver le corps évacué du théâtre du XVIIIᵉ siècle, il faut s'assurer un meilleur accès à des documents peu connus et souvent mal répertoriés, ce que Pierre Larthomas appelle à juste titre la « production dramatique moyenne » [41]. Or le dépouillement systématique des milliers de pièces qui constituent cette « production moyenne » ne peut s'amorcer que si nous élaborons une approche qui tienne compte de leur spécificité. Justement, plusieurs pièces du théâtre dit « mineur » s'expliquent mieux par les besoins de la représentation que par ceux d'une éventuelle édition.

A.1. IMPROVISATION

Certains textes non édités, et même non éditables, renvoient – bien que ce déchiffrement pose problème – à des codes implicites de représentation. Alors qu'une civilisation de l'écriture mécanisée multipliait ses éditions, le XVIIIᵉ siècle fut aussi le témoin inconscient de l'éclipse des cultures de l'oralité. Avant la parution de traités sur l'art de l'acteur, tel que *Le Comédien* (1747-49) de Rémond de Sainte-Albine, les comédiens et leurs spectateurs parlaient moins souvent, ou moins explicitement de la technique des représentations. Un des signes de cet accord tacite fut la popularité encore considérable des jeux de l'improvisation que l'on associe principalement aux acteurs de la *Commedia dell'arte*, mais qui fut en réalité plus générale. Tant qu'ils persistaient, l'écriture n'avait complètement assimilé ni les anciennes modalités de mémoire que reflètent les contes pour enfants ni le jeu théâtral sans dialogues et « prémédités ».

A.1.i. Canevas Italiens et Jeu Improvisé

Distinct du théâtre de texte, il y a le « texte » de la représentation. Les seules traces qui perdurent de ces textes-là se trouvent dans des

---

41. *Le Théâtre du XVIIIᵉ siècle*, p. 121.

allusions furtives à des rôles composés sur le champs (« La D^lle Flaminia n'a pas été moins applaudie dans son rôle de suivante, qu'elle a joué avec autant de feu qu'elle en fait paraître dans *les scènes qu'elle compose* [nos italiques] » [42]), ou encore dans les canevas et manuscrits inachevés du XVIIIe siècle. Entre 1700 et 1790, leur sort semble avoir été d'être abandonnés ou enfouis dans des archives plus ou moins oubliées. Leur statut de scénarios italiens – ni rédigés en français, ni développés – les écarte, par exemple, de la liste bibliographique de C. Brenner.

Le jeu improvisé qui fut l'une des marques distinctives d'une représentation de la *Commedia dell'arte* disparut graduellement pendant le XVIIIe siècle. Andrea Perrucci en avait fait la codification écrite en 1699 [43] – signe avant-coureur qu'une tradition plus que séculaire entrait dans sa phase finale –, et cette vieille tradition dut s'éclipser à la Comédie-Italienne en 1779 lorsque *l'Arlequin Roi, dame et valet* de Florian tomba de l'affiche. Le registre de C. Brenner donne cette pièce comme la dernière « création » en italien de la troupe. Lancé et tombé le même jour, le 5 novembre, *Arlequin Roi* ne fut pas publié. Le mois suivant, le 25 décembre, les derniers comédiens italiens quittèrent une compagnie qui, surtout depuis sa fusion en 1762 avec l'Opéra-Comique de Favart, avait perdu le goût de ce style où l'acteur produit sur-le-champ le texte gestuel et verbal qu'il incarne.

Si Luigi Riccoboni dut recourir massivement aux « canevas italiens » dès la réimportation du théâtre italien en France en 1716, ce fut à cause de la nostalgie des Parisiens pour ce genre de spectacle banni en 1697. X. de Courville affirme qu'il aurait préféré lui-même offrir un répertoire plus littérairement ambitieux ; Riccoboni aurait voulu réformer le théâtre de son pays, étant tragédien et auteur de tragédies. Pendant leur première saison, de mai 1716 à mars 1717, les Italiens présentèrent en « nouveautés » 70 pièces en italien. À part un petit nombre d'ouvrages dialogués – tels que la tragicomédie *Samson* [44] – il importe de rappeler qu'au-delà des difficultés linguis-

---

42. Compte rendu dans *le Mercure* de mai 1722 de *La Surprise de l'amour* de Marivaux, cité dans *Théâtre complet*, I, p. 184.

43. *Dell'arte rappresentativa premeditata e all'improvviso*.

44. Jouée le 28 février 1717. Les frères Parfaict observent que « cette pièce a été tradui-te en François par M. Freret, & c'est de cette façon qu'elle a été imprimée, l'original & la

tiques évoquées à l'égard des comédiens nouvellement venus d'Italie, la prépondérance des pièces comiques en italien signifiait aussi que l'improvisation continuait de primer dans leur façon de jouer. Il serait difficile d'attribuer la nostalgie des Parisiens à la seule sonorité d'une langue qu'ils n'entendaient pas bien, si cette langue étrangère n'était pas doublée par un effet de redondance d'actions et de gestes expressifs. Le sens des improvisations découlait d'une manière fondamentalement différente d'occuper et de remplir l'espace de la scène.

Penchons-nous brièvement sur les implications du théâtre de « canevas ». La génération d'un spectacle à partir d'un sujet (« *soggetto* ») donné et structuré par un scénario plutôt narratif où l'information peut-être la plus importante pour l'acteur était les indications de ses entrées et sorties de scène, ne laissait que peu de place à la fonction « auteur » [45]. La représentation improvisée que la *Commedia dell'arte* ramena dans la France de Philippe d'Orléans était, comme le terme italien *arte* le suggère, un « métier ». Tout comme les artisans formés dans les corporations médiévales maîtrisaient les techniques d'un « art », les comédiens « dell'arte » étaient de véritables professionnels, entraînés pour donner des créations scéniques totales et de leur propre facture. Si ce savoir ne résidait pas principalement dans le texte écrit des canevas, il se trouvait ailleurs, dans le cerveau, la mémoire et le corps de l'acteur.

La place du dialogue, partie de la pièce « où les Poëtes [font] parade de leur esprit, & de leur sçavoir », n'est pas toujours assurée, selon Luigi Riccoboni, dans les canevas. Dans un Examen de comédie [46] que le chef de la troupe italienne inclut dans son *Histoire du Théâtre*

---

traduction ensemble » (*Dictionnaire des Théâtres de Paris*). Par la suite, l'acteur Romagnesi en a fait une deuxième traduction « en vers François & en cinq actes » (Paris : Briasson) qui a été représentée au Théâtre Italien le 28 février 1720.

L'on peut noter également *Le Prince jaloux (Il Principe Geloso)*, tragicomédie, le 30 mai 1717, et *Mérope*, tragédie en cinq actes, en italien, de Maffei, jouée le 11 mai 1717.

Le rôle plus important du langage dans ces pièces explique les efforts pour les rendre plus accessibles au public parisien au moyen de traductions/programmes et d'éditions.

45. « [...] Il faudrait connaître comment se *fabriquait* un spectacle à la Comédie-Italienne, où la part de l'auteur n'était peut-être pas fondamentale. Gherardi affirme nettement que les auteurs abandonnaient leurs travaux en toute propriété à la troupe ; au fil des représentations et, bien plus encore, au cours des répétitions préliminaires, le texte subissait des modifications, dont le chef de troupe décidait de sa propre autorité » (F. Moureau, *Dufresny*, p. 118-9).

46. *La Jalousie* d'A.-F. Grazini, dit Lasca.

Italien, il observe que « l'action est si vive, que si l'Auteur avoit voulu s'attacher à la diction, l'une auroit détruit l'autre » [47]. Là, en revanche, où cette « diction » pourrait avoir sa place dans une pièce jouée à l'impromptu, Andrea Perrucci précise que l'acteur seul garde la responsabilité de la fournir ; non pas en l'inventant sur le champ, mais en puisant dans sa mémoire le fragment d'éloquence déjà appris qui convient au moment. Travail d'une combinatoire et d'une inventivité extrêmement ouvertes ; voilà pourquoi, selon l'avertissement du *Théâtre italien* de Gherardi, « les Piéces (*sic*) Italiennes ne sçauroient s'imprimer » [48].

Emmagasiné essentiellement dans la tête des acteurs, l'ensemble des passages ainsi que des jeux de théâtre ou *lazzi* à leur disposition restait une propriété personnelle ou, comme l'attestent plusieurs noms propres récurrents chez les comédiens, familiale aussi parfois. Il s'agissait ni plus ni moins d'une vaste culture orale dans laquelle chacun puisait, selon des connaissances dont la nature et l'étendue dépendaient du rôle qui lui était assigné. Le XVIIIe siècle français nous fournit un exemple rare de ce genre de trésor, le recueil manuscrit des scénarios de Domenico Biancolelli, publié récemment de façon exhaustive [49]. Le fils du célèbre Arlequin du XVIIe siècle, Pierre-François, fut le Trivelin de la compagnie de Luigi Riccoboni. Lors de la mort, en 1734, de Pierre-François, les Italiens laissèrent à Thomas-Simon Gueullette le soin de ce document dont ce dernier traduisit un grand nombre de scénarios en français [50].

Le recueil de Biancolelli permet d'entrevoir l'ampleur et la richesse des vieux canevas italiens qui continuaient d'être joués entre 1700 et 1779 au Théâtre Italien, et même ailleurs après [51]. Henri Lagrave les classe dans la catégorie d'un « semi-répertoire, essentiellement constitué par les arrangements de scenarii anciens » [52], par opposition aux 64 pièces « françaises » de l'Ancienne Comédie-Italienne recueillies dans les 6 volumes du *Théâtre italien* de 1700.

---

47. Paris, André Cailleau, 1731, t. II, p. 299.

48. « Avertissement qu'il faut lire », *Le Théâtre italien*, t. I, i.

49. Il a paru, à Rome, une édition qui reconstitue rigoureusement les traces de l'original italien perdu des canevas de Biancolelli : Delia Gambelli (éd.) *Arlecchino a Parigi : Lo Scenario di Domenico Biancolelli* (Bulzoni, 1997, 2 vol.).

50. Conservés à la Bibliothèque nationale, ms. f.fr. 9328.

51. Voir le répertoire des Grands-Danseurs en 1789.

52. *Le Théâtre et le public à Paris de 1715 à 1750*, p. 342.

Bien que le public de 1716 n'ait pas été sensible à cette distinction
– à vingt ans, environ, du dernier contact avec l'ancienne troupe, tout
semblait nouveau –, nous la retiendrons ici, dans la perspective adoptée de faire la différence entre canevas et pièce « écrite, & dialoguée » (la formule de Riccoboni). Des mises en scène de sujets
comme *Arlequin médecin volant* (14 juin 1716), *Les Deux Lélios et
les deux Arlequins* (15 juillet 1716), *Arlequin rival du docteur pédant
scrupuleux* (29 juillet, même année), *Arlequin feint baron allemand*
(21 août 1716) et *Le Festin de Pierre* (17 janvier 1717) furent autant
d'échos d'une oralité encore féconde et toujours malléable. Le public
français de l'époque connaissait surtout le *Dom Juan* versifié de
Thomas Corneille plutôt que la version en prose de Molière et celui
qui se jouait régulièrement aux Foires. Quant au *Médecin volant* de
Molière, les Comédiens Français ne l'avaient pas joué depuis le
8 juillet 1664 ; celui de Biancolelli, joué chez les Italiens, restait leur
seule voie d'accès au sujet. Quoique certains historiens recherchent
une source documentée des canevas, il s'agit plutôt de reconnaître la
nature fluide de l'action qu'ils esquissent et de laisser à leur pouvoir
générateur de textes/versions multiples un caractère de structure
profonde.

Les annales de la Comédie-Italienne du XVIIIᵉ siècle renferment
plusieurs exemples montrant l'intérêt que la pièce improvisée pouvait
susciter. La tension entre les contraintes d'un texte écrit et le mode de
jeu improvisé se fait sentir dans le cas des *Thessaliennes, ou Arlequin
au sabbat* (24 juillet 1752, au Théâtre Italien). Cette comédie « française » en prose par MM. Prévost et Cazanauve fit regretter le mode
de représentation à l'italienne :

> Quoiqu'écrite en François d'un bout à l'autre, on doit l'envisager
> comme un vrai Canevas Italien, où l'on trouve de l'imagination, des
> scènes de bon comique, & des jeux de Théâtre heureux & nouveaux ; il
> y a apparence qu'elle auroit réussi si elle eut été joué à l'*impromptu*, &
> dans la langue qui est propre à ce genre. La vivacité du Dialogue Italien
> & du jeu des Acteurs qui auroient été plus à leur aise dans leur langue
> naturelle, auroit remplacé avantageusement la prose languissante qui en
> fait le principal défaut [53].

53. *Dictionnaire des théâtres de Paris.*

Figure 1. – Détail de « Thomassin, arlequin de la Comédie-Italienne ».

Après la mort de l'acteur Thomassin (Figure 1) en 1739, de nouveaux postulants au masque et à la batte d'Arlequin se sont succédé. Ce rôle reste lié étroitement au jeu improvisé. Pas de création de canevas italien depuis le 12 janvier 1731 (*Les Maisons volées*, dans laquelle Thomassin aurait joué le rôle de Pantalon), puis, du 21 novembre 1739 au 1er septembre 1740, l'acteur Antonio Constantini, âgé d'environ 45 ans, s'essaya dans *Les Fourberies d'Arlequin, Les Métamorphoses d'Arlequin, Arlequin amoureux par complaisance, Arlequin barbier paralytique, Le Double Dénouement, Arlequin dans le château enchanté* [54], *Arlequin au désespoir de ne pas aller en prison, Les Anneaux magiques, Le Naufrage d'Arlequin, Les Mariages mal assortis*, et *Arlequin militaire* [55]. L'acteur se fit remarquer, dans

---

54. Canevas italien de Romagnesi.

55. Le fait que les auteurs du *Dictionnaire des théâtres de Paris* attribuent leur extrait manuscrit à « M. Riccoboni le père », retiré de la Comédie-Italienne depuis 1729, pourrait suggérer que celui-ci, comme Domenico Biancolelli, gardait une copie écrite des vieux canevas italiens.

les appréciations du *Mercure*, par « un continuel jeu de théâtre », des successions de « différents déguisements & de lazzi », et des effets scéniques tels qu'une « décoration trés-singulière ». Dans certains cas, comme *Les Métamorphoses*, il exécute seul « les trois quarts de la pièce » [56]. Si les comptes rendus de l'époque insistent sur le jeu virtuose de l'acteur qui incarna Arlequin, il faut aussi noter que les scénarios à partir desquels les jeux scéniques furent créés se caractérisent par une très grande malléabilité et ouverture : compression de trois actes en un acte en 24 heures, changement de décoration pour générer un tout nouveau titre, reprises de canevas apparemment identiques, mais présentés comme « créations ». Par rapport à une mise en scène absolument essentielle, ces résumés généraux de canevas apparemment écrits ont laissé encore moins de traces que l'exécution exténuante qu'on décrit. Même si on attribue certains des canevas à d'autres acteurs (L. Riccoboni, Romagnesi), la centralité de l'acteur et son jeu dynamique ressortent de cette énumération.

C'est Carlo Bertinazzi qui obtint finalement l'emploi de Thomassin. Connu sous le nom de Carlin, il débuta dans le rôle d'Arlequin le 10 avril 1741 et fut reçu comme membre de la troupe italienne en août 1742. Nouvellement arrivé de Turin, il choisit pour sa première parisienne un vieux canevas de Riccoboni, *Arlequin muet par crainte* (16 décembre 1717), dans lequel Thomassin aussi avait été obligé par son maître de rester muet et de ne s'exprimer que par gestes. Le compte rendu du *Mercure* de janvier 1718 résume ainsi : « [Arlequin] promet d'être muet, mais ne pouvant y réussir, il se résout de se coudre la bouche, & fait de cela un lazzi charmant ».

La situation de Carlo Véronèse, arrivé à Paris de Venise en 1744 pour jouer les Pantalons, illustre parfaitement le statut « non textuel », ou du moins problématique, du canevas. Les frères Parfaict, dans leur entrée du *Dictionnaire des théâtres de Paris*, essaient d'établir une distinction entre les « Canevas de la composition de M. Véronese, & qu'il a donnés au Théâtre Italien » et les « Canevas mis au Théâtre Italien, avec des changements & additions, par Monsieur Véronese ». Autant dire, les créations originales et les adaptations. Dans le cas des *Deux Arlequines* (2 actes, 1751), ils nient un rapport possible avec la pièce du même titre de L. Riccoboni

---

56. Ces citations se trouvent à l'article des différents titres dans le *Dictionnaire des théâtres de Paris*.

(1 acte, 1718) [57], tout en avouant que « Le canevas de M. Véronese ne nous est point parvenu ». C. Brenner, nous l'avons déjà fait remarquer, refuse le statut de pièces « françaises » aux canevas de Véronèse dont le nom ne figure pas du tout dans sa *Bibliographical List*, alors qu'il inclut les *Deux Arlequins* (*sic*) de Riccoboni à cause de la présence de quelques scènes françaises, de la même façon qu'il incorpore le fascinant *Arlequin valet de deux maîtres* (31 juillet 1718) de J. P. Mandajors (N°. 8747) comme « Canevas français » tout en indiquant dans son registre du Théâtrc Italien que ce canevas fut joué en italien. Le lien entre le texte écrit et la représentation qu'on lui associe ne pourrait pas être plus ténu. Nous voici donc très éloignés du théâtre de texte qui suppose une relation presque causale entre la pièce écrite et la mise en espace qu'elle détermine.

Les disciples du jeu italien devinrent de moins en moins nombreux pendant la deuxième moité du siècle. Les filles Véronèse jouèrent les canevas du père dans les années 1750. Carlo Goldoni, engagé en 1762 pour fournir des pièces aux Italiens à Paris, ne collabora pas longtemps avec eux. L'acteur Collalto arriva à Paris en 1759 pour remplacer Véronèse. Acteur/auteur aussi, il fut connu pour ses alternances entre le jeu avec masque et le jeu à visage découvert. On lui connaît plusieurs titres, et il fut le dernier défenseur du jeu italien, mais, paradoxalement, il fut également impliqué dans des réformes de ce jeu dans les pièces de Florian.

Max Fuchs confirme la disparition du jeu improvisé dans son étude de l'évolution des compétences qu'on pouvait exiger d'un acteur. Alors que les directeurs de troupes en province avaient le pouvoir de demander à un acteur de jouer tous les rôles associés à l'emploi que ce dernier postulait,

> une seule exception était admise : un sujet ne peut légitimement refuser que les rôles où il faut parler de tête (NOTE. C'est-à-dire improviser. À cette époque, la technique de la *Commedia dell'arte* était presque oubliée), pouvant n'en avoir pas le talent ou la possibilité [58].

---

57. La *Bibliographical List* de Brenner (N°. 10524) se trompe de transcription, et met « *Les Deux Arlequins* ».

58. M. Fuchs, II, p. 66.

A.1.ii. La Parade : Oralité, Manuscrits, et Représentations Variables

Bien qu'italien de provenance, le théâtre *all'improvviso* avait des racines françaises aussi. La parade, avant d'accéder au statut semi-littéraire que lui conféra en 1756 l'édition du *Théâtre des Boulevards*, égaya des scènes innombrables avec ses improvisations. Les compliments verbeux des charlatans, ainsi que nombre de leurs farces/parades d'accompagnement remontaient aux « inventions » de l'opérateur Barry et du célèbre Tabarin, au XVIIe siècle. Les parades évoluèrent graduellement d'une suite d'éléments oraux fragmentaires vers une mise en forme écrite et ensuite éditée. Aménageant un espace d'invention au comédien chargé de le remplir par les propos et jeux de scène qu'il jugeait bons, ce type de spectacle resurgit dans le répertoire forain entre 1700 et 1710 sous la forme de « textes » qui indiquent une partie non écrite à fournir par des interprètes capables d'improviser. Bien sûr, quoiqu'il soit difficile de reconstituer ces moments aussitôt volatilisés, il est néanmoins important pour l'appréciation complète de l'expérience théâtrale entre 1700 et 1790 de tenir compte du poids de cette pratique du non écrit.

Elle se remarque dès le début du siècle, localisée dans des zones plutôt éloignées du répertoire littéraire ; on la trouve principalement dans les spectacles populaires forains et dans les sociétés entre lesquels elle semble avoir créé de multiples articulations. Adolphe Jullien mentionne la première parade dont on ait une trace pour le XVIIIe siècle, jouée par Nicolas Malézieu et M. de Dampierre (gentilhomme du duc du Maine), lors de la deuxième *Fête de Châtenay*, le 5 août 1703 :

> Malézieu joua une grande parade, en partie improvisée, avec M. de Dampierre (...), qui se piquait de savoir la musique et jouait également bien de la flûte allemande et du cor, de la viole et du violon. Malézieu représentait un opérateur, lequel ayant appris du fond de la Moscovie que la duchesse était à Châtenay, avait fait sept cents lieues en moins de deux jours pour lui offrir un plat de son métier : M. de Dampierre figurait son valet Arlequin. On imagine aisément tous les lazzis et compliments, toutes les facéties que les deux compères débitèrent dans un baragouin étrange en offrant aux badauds leurs eaux merveilleuses : l'*eau générale*, ainsi nommée parce qu'elle fait les grands généraux,

dédié au duc ; l'*esprit universel* et la *poudre de sympathie*, dédiés à la duchesse et à Mlle d'Enghien ; l'*essence des élus*, qui a guéri de la teigne et de la gale deux élus ; le *sirop de violat*, qui fait jouer de la viole à merveille, et les *pilules fistulaires*, qui opèrent le même miracle pour la flûte (Dampierre-Arlequin démontrait lui-même l'efficacité de ces drogues) ; et enfin l'*esprit de contredanse*, qui donnait une légèreté extrême : on l'essayait avec succès sur un paysan ivre-mort, figuré par le danseur Allard [59].

Les « lazzis et compliments, toutes les facéties (...) » de Malézieu et Dampierre relèvent en grande partie du domaine de la création sur le champ. La transmission de cette façon de jouer dépendait d'un mélange d'observations visuelles et de talent et inventivité personnels. Ce fut par reconstitution de souvenirs vifs aussi que Thomas-Simon Gueullette et ses amis lancèrent la grande vogue des parades de société. D'après C. Leroux-Cesbron [60], grâce à une sorte d'imitation visuelle et auditive, ils procédèrent aux premiers jeux scéniques lors des conférences chez Maître Chevallier, père d'un jeune avocat ami de Gueullette :

> Après trois heures de travaux sérieux, Mme Chevallier ouvrait son salon et on oubliait les arguties de la chicane dans les distractions de la bonne compagnie. (…) Un soir de conférence, nos jeunes gens allèrent à la foire Saint-Laurent, ils assistèrent à deux ou trois parades et le lendemain ils s'amusèrent à les jouer de mémoire dans le salon de Mme Chevallier. Leur essai eut un tel succès qu'à chaque réunion désormais on joua des parades.   (p. 8)

Bien que la visite à la foire Saint-Laurent ait été antérieure à 1712, l'éditeur des *Parades inédites* de T.-S. Gueullette (son descendant, Charles Gueullette) fait particulièrement état de l'été 1714, dans la résidence d'été de Gueullette à Maisons, près de Charenton. Ce fut là et à ce moment que les amis ont improvisé en une demi-heure une « parade assez longue » qui a « duré plus de deux heures ». Quand la pratique des parades s'est généralisée, Gueullette indique qu'il écrivit ses pièces afin que d'autres puissent les jouer aussi.

---

59. *La Comédie à la Cour*, p. 44-45.
60. « Gueullette et ses Parades à Auteuil », *Bulletin de la Société Historique d'Auteuil et de Passy*, 1er trimestre 1923, Bulletin CVI, Tome XI, no. 1, p.7-10.

À quelques rares exceptions près, la trace des parades de la première moitié du siècle se trouve dans des manuscrits dont notre bibliographie fait un état sommaire. Au moment où évoluait la branche de cette forme qu'on jouait « en bourgeoisie » (équivalent du temps pour l'expression « en société »), en symbiose avec les amateurs qui la pratiquaient, les manuscrits permettent de suivre le développement du genre. L'évidence suggère un passage de l'oral vers l'écrit qui se faisait au cours des 20 premières années du XVIIIe siècle. Ce fut le moment des « parades anciennes » dont le principal responsable fut Gueullette [61].

Pendant les deux décennies suivantes nous assistons au développement de la forme préférée de la parade de société en un acte. Ce fut le moment des « parades nouvelles » dont l'un des praticiens les plus importants fut Charles-Alexandre Salley (ou Sallé), secrétaire du comte de Maurepas. Surtout à partir de 1740, et bien au-delà de l'anthologie publiée en 1756, l'impression de ces petites pièces, ainsi qu'une réflexion écrite sur leur genèse et nature, devient de plus en plus courante. Ce fut le moment des expériences formelles telles que la parodie des tragédies et la mise en vers de certains autres textes ; Charles Collé y fut particulièrement impliqué. Ce fut aussi celui des réflexions historico-théoriques accompagnant plusieurs manuscrits sous forme d'épîtres, lettres, préfaces, discours et prologues [62]. L'on peut associer respectivement à chacun de ces trois temps de la parade de société les noms de Gueullette, Salley et Collé.

Les fragments oraux mobilisent un nombre restreint d'acteurs ; généralement le couple Maître/Gille, secondés selon les cas par un filou, valet, servante ou notaire. C'est le cas dans *Le Chapeau de Fortunatus* (1712) de Fournier, et dans la parade généralement attribuée à Gueullette, *Le Muet, aveugle, sourd et manchot*, dont la structure ressemble de près à la première.

Les morceaux dont les parades semblent être composées suggèrent une approche créatrice basée sur des éléments autonomes

---

61. F.fr. 9340, Bibliothèque Nationale de France.

62. Parmi ces textes critiques : Épître à la charmante Isabelle ; Lettre à « Monsieur le président Henault » (la préface de *La Remède à la mode*, en ms, mais pas incluse dans l'édition, t. II, *Théâtre des boulevards*) ; « Préface pour les Parades Par Mr G... 1740 et 1742 ». est différent du « Prologue » - voir BN f.fr. 9340, fo. 25-34 ; « Discours sur cette *pièce [Ah que voila qui est beau !]* » (qui est la préface de la dernière pièce dans t. I, *Théâtre des boulevards*).

et une combinatoire qui ressemblerait à celle des improvisations de la *Commedia dell'arte*. On qualifie ces fragments de « scènes détachées », cueillies de l'ancienne comédie italienne telle qu'elle est représentée dans le recueil de Gherardi ; mais on peut également les apparenter aux vieilles farces tabarinesques dans lesquelles dominaient un personnel français et des actions élémentaires du genre scatalogique et excrémentiel. Dans les parades manuscrites les plus anciennes, attribuées à Gueullette, il y a confusion entre la division en scènes et une structuration faite de l'enchaînement des fragments qui portent, chacun, un nom. Ces noms, *À laver la teste d'un asne*, par exemple, figurent en marge sous la forme d'une glose, avec d'autres, comme *Le comte de Regniababo ou le Mort sur le banc, les Cornets* et *Le Contrat de mariage de Gille*, dans les manuscrits BN f.fr. 9340 et BHVP CP 4326, ainsi que dans l'anthologie imprimée de 1756, alors que le premier nom fonctionne comme le titre d'une parade séparée dans l'édition établié par Charles Gueullette [63]. S'agit-il de « marqueurs », ou sous-titres de séquences relativement brèves qui peuvent dépasser la longueur d'une scène, ou bien partager avec une autre séquence une seule scène ? Il semble vraisemblable de voir dans ces marqueurs les traces d'un titre de jeu de théâtre autonome, comme les « questions » de Tabarin ou les lazzis des Italiens. On enchaînait ces jeux différemment selon les occasions et les versions.

Les premiers jeux du petit nombre de personnages dans les parades anciennes étaient improvisés par Gueullette et ses amis, mais au fur et à mesure que des amateurs moins expérimentés se mettaient à les jouer, il fallut mettre les séquences puis les actes entiers par écrit.

Le deuxième temps de la parade de société vit l'augmentation du nombre de personnages par une accentuation de la conventionnelle intrigue d'amour opposant le désir de deux jeunes amants aux projets matrimoniaux « autres » d'un père ou mari autoritaire. Le « Maître » des parades anciennes devient « le bonhomme Cassandre » et se trouve parfois doublé d'un deuxième vieillard ; Gilles est souvent doublé par un Arlequin, et le couple Isabelle-Léandre émerge plus régulièrement. Cette nouvelle configuration correspond à la catégorie des

---

63. *Parades inédites*, éd. Charles Gueullette, « Préface », p. XIX.

« parades nouvelles » recueillies dans le manuscrit CP 4327 de la BHVP. *Blanc et Noir* que nous avons attribué à Salley et dont le manuscrit porte la date 1735 appartient à cette catégorie : Cassandre, Isabelle et Léandre sont appuyés par deux autres personnages, Le Mitron et Le Charbonnier. La première « parade nouvelle » qu'on peut dater avec quelque certitude serait *La Politesse ou le corsaire de Passi*, représentée par une société non identifiée en novembre 1728 et recueillie dans notre *Histoire et Recueil des Lazzis*. Cassandre y destine sa fille Isabelle à son frère le philosophe Pensecreux, mais Léandre se déguise en corsaire turc pour forcer le père à accorder une fille dont la grossesse probable fait l'objet de plus d'une allusion [64].

Le corpus des parades, largement manuscrit, contient tout un pan représentatif d'une pratique théâtrale fixant la représentation et n'assumant que tardivement – et non sans la réprobation des critiques pour sa grossièreté – une forme textualisée.

A.1.iii. IMPROVISATION DES PROVERBES

Dans un article du 1er mars 1771, *La Correspondance littéraire* évoque « la fureur de jouer des proverbes [qui] s'est répandue dans les sociétés de Paris » (IX, p. 262). Tout en énumérant des acteurs qui se sont signalés dans ce type de spectacle [65] et en décrivant les efforts de Carmontelle pour « réduire les amusements de société et les facéties en systèmes » [66], il avoue que tout le charme de ces piécettes vient du fait qu'on les invente sous les yeux des spectateurs : « ce qui rend les proverbes supportables en société, c'est la verve et la chaleur avec lesquelles les acteurs improvisent, et qui disparaissent quand ils récitent des choses apprises par cœur » (IX, p. 263).

Carmontelle décrit la méthode de jouer les proverbes dans sa « Lettre de l'auteur à Mme de *** » en tête du premier volume de ses *Amusements de société, ou proverbes dramatiques* (1768). On choisit

---

64. Pour une amplification de cette étude des parades, voir notre « De l'improvisation au *Théâtre des boulevards* », p. 160, p. 164-165.

65. Il mentionne une Mlle Delon, de Genève, le comte d'Albaret, un « commis dans les fourrages... qui contrefait les Anglais », et même les Comédiens Français, Préville et Bellecour.

66. C'est-à-dire en les fixant sous forme de recueils imprimés.

un sujet dont la mise en action suggère plusieurs scènes. L'organisation de ces scènes illustre un proverbe que l'on doit deviner à la fin de leur représentation.

> Le mot du proverbe doit être enveloppé dans l'action, de manière que si les spectateurs ne le devinent pas, il faut, lorsqu'on le leur dit, qu'ils s'écrient : *ah ! c'est vrai*, comme lorsqu'on dit le mot d'une énigme que l'on n'a pu trouver.

De longueur variable, les proverbes qui se complexifient peuvent être élaborés en *scenario* :

> Quand le proverbe est composé d'un certain nombre de scènes, il n'y a pas de mal de faire un canevas dans sa tête ou par écrit ; c'est ce que les Italiens appellent scenario. On le divise par scènes et l'on y explique ce qui fait le fond de chaque scène [67].

Comme la *Commedia dell'arte* et la parade, le proverbe a ses origines dans une civilisation où primait l'oralité. Remontant à la vie mondaine du règne de Louis XIII, il naquit dans les premiers salons, en même temps que la vogue des maximes et sentences. Plus d'un siècle plus tard, au moment même où la Comédie-Italienne, fusionnée avec l'Opéra-Comique depuis 1762, abandonnait ses canevas, voilà que le goût de cette pratique refait surface dans les cercles privés. En outre, les traces que nous avons de cette activité sont un reflet imparfait de sa création [68]. Si le nombre de volumes publiés peut suggérer combien de telles productions durent être répandues, il ne nous offre que des approximations ponctuelles du processus. Il faudrait chercher à mettre en lumière les jeux sociaux scéniques où le canevas et l'invention des particuliers l'emportaient sur l'emploi des textes totalement dialogués.

---

67. *Théâtre du XVIIIe siècle*, II. p. 729-30.
68. Voir à ce sujet le chapitre I, section iii, « *Les Proverbes dramatiques* de madame de Maintenon », dans M.-E. Plagnol-Diéval, *Madame de Genlis et le théâtre d'éducation au XVIIIe siècle*.

A.2. RÔLES, EMPLOIS ET TYPES

Le poids de certains codes de représentation pesait lourd sur les artistes, tant acteurs qu'auteurs. Ce furent encore des principes du théâtre officiel qui façonnèrent la vie des comédiens au niveau des rôles qu'ils jouaient. Dans sa capacité de première scène de France, la Comédie-Française servit de modèle aux nombreuses troupes de province qui réclamèrent son arbitrage dans les cas de disputes à propos des contrats des acteurs. Max Fuchs cite une pratique de plusieurs directeurs régionaux consistant à fonder le choix de rôles qu'un comédien devait interpréter – c'est-à-dire son « *emploi* » – sur le répertoire de tel « Français » célèbre : « en 1776, Dubreuil s'engage pour jouer les Dangeville à Montpellier, Chevalier pour tenir à Lyon "l'emploi de M. Molé dans toute son étendue", et Ponteuil pour "jouer les rôles de MM. Lekain et Bellecourt" » (p. 67). Par ailleurs, M. Fuchs fait remarquer le refus des Français d'admettre l'emploi de « jeune premier », préférant « premier rôle » ou « premier amoureux ». Il en résulte d'interminables discussions illustrant l'impossibilité de suivre trop littéralement des combinaisons de rôles dues au hasard des talents individuels et des circonstances du moment. L'« officiel » ici fonctionne comme catégorie imaginée à partir de certains choix ponctuels. La codification de ces derniers dut canaliser la création.

L'on peut se demander jusqu'à quel point les textes non encore publiés étaient sujets à des révisions de la part de l'autcur, sinon d'autres praticiens. La tragédie d'*Absalon* de J.-F. Duché de Vancy peut servir de premier exemple. Cette pièce fut représentée au moins trois fois avant sa publication, chez Anisson en 1702 ; d'abord au collège d'Harcourt, le 12 août 1700, ensuite à Saint-Cyr en 1701, puis à Versailles, chez Madame de Maintenon le 19 janvier 1702. Tout donne à croire que les acteurs dans les trois représentations étaient différents, les pensionnaires d'Harcourt, premièrement, les pensionnaires de Saint-Cyr deuxièmement, et, finalement – selon la *Bibliothèque des Théâtres* (1784) – les « princes, princesses, seigneurs et les dames de la cour ». Les Comédiens Français ne jouèrent cette tragédie que le 7 avril 1712, huit ans après la mort de l'auteur. Ces intervalles ouvrent un espace de flottement possible, si l'on accepte que le texte de Duchet ne sortit pas de sa plume d'un seul jet.

Du point de vue de ce chapitre, il importe de rappeler que le processus de la représentation, avec tout ce qu'il a de dynamique, mène nécessairement à des tensions où des pratiques scéniques liées aux habitudes des acteurs ne peuvent que laisser une empreinte sur la forme écrite de la pièce qui en résulte.

A.3. RAPPORTS ESPACE/REPRÉSENTATION

Voltaire chercha à modifier les codes de la représentation à la Comédie-Française dans sa tragédie *Brutus* (1730). Sous l'influence immédiate du théâtre anglais après son séjour outre-Manche en 1726-28, il put mettre en perspective le caractère relatif des pratiques scéniques chez les « Français ». Dans la préface de *Brutus*, « Discours sur la tragédie, à Milord Bolingbroke », il insiste sur l'importance du langage qui doit primer sur tout autre moyen de représenter : « Nous avons en France des tragédies estimées, qui sont plutôt des conversations qu'elles ne sont la représentation d'un événement. » Mais ces conversations passaient nécessairement par le filtre stylisant de la versification. En outre, les conventions de mise en espace du début du XVIIIe siècle limitaient ces échanges verbaux à un nombre limité d'interlocuteurs ; Voltaire précise qu'il était mal vu de faire parler plus de trois personnages ensemble, et attribue au respect de cette coutume les difficultés que rencontra une scène dans sa tragédie où devait paraître une assemblée de sénateurs romains : « ... Ce n'a pas été sans quelque crainte que j'ai introduit sur la scène française le sénat de Rome, en robes rouges... » Crainte finalement justifiée, car cette scène n'a pas été jouée.

Ce sont des conditions matérielles, devenues coutumes au cours des ans, qui s'opposèrent au projet voltairien de transférer des scènes de foules telles que celle du *Jules César* de Shakespeare en offrait l'exemple sur la scène de la Comédie-Française. Le « Discours à Bolingbroke » n'est qu'une manifestation parmi plusieurs de l'effet gênant des bancs de spectateurs sur la scène :

> Les bancs qui sont sur le théâtre, destinés aux spectateurs, rétrécissent la scène, et rendent toute action presque impracticable. Ce défaut est cause que les décorations, tant recommandées par les anciens, sont rarement convenables à la pièce.

Voltaire, en accusant la présence des spectateurs sur le théâtre, se rend compte en même temps que cette vieille pratique était trop enracinée dans les habitudes. Toute réforme la mettant en question était vouée à l'échec : « Nous craignons de hasarder sur la scène des spectacles nouveaux devant une nation accoutumée à tourner en ridicule tout ce qui n'est pas d'usage ». Les réticences auxquelles Voltaire se heurta en 1730 prouvent l'importance d'une infrastructure théâtrale faite de la complicité voire de la complaisance des acteurs et du public. Bien que *Brutus* soit devenu populaire au moment de la Révolution, ses virtualités « plastiques » heurtaient trop à l'époque de sa première. L'autorité de l'auteur ne l'emportait pas encore sur une implantation solide des codes de représentation en place.

D'ailleurs, comme René Pomeau le précise, ce fut bien un heurt de deux codes de représentation (et non pas la rencontre d'un texte d'auteur avec une pratique scénique incompatible) qui était l'enjeu réel. Voltaire ramena de son exil en Angleterre des images fortes de représentations vécues en tant que spectateur :

> N'imaginons pas Voltaire ayant sous la main le texte anglais tandis qu'il versifie sa tragédie. On doute qu'il ait rapporté une édition d'outre-Manche, et il n'existait à cette époque aucune traduction française. C'est d'après ses souvenirs vécus qu'il compose *La Mort de César*. De tous les drames shakespeariens, *Julius César*, on le sait, fut l'un de ceux qui le touchèrent le plus. Il a devant les yeux non un livre mais les scènes jouées sur les tréteaux de Drury Lane et Lincoln's Inn [69].

Nous voici revenus au même mode de transmission « orale » qui fonctionna quand Gueullette et ses amis improvisèrent de mémoire chez eux une parade vue auparavant à la Foire Saint-Laurent.

Le banissement des spectateurs de la scène de la Comédie-Française eut lieu, on l'a dit, en 1759. Une petite séquence de scènes dans *Les Mœurs du temps* de B.-J. Saurin, jouée pour la première fois l'année suivante, le 22 décembre, illustre les nouvelles possibilités plastiques de la scène dégagée. Jacques Truchet met en avant le « réalisme » de la scène 11 où paraissent deux figurantes habillées « en *vraies* femmes de chambre » [70]. Il faut faire état aussi de l'action

---

69. *D'Arouet à Voltaire*, p. 276.
70. *Théâtre du XVIIIe siècle*, t. II, p. 1408.

de ces figurantes – elles apportent la toilette de la Comtesse et le domino qu'elle va mettre pour un bal – ainsi que du jeu des personnages parlants. La Comtesse descend de sa chambre pour faire sa toilette au salon :

> LA COMTESSE [...] – Tenez, vous autres, apportez ici ma toilette ; et vous, Comtois, faites descendre mes femmes ; il fait dans ma chambre une fumée odieuse, et je vais me coiffer ici pour le bal.

Les didascalies indiquent l'arrivée sur l'aire du jeu d'objets/accessoires qui seront intégrés dans l'action : (« CIDALISE [...] *Elle jette les yeux sur un domino étalé près de la toilette qu'on a apportée* – Vous avez là un joli domino. » [sc. 10]). Ces objets appuyeront le dialogue dans la scène 13 : (« *Tout en causant, la toilette va son train* »). Les réactions de la Comtesse devant chaque évocation des charmes de sa plus jeune nièce seront communiquées par son acharnement devant le miroir de sa toilette :

> FINETTE [...] – si Julie allait plaire au marquis...
>
> LA COMTESSE, *en se donnant des grâces* – Julie ! un enfant novice au monde, qui n'entend rien à l'art de plaire, qui ne se doute pas même qu'il y en ait un.
>
> FINETTE – Oui ; mais la nature s'y entend pour elle. Sans songer à plaire, Julie se montre et plaît ; on ne peut disconvenir qu'elle soit charmante ?
>
> LA COMTESSE, *en haussant les épaules* – Charmante ! (Donnez-moi d'autre rouge : celui-là est pâle comme la mort.)
>
> FINETTE – Elle a les plus beaux yeux du monde.
>
> LA COMTESSE, *en mettant du rouge* – De grands yeux qui ne disent mot. (sc. 13)

Ces scènes témoignent éloquemment de l'arrivée sur la scène de la Comédie-Française d'un nombre qui ira croissant d'accessoires. Ces derniers vont modifier fondamentalement l'aspect de la représentation.

L'accumulation d'accessoires allait changer le jeu des acteurs qui devaient harmoniser le maniement d'objets avec leur façon de dire des répliques. Mais vers la même époque, et grâce aussi au dégagement du plateau de jeu, la « mise en espace » assumait une nouvelle dimension. Une des meilleures illustrations est *Le Café, ou l'Écossaise* de Voltaire. Cette comédie en cinq actes, que l'auteur de *Candide* avait envisagée initialement comme un pamphlet attaquant le gazetier Elie Fréron, fut imprimée dès mai 1760. Ce fut après le succès des *Philosophes* de Palissot que Voltaire se serait résolu à confier sa pièce aux Comédiens Français qui la représentèrent à partir du 26 juillet. Bien que les contemporains aient adopté de préférence le sous-titre pour référer à cet ouvrage, le premier titre de *Café* pose le problème d'une nouvelle utilisation de l'espace scénique.

Situé à Londres, le lieu de la scène n'en rappelle pas moins celui de la *Bottega del Caffè* de Goldoni (créée à Mantoue en 1750). Encore inhabituels en France [71], des cafés mis sur le théâtre rendaient possibles de nouveaux croisements de personnages de tous états et dans une variété différente de situations. Aussi assistons-nous, dans *Le Café, ou l'Ecossaise*, aux rencontres d'un limonadier, d'un gazetier, d'un proscrit écossais voyageant *incognito*, de sa fille en détresse, d'un négociant revenu de Jamaïque, d'un aristocrate anglais, de l'ancienne maîtresse de ce dernier et des divers domestiques qui les accompagnent... Le Café ouvre une nouvelle fenêtre sur la société de l'époque (Figure 2).

Pour organiser les allées et venues de tout ce monde, Voltaire configure son Café en deux types distincts d'espace : la zone des interactions sociales, et celle d'une plus grande intimité offerte par les chambres d'hôte qui font partie de l'établissement. « *La scène représente un café et des chambres sur les ailes, de façon qu'on peut entrer de plain-pied des appartements dans le café* » (Acte premier). Une note attachée à cette didascalie dans le texte édité par Jacques Truchet en signale les implications pratiques : « On a fait hausser et baisser une toile au théâtre de Paris, pour marquer le passage d'une chambre à une autre... » [72]. En effet, le texte de cette comédie met en jeu des traitements étonnamment modernes des unités classiques, non seulement de lieu, mais de temps aussi. Et pourtant, Voltaire précise explicitement dans sa préface que l'unité conventionnelle

---

71. Nous relevons 12 pièces avec le mot « Café » dans le titre. Une seule, *Le Café* (comédie en un acte) de Favart, représentée à Bagatelle le 5 septembre 1757, précède la pièce de Voltaire.

72. « Cette note date de l'édition de 1761 » (*Théâtre du XVIIIe siècle*, t. II, p. 1402).

« est observée scrupuleusement ». Cette affirmation tend à masquer le fait que le lieu textuel de l'action court, pour ainsi dire, après un lieu physique élargi au point de permettre deux actions dans un seul espace. Dans I, 3, le proscrit Monrose parle en monologue « sur le devant du théâtre », alors que les clients du Café, derrière lui, se parlent entre eux, parfois « *tous quatre en même temps* ». Dans V, 2, l'aristocrate, Lord Murray, parle à ces gens « *dans l'enfoncement* » alors que Lindane, la fille de Monrose, parle avec son groupe « *sur le devant* ».

Figure 2. – Détail de « Lindane, dans *l'Écossaise*, refusant de l'argent de Freeport ».

Dans ces cas, deux groupes occupent des zones différentes du même espace. Par contre, lorsque le négociant Freeport passe brusquement du café dans l'appartement de Lindane, II, 5, à II, 6, il évolue entre deux espaces différents, occasionnant, à en croire la note citée plus haut, l'emploi du rideau de scène pour marquer/masquer cette transition. Dans III, 2, Polly, la suivante de Lindane, fait le même déplacement, en sens inverse : « *Polly* [...] *passe de la chambre de sa maîtresse dans une chambre du café* ». À chaque mouvement de ce type, l'ajustement du rideau décentre légèrement le regard du spectateur à droite ou à gauche. Là, pourtant, où les traditionnelles unités se trouvent sérieusement bousculées, c'est dans l'acte IV. Polly sort de la chambre de Lindane au début de la scène 3, pour annoncer à Lord Murray dans le Café que Polly et son père sont engagés dans une conversation attendrissante. L'entretien de Polly et Lord Murray se prolonge dans les scènes 4 et 5. Ce n'est qu'à la scène 6, grâce, on le suppose, à un nouveau mouvement de rideau, que nous retournons dans la chambre de Lindane pour retrouver Polly à un moment *précédant* sa sortie de la scène 3, et pour suivre la conversation attendrissante qu'elle avait annoncée *antérieurement/ailleurs* à Lord Murray. Nous saisissons ici une étape dans l'évolution des codes de représentation où les frontières de la scène et du hors-scène acquièrent une fluidité qu'elles n'avaient pas auparavant. Le texte du *Café, ou l'Écossaise* la reflète, par la contradiction entre une invocation des unités classiques et les nouveaux mouvements centrifuges des personnages sur le théâtre.

A.4. SEGMENTATION DES PROGRAMMES

L'abandon graduel de la pièce en cinq actes et la popularité croissante de la pièce en un acte soulèvent un certain nombre de questions liées à la représentation. Quelle conception avait-on au XVIIIe siècle d'un « programme » de théâtre ? Y avait-il une durée souhaitable pour un ensemble de pièces ? Comment articulait-on les différents éléments d'un ensemble ? Quel ordre fallait-il suivre, et pourquoi ? Comme bien d'autres questions que nous posons dans cet essai, ces dernières valent pour toutes les époques. Néanmoins, si l'on examine les données pour la période 1700-1790, des nécessités matérielles du moment eurent leur influence sur le genre de pièces qu'on écrivait.

Le modèle de la Comédie-Française offert aux praticiens de théâtre à la fin du XVIIe siècle était de composer des programmes d'une « grande » pièce suivie, souvent mais pas toujours, d'une « petite ». Contrairement à l'usage du XXe siècle, la pièce jugée la moins importante venait après celle qu'on considérait comme l'événement principal du programme. De nos jours, l'ordre a été inversé, le « lever de rideau » étant devenu la petite pièce. En outre, le XXe siècle a longtemps élagué certains éléments faisant partie au XVIIIe d'un « tout » plus élaboré ; ce n'est que dernièrement que nous commençons à voir des éditions comprenant les intermèdes, vaudevilles et divertissements qui accompagnaient régulièrement le texte considéré comme « noyau » séparable du reste. Cela s'explique par l'idée chez certains éditeurs après 1800 que des « ornements » d'ordre moins littéraire coupaient l'intérêt d'une pièce imprimée. En fait, on y chantait et dansait plutôt que de rester dans la modalité expressive établie par les seuls dialogues et indications scéniques.

Il y allait de la cohérence d'un programme. Pour que celui-ci fût lisible et source de plaisir, certaines pratiques devaient être respectées. La grande pièce concentrait l'attention sur une action aussi unifiée que possible. On critiquait sévèrement les articulations faibles, les transitions de scène lâches et les digressions superflues. Après la concentration, une pièce plus légère offrait la possibilité de se détendre, ou bien celle d'emprunter les rues dangereuses de la Capitale un peu plus tôt si l'on habitait loin de la Comédie... [73] L'examen des Registres de la Comédie-Française confirme ce modèle. La Comédie-Italienne de L. Riccoboni respectait le même principe, sinon de gravité, au moins de concentration ; lors de la première saison à Paris (à partir de mai 1716), la quasi totalité des pièces représentées étaient de trois ou cinq actes.

La fragmentation venait des représentations foraines. Dans leur précipitation à s'approprier le répertoire de l'Ancien Théâtre Italien, exilé en 1697 pour l'affaire de *La Fausse Prude*, les troupes foraines offrirent des « scènes détachées ». Faisant vertu plus tard de la nécessité de ne pas enfreindre les monopoles officiels, ils adoptèrent l'atomisation et la formule de variétés comme méthode systématique de

---

73. Au XVIIe siècle, on offrait des programmes qui commençaient l'après-midi : « On ne jouait alors que [...] de deux heures à quatre heures et demie, [à cause du] mauvais état des rues... » (Hillairet, p. 87).

travail : « Il n'y faut pas chercher d'intrigues composées [dit Lesage]. Chaque pièce contient une action simple, et même si serrée, qu'on n'y voit point de ces scènes de liaison languissantes qu'il faut toujours essuyer dans nos meilleures comédies » (préface, *Théâtre de la Foire*). Dès qu'ils entreprennent de franciser leurs spectacles, les Italiens commencent à mêler de petites pièces à leurs programmes. *Arlequin poli par l'amour* de Marivaux dut partager l'affiche avec une autre pièce en 1720, bien que le Registre pour cette saison soit perdu. Le terme « ambigu-comique » (signifiant mélange de pièces hétérogènes) apparaît dès les années 1720. À l'origine, trois pièces en un acte (un prologue, une comédie intriguée, une pièce à tiroirs [faite d'une succession de personnages épisodiques]) constituaient un « ambigu ».

Les Italiens, lors de leurs trois saisons estivales à la Foire Saint-Laurent entre 1721 et 1723, ont non seulement adopté cette pratique (chose déjà faite depuis au moins 1719, lorsqu'ils avaient combiné *La Mode*, *Le May* et *La Méridienne*) mais ils l'ont rendue transparente dans *Le Dieu du hasard*, prologue au programme du 8 août 1722 complété par *La Force de l'amour* et *La Foire des Fées*. Le programme se construit par le tirage au sort au terme duquel les acteurs choisissent deux pièces numérotées 419 (*La Force...*) et 740 (*La Foire...*) :

PANTALON – Qu'allons-nous faire de deux pièces en un acte ?

THALIE – Vous n'avez qu'à les lier par le moindre petit prologue.

ARLEQUIN – Morbleu ! rien n'est tel qu'une pièce en trois actes.

THALIE – Ne vous plaignez pas. Il me semble que le hasard vous a favorisé en cela. Une comédie de trois actes n'est qu'un plat, après tout ; si on trouve ce plat mauvais, serviteur au festin.

[...]

Au lieu que des morceaux détachés font des ragoûts différents, dont l'un peut suppléer à l'autre.

[...]

D'ailleurs, il faut de la variété dans les mets, pour contenter la diversité des goûts [74].

Une étude attentive des programmes successifs à la Foire permet de voir la façon dont les entrepreneurs combinaient plusieurs pièces

---

74. *Théâtre de la Foire*, t. V.

en un acte au jour le jour. Si un acte ne plaisait pas, il leur était facile de le faire sauter immédiatement en faveur d'un autre, sans toucher aux deux – nombre de prologues se confondant avec des actes – qui restaient dans le nouvel « ambigu ». Inversement, si un acte éprouvait un succès nettement plus fort que les autres, il pouvait rester à l'affiche au moment de la relève des deux, ou trois autres. Cette pratique, reflètant le caractère très aléatoire de la pratique scénique, gagnera les théâtres officiels au cours du siècle. Et elle envahit littéralement les théâtres privés où la mise en scène d'ouvrages plus courts et moins onéreux pour les amateurs à la mémoire et au talent plus limités est un atout pour certains.

Lorsque Louis Lécluze de Thilloy, fondateur du théâtre des Variétés-Amusantes, ouvrit ce théâtre le 12 avril 1779 dans sa nouvelle salle du boulevard Saint-Martin, il afficha un programme aussi ambitieux que varié : *Le Retour à la lumière*, prologue, *Le Jugement de Pâris*, mélodrame mêlé de danse et de musique, *La Fête de Saint-Cloud*, et *La Bataille d'Antioche*. De ce début énergique, Henri Beaulieu dira en 1905 : « Nos directeurs de théâtres modernes, si parcimonieux d'art dramatique et si prodigues d'entre'actes, pâliraient à la lecture d'un pareil programme » [75].

Le grain même de la voix, l'improvisation des acteurs, les rôles et emplois institutionalisés, les façons habituelles d'occuper l'espace, et la gestion des éléments d'un programme, furent des réalités qu'une focalisation trop exclusive sur la littérarité d'un texte de théâtre ne peut accommoder facilement. La production théâtrale au XVIIIe siècle passa toutefois par les vicissitudes d'une série de petites *révolutions* ; du déclin d'une lecture vocalisée jusqu'à la reconceptualisation des unités composant une séance théâtrale. Ceux qui écrivaient pour le théâtre subirent les innombrables contraintes de ceux qui donnaient corps à leurs scénarios et à leurs partitions dialoguées ; les règles d'écriture des arbitres en belles-lettres ne furent pas les seules balises sur leur chemin.

---

75. *Les Théâtres du Boulevard du Crime*, p. 69.

B - AU TEXTE

B.1. À L'AUNE DES GENRES LITTÉRAIRES

Le phénomène scénique du programme fragmenté permet, par juxtaposition, de saisir le non-dit littéraire qui faisait passer sous silence les « petites » pièces à la faveur des seules « grandes » ; ces jugements de valeur mélangeaient la longueur du texte avec la hiérarchisation des répertoires favorisant l'une ou l'autre longueur. En témoigne le *Théâtre complet* [nous soulignons] *de Beaumarchais*, publié en 4 volumes en 1869 [76]. Les éditeurs présentent les six « grandes » pièces jouées à la Comédie-Française ou à l'Opéra (*Eugénie, Les Deux Amis, Le Barbier de Séville, Le Mariage de Figaro, Tarare* et *La Mère coupable*) sans même mentionner dans leur introduction les « petites » œuvres de jeunesse de Beaumarchais [77]. L'article « Lesage » du *Dictionnaire des lettres françaises* reflète la même attitude envers les dernières pièces de l'auteur : « après *Turcaret*, à quoi servirait de s'attarder au Théâtre de la Foire ? » [78], et certaines éditions des écrits de Lesage distinguent entre sa production dramatique pour le Théâtre Français (*Crispin rival de son maître, Turcaret*) et celle pour l'Opéra-Comique auquel justement la Foire a donné vie. Les pièces de Marivaux furent d'abord réparties aussi par « registre » (répertoire « Français », répertoire « Italien »), avant de se réunir sous un seul titre. L'organisation du monde éditorial brouillait ainsi les structurations autres que nous avons mises en évidence au niveau scénique. Il aura fallu bien plus d'un siècle pour que les éditions rapprochent de nouveau des œuvres scéniques inextricablement liées au moment de leur pratique originelle.

Il s'agira dans cette section d'étudier la mise sur page et la « littérarisation » du théâtre par lesquelles une bonne partie de l'activité

---

76. Réimpression des Éditions princeps, avec les variantes des manuscrits originaux, publiées pour la première fois par G. d'Heylli et F. de Marescot. Paris, Académie des Bibliophiles, 1869, 4 vol.

77. Enfin éditées par Pierre Larthomas. En deux temps, d'ailleurs, puisque le recueil des *Parades* sortit séparément (en 1977, SEDES) avant d'être incorporé dans les *Œuvres* de Beaumarchais en 1988.

78. p. 747.

théâtrale du XVIIIᵉ siècle a été cernée dans des livres. Chemin faisant, l'activité ainsi captée s'est trouvé transformée aussi : « Ce que nous avons devant nous est un *autre* [nos italiques] genre littéraire : c'est la-pièce-imprimée, domaine de l'*Auteur* » [79]. Ce processus revêt deux formes, distinctes mais liée entre elles ; l'impression des pièces et l'importance croissante des didascalies dans ces éditions ; le discours dorénavant écrit plutôt que mis en scène *sur* le fait théâtral.

B.1.i. LA PRIMAUTÉ DU TEXTE

Le texte d'abord ; le reste après. Dans l'opéra cela se traduit par la préséance du scénario dialogué sur lequel le compositeur base sa musique. Dans le théâtre cela aboutit au rôle de l'auteur qui fait répéter les comédiens, et sur un autre plan, à une utilisation du texte théâtral pour la lecture (de plus en plus silencieuse). Quand Philippe-Néricault Destouches prononça son discours de réception à l'Académie Française en 1723, Fontenelle fit valoir en réponse les qualités littéraires des comédies du nouvel « Immortel » : « Le bon choix des caractères, le dialogue et la versification noble font même *lire* [nos italiques] ces comédies, ce qui se trouve rarement chez d'autres écrivains comiques » [80]. La phrase de Fontenelle nous rappelle qu'au début du XVIIIᵉ siècle, la destination communément admise des pièces comiques était surtout d'être mises sur le théâtre. Au cours du siècle, il s'effectua un élargissement des moyens de réception qui rendit moins « rare » le fait de lire le théâtre. De nos jours, la pratique s'est généralisée à tel point que l'on oublie que cela n'a pas toujours été ainsi.

Pour ceux qui abordent l'étude du théâtre par la lecture, le texte est premier, « l'invariant antérieur à toutes les représentations » [81]. Il a toujours joui d'un statut spécial vis-à-vis de la représentation qu'une longue tradition place en position de produit dérivé. La primauté du

---

79. M. Vernet constate le même phénomène au siècle précédent (*Molière, côté jardin, côté cour*, p. 40).

80. Cité dans *Théâtre du XVIIIᵉ siècle*, t. I, p. 1402.

81. M. Vernet conteste, en fait, une telle perspective : « Le texte [moliéresque] n'a jamais réellement existé comme l'invariant antérieur à toutes les représentations, ce qu'il est de nos jours… » (*Molière, côté jardin, côté cour*, p. 40).

texte place l'écrit avant la mise en scène, l'écriture avant le jeu. Il en résulte une vénération de l'écrivain dont la « parole » sert de référent aux mouvements, gestes et actions concrétisées qui en découlent. Au XVIIIe siècle, le respect « dû » aux grands textes-modèles de Corneille, Molière et Racine – repris régulièrement et systématiquement pendant tout le siècle – constituait l'un des fondements premiers du théâtre « officiel » ; on pouvait changer de comédiens-interprètes, ceux-ci entreprenaient parfois de changer leur jeu, leur habillement, le ton de leur voix ; mais la parole (pré-)écrite devait rester figée sinon sacrée. D'après ce paradigme, la représentation avait pour objectif de « respecter » le texte.

> Si la dramaturgie bourgeoise, *au XVIIIe siècle*, transforme profondément le rapport qu'entretient la scène avec le monde, en l'affranchissant des grandes ombres symboliques qui la dominaient, *elle ne met pas en cause la royauté du texte* : elle bouscule plutôt l'ordre des références et des préséances qui définissaient son statut. Il est désormais entendu que l'émotion et le plaisir dont le texte est porteur ne peuvent s'accomplir qu'à travers la représentation, mais c'est toujours l'écrivain qui prévoit la scénographie des tableaux, bâtit les mannequins où doivent se glisser les acteurs, règle le cours de ce que Diderot appelle la pantomime : à partir de là, le texte se truffe de didascalies, parfois fort minutieuses comme chez Beaumarchais ; chargé de figurer le réel, il est écrit en vue de sa traduction plastique et sonore sur une scène renouvelée, dont les ressources illusionnistes ne vont cesser de s'enrichir. *L'auteur dramatique, au sens propre du mot, naît alors* [82].

Il est important de noter que cette « naissance » de l'auteur dramatique s'est effectuée pendant le XVIIIe siècle. Il ne faut pas caractériser tout le siècle par ses derniers avatars...

L'impression des textes suivait généralement de près leurs premières représentations, une manière de consécration ultime faisant d'une réussite scénique éphémère un monument/objet plus durable. René Pomeau, à l'occasion de la parution des volumes « Voltaire » du *Catalogue des imprimés de la Bibliothèque Nationale* [83] observe que ce mouvement vers la mise en livre prenait une ampleur inégalée :

---

82. Art. « Représentation », dans *Dictionnaire encyclopédique du théâtre*, p. 707.
83. 1978, 2 volumes (numéro 214-I et 214-II), p. xii.

« L'imprimé constitue au dix-huitième siècle la forme éminente de la communication. » Le paradigme de la primauté du texte, ainsi que ce recours massif à l'imprimé qui deviendra au XIXᵉ siècle le souci de l'édition critique et « définitive », ont leurs racines dans l'amplification communicative par l'écrit qui caractérisa les Lumières.

B.1.ii. LE PROJET « ÉDITORIAL »

Diderot regretta les obstacles au niveau des conditions de la représentation qui bloquaient les réformes théâtrales qu'il prônait. Voltaire s'évertuait sur les deux fronts (scénique et littéraire) à réaliser les progrès dont il rêvait ; aussi soigna-t-il ses pièces doublement, mais différemment, en s'occupant de leur mise en scène et de leur mise en page. L'écart entre un texte rédigé pour l'impression et un autre sur le même sujet rédigé pour la représentation est proposé de façon détaillée par J.-N. Pascal dans sa récente édition des deux versions de la tragédie, *Regulus,* de Claude-Joseph Dorat (1734-1780). En 1765, Dorat publie « avec faste » chez Jorry un *Regulus* « avec un frontispice magnifique, une gravure initiale, un bandeau et un cul de lampe, le tout dessiné par Eisen » que J.-N. Pascal décrit comme l'un des « meilleurs artistes du temps » [84]. Cette édition, jamais représentée, fut suivie d'une seconde que les Comédiens Français jouèrent avec succès en 1773. Le *Dictionnaire dramatique* fait état des modifications qu'elle subit :

> Cette Piece avoit été imprimée plusieurs années avant qu'elle fût donnée au Théâtre. L'Auteur y fit des changemens & des corrections qui la mirent en état de soutenir le grand jour de la représentation.

(II, p. 123)

La comparaison de ces deux versions permet de voir de façon concrète ce qui distingue une « tragédie à lire » d'une « tragédie à représenter » (les formules sont de J.-N. Pascal). Nous retiendrons la plus grande linéarité de la version de 1765, une mise en avant du côté romanesque en 1773 par l'addition du personnage de l'ambassadeur Amilcar et par l'introduction d'un souvenir sentimental qui attendrit l'épouse de Régulus, et une plus grande insistance, par les didascalies, sur le symbolisme du lieu de l'action dont les bustes d'anciens Romains sont les ajouts principaux.

---

84. *Les Deux « Régulus »* de Dorat, p. 12.

L'édition se voyait non seulement comme une façon différente de présenter la pièce jouée, mais comme un moyen de l'améliorer. Madame de Montesson décrit le processus de réécriture par lequel elle entend rendre « lisible » sa pièce, *La Comtesse de Chazelle*, pour les quelques amis auxquels elle s'adresse en 1785, suite à la chute précipitée de cette comédie à la Comédie-Française.

> J'ai ôté de cet ouvrage les longueurs qui en auroient été retranchées dès la seconde représentation, si je n'avois pris le parti de le retirer en me nommant. Le comte de Surville et Gercourt ouvroient le premier acte ; il commence à présent par une scene entre Laure et Gercourt. J'ai supprimé celle où le comte paroissoit avoir le dessein de persuader à Laure qu'il avoit du goût pour elle, parce qu'on m'a dit qu'elle avoit produit un mauvais effet (quoique ce fût peut-être un trait de caractere de plus). J'ai encore mis en action, au quatrieme acte, une scene entre madame de Chazelle et le comte, qui n'étoit qu'en récit dans le monologue par lequel il commence cet acte. Mais je n'ai rien changé au fond ni à l'intrigue de la piece : M. de Surville a les mêmes projets, madame de Chazelles les mêmes vertus. (avant-propos, pas numéroté)

Mme de Montesson fait une différence très nette entre le fait de regarder une représentation, des plus « éphémères » étant donné le tumulte qui régnait ce soir-là dans le théâtre, et la lecture à tête plus reposée d'une édition déjà « revue et corrigée » à la lumière de la première (et dernière) mise en scène de son œuvre.

> Comme on m'avoit assuré que la représentation avoit été trop tumultueuse, pour que cette piece eût été bien ntendue, je me détermine à en faire imprimer quelques exemplaires, que je donne à mes amis, pour les mettre à portée de la juger sous le seul rapport qui ait à mes yeux une véritable importance. (avant-propos)

L'exemple de loin le plus frappant du mouvement vers la mise en livres du théâtre fut Voltaire. Dans son introduction aux deux volumes « Voltaire » du *Catalogue général des livres imprimés de la Bibliothèque Nationale*, René Pomeau affirme : « Voltaire a vécu pour écrire, et pour imprimer » (XII).

> Une particularité notable de l'édition voltairienne au XVIIIe siècle est la place qu'y occupent les éditions collectives [...] Il existait alors un

public amateur de ces sommes imposantes : même qui fit le succès des dictionnaires (et non seulement de *L'Encyclopédie*), et de publications aux proportions monumentales... (XIII)

Le projet d'éditer ses pièces fut la seule voie qui restait ouverte à L.-S. Mercier pour atteindre son public parisien. En guerre contre les Comédiens Français, Mercier fit circuler ses œuvres sur des scènes de province et à étranger, comprenant vite les avantages de l'impression et en profitant pour contourner la réticence des Comédiens de la première troupe officielle.

B.2. LES GRANDES ÉDITIONS DE PIÈCES

Au XVIIIe siècle, le recours à l'édition évolua ; d'abord inhabituel, il devint pratique commune. D'une part, les auteurs, comme Mercier, assurèrent un accès à leur production, en rendant aussi possible leur reconnaissance. D'autre part, il y eut une succession d'éditions de pièces sous forme d'anthologies groupant des genres apparentés (pièces foraines, « italiennes », parodies, proverbes, etc.). Les répertoires spécifiques que ces anthologies représentèrent offrent une très bonne illustration de l'évolution et des moments forts de chaque sous-genre, et témoignent en passant de la simple présence de chaque forme. Mais l'intérêt de leur existence se double d'une problématique des choix éditoriaux. Différents éditeurs de textes, qu'ils veulent « représentatifs » d'un corpus plus disparate qu'on ne le dit, se livrèrent à des sélections dont les présupposés seraient révélateurs d'enjeux importants de la vie théâtrale de l'époque. D'autres éditeurs offrirent des pans entiers de textes inaccessibles à des publics de plus en plus avides de « nouveautés » ; celles-ci pouvaient aussi facilement être des farces non imprimées que des tragédies grècques que seuls les doctes et quelques « poètes » très cultivés étaient capables de traduire.

Il est utile de noter la pratique des anthologies qui prit son essor au XVIIIe siècle. Celles-ci peuvent s'énumérer avant le milieu du siècle ; ensuite, leur multiplication empêche l'exhaustivité.

B.2.i. GHERARDI, *LE THÉÂTRE ITALIEN*

Contrairement à la régularité avec laquelle la famille Ballard imprima tout ce qui se produisait sur la scène de l'Académie Royale de Musique, l'impression n'était pas universellement recherchée par tous les praticiens de la mise en scène. Les six volumes du *Théâtre italien* présentés au public en 1700 par Évariste Gherardi (dernier Arlequin de cette troupe) comblaient des années de luttes internes chez les anciens Comédiens Italiens dont plusieurs s'opposaient à la dissémination sur papier des rôles que leur tradition d'improvisation avait toujours fait voir comme biens personnels. *Le Théâtre italien*, même s'il ne recueillait que le répertoire français qu'avaient développé depuis 1680 des auteurs comme Nolant de Fatouville, B. de Barante, Regnard et Dufresny, trahissait en quelque sorte la primauté de l'acteur si essentiel à l'esprit de la *Commedia dell'arte*. Mais Gherardi s'était rendu compte avant ses confrères que la concurrence des autres théâtres, surtout de ceux de la Foire depuis l'exil des Italiens en 1697, rendait l'impression nécessaire comme le seul moyen de faire reconnaître leur part énorme dans le patrimoine théâtral de la fin du XVIIᵉ siècle.

Face au pillage systématique de « fragments », de « scènes détachées » et de « jeux de théâtre » (*lazzi*), dont font part les frères Parfaict dans leurs *Mémoires pour servir à l'histoire de la Foire*, même l'édition du *Théâtre italien* avec ses 43 pièces, ne fut pas suffisante pour empêcher l'appropriation par d'autres du bien des Italiens. Tout un fonds non écrit circulait sous le manteau (comme le *Festin de Pierre* de Letellier ou *Arlequin et Scaramouche vendangeurs*), et la Foire n'hésita pas à présenter comme siennes des pièces de Regnard contenues dans le recueil imprimé (ex. *Les Mal Assortis* de Fuzelier). La publication avait tout de même ses limites.

B.2.ii. *LE NOUVEAU THÉÂTRE ITALIEN*

Le pas franchi par Gherardi servit de modèle ; P.-F. Biancolelli, appelé Dominique comme son père célèbre, fit imprimer une sélection de ses propres pièces en un volume sous le titre *Nouveau théâtre italien* en 1713 [85]. L'éditeur Briasson suivit l'exemple en publiant,

---

85. À Anvers, François Huyssens, 1713.

dès 1718, *Le Nouveau théâtre italien*. Neuf volumes étaient sortis en 1729, date à laquelle L. Riccoboni se retira du théâtre pour se consacrer à des écrits théoriques et historiques. Il y eut la même élimination des pièces italiennes (dont certaines furent publiées séparément avec la traduction française et d'autres sous le nom personnel de L. Riccoboni), et une sélection faite parmi les pièces françaises ; certaines furent résumées sous forme d'arguments dans le premier volume, d'autres parurent dans la collection parallèle des *Parodies du Nouveau théâtre italien* (précédée d'une préface de L. Fuzelier). La plupart des comédies « italiennes » de Marivaux figurent dans *Le Nouveau théâtre italien*. Des mises à jour ou rééditions continuèrent jusqu'au milieu du siècle. Après la mort de P.-F. Biancolelli en 1734, les Italiens firent don du manuscrit des rôles de son père à T.S. Gueullette. Ce dernier put commencer le travail de transcription et de traduction d'un autre volet du répertoire italien qui mit plus de deux siècles et demi pour paraître dans sa totalité [86].

B.2.iii. LESAGE ET D'ORNEVAL, *LE THÉÂTRE DE LA FOIRE*

Le deuxième grand projet de mise en recueil d'un répertoire « mineur » fut *Le Théâtre de la Foire, ou l'Opéra comique*, édité par Lesage et d'Orneval. Commencés en 1721, il fallut plus de quinze ans pour assurer la parution des dix volumes qui constituent la collection [87]. Ce recueil contient quelque 92 pièces tirées d'un répertoire forain de plus de 500 titres [88]. La sélection va de l'*Arlequin roi de Sérendib* (1713) de Lesage jusqu'aux treize pièces de Carolet qui constituent le dernier volume paru en 1737. Le chercheur italien, Marcello Spaziani, s'est fait le critique le plus insistant de la partialité du choix des pièces dans ce recueil. En dépit de l'intention de Lesage, affichée en Préface, de « laisser à l'Avenir un monument qui fasse connoître les diverses formes sous lesquelles on a vu le Théatre de la Foire », cet éditeur aurait nettement filtré son échantillon, selon M. Spaziani :

---

86. Voir D. Gambelli, *Lo Scenario di Domencio Biancolelli*.

87. Paris : E. Ganeau, 1721-37. Le 10e volume fut publié en 1737, et contient en ajout les pièces de Carolet.

88. Nous employons comme tranche chronologique la période allant de 1705 (la première édition foraine pour le XVIIIe siècle remonte à cette année) à 1736 (date du tome neuf, et fin de la responsabilité éditoriale de Lesage et d'Orneval).

> Les neuf volumes réunissent la majeure partie de sa [de Lesage] propre production foraine (et même parfois celle qui n'aurait pas mérité l'honneur de l'impression) pendant qu'ils semblent ignorer presque tout des œuvres de quelques autres auteurs qui ne méritaient pas moins d'être retenus [...] [89].

Et ce critique de faire remarquer le peu de traces dans *Le Théâtre de la Foire* de l'œuvre théâtrale de Louis Fuzelier, Alexis Piron, Charles-François Pannard, et Pierre-François Biancolelli. Dans un autre article, nous avons étudié cette répartition :

> Des 79 pièces des neuf premiers volumes, Lesage est représenté comme auteur ou co-auteur dans 62..., dont 15 sans collaborateur. Fuzelier, dans 38, dont 35 en société avec Lesage, et 2 sans collaborateur. À part d'Orneval, les nombreux autres collaborateurs forains sont représentés par un titre chacun, ou ne figurent pas dans la collection. Impossible alors de considérer le recueil comme représentatif de tout le répertoire. Il n'est représentatif que d'une vision du répertoire, c'est-à-dire essentiellement celle de Lesage [90].

Il en résulte que, tout monument qu'il fut, *Le Théâtre de la Foire* donne envie d'en savoir plus sur ce répertoire immense.

Le travail de mise en édition d'un bon nombre de pièces auparavant inaccessibles aux lecteurs incorpora aussi les parades dont on commence d'abord à voir des volumes isolés aux alentours de 1740. Mais le théâtre d'origine populaire fut rejoint par des éditions de pièces plus canoniques, ainsi qu'en témoigne *Le Théâtre des Grecs* (1730) du Père Pierre Brumoy dont nous citons *in extenso* la note de J.-N. Pascal :

> Brumoy, en effet, a choisi de ne pas donner la traduction de tout le théâtre grec : il se contente d'une sélection, et de rapides analyses pour

---

89. [...] i nove volumi raccolgono la maggior parte della *sua* produzione *foraine* (e talvolta anche quella che non avrebbe meritato l'onore della stampa) mentre sembrano ignorare quasi del tutto le opere di alcuni autori non meno meritevoli di ricordo (*Il teatro della « Foire »*, Dieci commedie di Alard, Fuzelier, Lesage, d'Orneval, La Font, Piron, presentate da Marcello Spaziani, p. 61).

90. D. Trott, « Deux visions du théâtre : la collaboration de Lesage et Fuzelier au répertoire forain », dans *Lesage, écrivain* (1695-1735), p. 73.

le reste. Son ouvrage, publié d'abord en trois volumes in-quarto, connut différentes rééditions de format plus commode (notamment l'édition in-12 de 1749, en six volumes, Paris, Rollin ou Robustel ou Boudet et Coignard), avant de servir de base à d'exhaustives entreprises érudites (avec adjonction de la traduction des pièces laissées de côté par Brumoy), une première fois entre 1785 et 1789 (« première édition complète » en treize volumes, Paris, Cussac) et une seconde entre 1820 et 1825 (« seconde édition complète », en seize volumes, sous la direction de Raoul-Rochette, Paris, Veuve Cussac) [91].

Les entreprises sélectives du début du siècle furent bientôt suivies par des efforts plus soutenus.

B.2.iv. Recueils Après **1750**

Après la publication des « meilleures pièces », surtout des théâtres non officiels (jugés inférieurs aux auteurs de la Comédie-Française) de la première moitié du XVIIIe siècle, c'est un autre univers qui va s'ouvrir à travers nombre de publications de la seconde moitié. Signe d'une profusion croissante, les collectionneurs comme ceux qui souscrivaient à *L'Encyclopédie* paraissent sur le marché ; les théâtres de société commencent à étendre leur influence au-delà des cercles restreints de spectateurs privilégiés ; les théâtre non officiels se multiplient. Ce recours de plus en plus grand à l'impression fera des victimes en chemin. Ou bien des pans entiers de pratiques et de savoirs vont se volatiliser par omission ; ou bien le travail de récupération par l'écrit va les défigurer lors du processus de translation entre le non écrit et l'écrit.

Les scénarios de la Comédie-Italienne et ceux de la *Commedia dell'arte* de façon plus générale ont presque tous disparu. Leur oralité résistait mal à l'usure du temps et à la variabilité des modes. Quelques-unes des parades de société ont survécu grâce à un travail de transcription et de conservation de manuscrits qui a duré plus d'un demi-siècle. Vers 1740, on a commencé à imprimer certaines de ces petites pièces, sous forme d'éditions individuelles. Quelques-uns de ces ouvrages comprenaient des expériences formelles : *Alphonse dit*

---

91. *L'Autre «Iphigénie»*, p. 31, note 72.

l'impuissant de Collé, fut publié en 1740, *L'Amant cochemard*, attribué à Moncrif, et *Le Pet-en-bec*, publié anonymement en 1744, étaient en vers ; Pierre Rousseau publia en 1749 *La Mort de Bucéphale*, tragédie burlesque en un acte qui figure dans la lignée de plusieurs autres parodies en un acte du genre tragique. L'impression de ces amusements individuels de société annonça en quelque sorte la plus grande entreprise éditoriale, l'impression des trois volumes du *Théâtre des boulevards, ou recueil de parades* qui réunirent des textes de Gueullette, de Salley et de Collé, et qui furent publiées en 1756. Augmenté par les descendants de Gueullette, le nombre de parades éditées ou rééditées depuis se maintient [92]. La récolte de proverbes dramatiques, à la mode entre 1760 et la Révolution, est nettement plus riche, quoique tout aussi fragile dans un autre sens que le statut des parades. Carmontelle enregistra de son vivant, dans les *Amusements de société, ou proverbes dramatiques* (1768-68, 6 vol.), le *Théâtre du prince Clénerzow, russe* (1771, 2 vol.), les *Proverbes dramatiques* (1773, 6 vol.), et le *Théâtre de campagne* (1775, 4 vol.), plus d'une centaine (111 exactement) de ses proverbes pour la postérité. Cet élan continua au XIXᵉ siècle, avec *Nouveaux proverbes dramatiques* (1811), *Proverbes dramatiques de Carmontelle* (1822), *Proverbes et comédies posthumes* (1825). Cependant, l'impression de ce type de théâtre relève du défi.

Si le mot d'ouverture que Carmontelle mit dans son premier volume des *Amusements de société* s'applique à tous ceux qu'il a fait imprimer par la suite, ce vaste projet d'édition serait vicié dès le départ. « La Lettre de l'auteur à Mᵐᵉ de *** », nous l'avons vu, insiste sur le caractère improvisé des proverbes. Or ce ne sont pas, justement, des textes à improvisation qu'il semble proposer à son destinataire :

> C'était de ces espèces de canevas, Madame, que j'avais projeté de vous envoyer ; j'en avais ramassé beaucoup et je me promettais d'en faire aussi d'après plusieurs idées qui me sont venues. Après avoir fait un certain nombre de ces canevas, je les ai trouvés froids et peu propres à vous amuser. J'ai essayé de les dialoguer, pour vous donner des idées plus complètes de la manière dont il faut jouer les proverbes [93].

---

92. Trois parades ont été rééditées dans *Théâtre du XVIIIᵉ siècle* ; une a été publiée dans *Histoire et recueil des Lazzis* ; et une sélection est parue aux Éditions Espaces 34.
93. *Théâtre du XVIIIᵉ siècle*, t. II, p. 730.

À moins qu'on ne substitue ses propres dialogues à ceux offerts en échantillon par Carmontelle, l'esprit du genre où il s'agit de ne pas « réciter par cœur » est compromis. Le principe de la primauté du texte n'est pas opératoire ici, alors que l'auteur l'y insère.

La même ruée vers l'édition caractérise le théâtre éducatif de la deuxième moitié du XVIIIᵉ siècle. L'expulsion de l'ordre de Jésus, en 1763, et l'affaiblissement de leur exploitation du théâtre dans les collèges durent y contribuer d'ailleurs, sans parler de la généralisation des idées de Rousseau sur l'éducation par expérience vécue. Dans cette nouvelle conjoncture, des pièces à vocation pédagogique parurent, comme il a été suggéré par l'anthologie de Nougaret, *Le Théâtre à l'usage des collèges* en 1789. Mais avant lui, ce fut Stéphanie-Félicité Ducrest de Saint-Aubin, comtesse de Genlis (1746-1830), qui développa le théâtre éducatif comme l'un des outils de sa formation d'enfants comprenant ses propres filles ainsi que les enfants du duc d'Orléans. Son *Théâtre à l'usage des jeunes personnes* (1779-80, 5 vol.) et ses contributions au *Parnasse des dames françaises* (1773, 8 vol.) reflètent une récupération de la pratique scénique au niveau de la vie domestique.

Si plusieurs recueils favorisent un genre particulier, des anthologies plus hétérogènes virent le jour aussi. La monumentale *Bibliothèque des Théâtres* (41 vol., 530 pièces), parue en 1784, présente une sélection bien plus vaste d'auteurs et de pièces (Figure 3). Sans compter une multiplication d'éditions d'auteurs individuels qu'il est impossible de répertorier dans cet essai.

Si le début du XVIIIᵉ siècle fut marqué par la vitalité d'un théâtre d'acteurs et de canevas non écrits ou manuscrits, la seconde moitié reflèta bien la tendance générale des Lumières à chercher des moyens de production et de dissémination plus larges. L'édition des pièces de théâtre (tant à Paris qu'en province où un nombre croissant de pièces furent publiées dans la ville même de leur première représentation [94]) contribua indiscutablement à la généralisation d'une pra-

---

94. Palissot publie *Le Cercle, ou les originaux* chez Pierre Antoine, Nancy, 1755 ; P. Dufour, *L'Impromptu du cœur* chez la veuve d'Antoine Olier, Lyon, 1756 ; Collot d'Herbois, *Lucie ou les parents imprudents,* chez Chappuis et Philippot, Bordeaux, 1772 ; lesquels publient aussi *Les Deux sœurs* de Marandon, en 1774, etc. On trouve, en fait, des éditeurs de pièces dans toutes les villes : Grabit, à Lyon; Machuel, Yeury, à Rouen ; Racle, à Bordeaux ; Broulhiet, Dalles, à Toulouse ; Mossy, Guion, à Marseille ; Lemmens, à Lille ; Despilly, Vatard et Malassis, à Nantes ; et ainsi de suite...

tique qui gagna également villes de province et foyers domestiques éloignés. En même temps, pourtant, elle altéra la répartition des fonctions des participants engagés dans la création théâtrale. Les étapes habituelles de la production scénique furent brûlées ou changées ; alors que les auteurs devaient souvent lire leur manuscrit devant des troupes et des directeurs réunis, et participer, en suivant la préparation des acteurs, aux répétitions, la circulation « nationale » de leurs pièces aboutissait à la présentation écrite de tout ce qui se transmettait oralement auparavant. En témoigne, par exemple, l'édition « dialoguée » en 1777 du scénario des *Trois Jumeaux vénitiens* (1773) de Collalto, « En faveur des Sociétés, & des Troupes de Province ». De la même façon, les auteurs, ne pouvant être partout où leurs pièces se jouaient, couchèrent désormais par écrit dans des indications scéniques de plus en plus abondantes leurs directives de mise en scène.

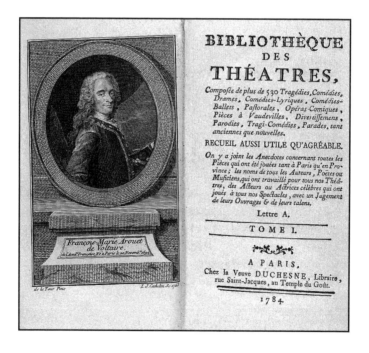

Figure 3. – Voltaire. Frontispice de la *Bibliothèque des Théâtres*.

B.3. LA CRITIQUE THÉÂTRALE AU XVIIIᵉ SIÈCLE. MISE EN VALEUR PROGRESSIVE DU TEXTE THÉÂTRAL ET ÉMERGENCE DU CANON LITTÉRAIRE

Dans la querelle des Anciens et des Modernes, les deux partis jugeaient la littérature de leur temps par rapport à une norme, celle que constituaient les grands écrits de l'Antiquité. Cette norme pouvait être perçue de façons multiples, mais l'idée d'un modèle qu'on imitait, ou qu'on dépassait, était généralement admise. Le XVIIIᵉ siècle n'avait pas, pour juger l'exécution des pièces, de système évaluatif équivalent. Il dut le créer au fil des neuf décennies que nous étudions. Parent pauvre des belles-lettres dont on la considérait comme issue, la représentation théâtrale se dota de critères qui lui étaient spécifiques grâce à une série de débats et réflexions disparates sur les éléments isolés de la mise en espace. Aussi parodia-t-on à la Foire le débit d'une tirade récitée « à la Romaine », les prétentions d'un personnage moqué par un Arlequin assumant son rôle de façon transparente, les contraintes de la décoration d'une scène officielle ou le formalisme trop abstrait des danses à l'Académie Royale de Musique. Mais pour que ces grondements épars convergent en une conception systématique du fonctionnement des spectacles, il fallut se libérer d'une focalisation quasi-constante sur la cohérence des caractères et la logique du récit.

Lorsque *Le Mercure* créa une rubrique (scpt. 1721) pour les spectacles, ses comptes rendus de représentations continuaient à privilégier le narratif par rapport au théâtral. Même pour la Comédie-Italienne où le jeu des acteurs avait une grande importance, l'intrigue et les caractères l'emportaient dans les comptes rendus. Par exemple, le *Mercure* de mai 1722 consacre sept paragraphes à *La Surprise de l'amour* de Marivaux. Les six premiers contiennent un résumé de l'histoire ; le dernier présente de façon sommaire l'apport des quatre exécutants les plus importants. Le jeu de Silvia « ne laisse rien à souhaiter » ; Flaminia « a joué avec autant de feu » ; Lélio a interprété son rôle « à perfection » ; comme on pouvait s'y attendre, Arlequin a joué « à la satisfaction de tout le public ». L'une des deux références à un jcu dc scène est coupée court par : « nous n'en dirons rien pour ne pas entrer dans un trop grand détail » [95].

---

95. Cité dans Marivaux, *Théâtre complet*, t. I, p. 184-5.

Le compte rendu de l'*Iphigénie en Tauride* (1757) de Guimond de la Touche que Fréron publia dans *L'Année littéraire* montre la nature des critères plus littéraires que scéniques que l'on continuait, au milieu du siècle, d'appliquer aux pièces. Sa très longue critique traite d'abord l'histoire du sujet, les caractères, la conduite de l'action, et l'intrigue, avant d'en arriver à une considération nettement plus brève de la représentation. Jean-Noël Pascal fait ressortir avec acuité l'ironie d'un tel académisme lorsque l'analyse du texte ne s'accorde pas avec la réception du spectacle :

> La scène de reconnaissance donne lieu à un long excursus sur les différents types de reconnaissance énumérés par Aristote dans sa *Poétique* et à une sévère critique : [...] La Touche a absolument manqué ce moment essentiel de sa tragédie. De même, il n'a pas réussi son dénouement, tout à fait invraisemblable [...] Le style de La Touche n'est pas non plus épargné : bref, la pièce est mauvaise. Comment alors expliquer le triomphe qu'elle a obtenu ? [96]

J.-N. Pascal souligne la perfidie de la réponse de Fréron lorsque celui-ci se met à parler de la représentation. Le sujet est charmant en lui-même [...] les « vrais connaisseurs » ne sont pas écoutés par la « multitude » [...] les comédiens ont joué « supérieurement » [...] les amis de l'auteur étaient présents et pressants, etc.

Plus célèbre fut le heurt de Beaumarchais avec la critique de son *Barbier de Séville* (1775) qui parut dans le *Journal encyclopédique par une société de gens de lettres* (connu plus familièrement sous le nom, *Journal de Bouillon*). Malmené aussi pour avoir négligé son « plan » et pour avoir produit une pièce « sans unité, sans caractères, vide d'intrigue et dénuée de comique » [97], l'auteur riposta dans la très longue « Lettre modérée sur la chute et la critique du *Barbier de Séville* » (juillet 1775) qui devint par la suite une préface de l'édition. Ce qui importe du point de vue de cette étude, ce sont les modalités du transfert du débat critique sur les pièces, du plateau scénique dans l'édition imprimée (en l'occurrence, celle de sa comédie). Tout en continuant d'employer l'arme scénique des vieux prologues – devenue ici « compliment de clôture » pour les saisons 1775 et

---

96. *L'Autre «Iphigénie»*, p. 249.
97 Beaumarchais, *Œuvres*, p. 269.

1776 – Beaumarchais déborde du cadre devenu trop étroit, et recourt au dialogue « auteur-lecteur » (ce dernier étant appelé « Monsieur » dans le texte) :

> Je ne reconnais plus d'autre juge que vous, sans excepter messieurs les spectateurs, qui, ne jugeant qu'en premier ressort, voient souvent leur sentence infirmée à votre tribunal [98].

On voit s'installer une nouvelle configuration d'échange : celle de l'écrivain et son critique. Comme chez Diderot où se multiplient déjà les variantes du couple de l'auteur et son lecteur (moi... lui ; Jacques... son maître ; moi... Dorval), l'œuvre de Beaumarchais se campe sur cet espace de va-et-vient qui relie et dynamise l'artiste-écrivain et son public. Il instaure une trajectoire création-réception, et ce par un dépassement recherché des limites de la pièce. Beaumarchais, par la multiplication des appareils paratextuels (mémoires, préfaces, compliments) recentre le débat sur le nouveau territoire que les Comédiens lui contestent toujours durement ; celui de l'auteur reconnu comme artiste autonome.

Désormais réduits sont les échanges sur scène où une pièce ciblée réapparaît sous la forme d'une parodie caricaturale et critique. Diderot, par des textes non joués (écrits à propos du *Fils naturel*, du *Père de famille*) avait déjà fait sortir la discussion de l'aire de jeu toujours trop étroite pour son goût et pour ses visées. (Rousseau aussi, dans la *Lettre à d'Alembert*, avait raillé la clôture des théâtres de son temps [99].) Le fourmillement des textes critico-théoriques depuis Diderot, dont Beaumarchais fut tout de même le disciple attentif dans sa longue préface d'*Eugénie*, confirme l'émergence d'un discours *sur* le théâtre qui ne soit pas nécessairement *du* théâtre. À ce moment-là, la bifurcation « représentation-texte » sera installée. Du point de vue de cet essai, la branche textuelle ayant pris trop de distance par rapport à la pratique scénique qui l'avait engendrée au XVIIIᵉ siècle, il était temps de rétablir les articulations oubliées ou passées à un arrière-plan trop peu mérité.

---

98. *Œuvres*, p. 270.

99. Rousseau critique « ces spectacles exclusifs qui renferment tristement un petit nombre de gens dans un antre obscur ; qui les tiennent craintifs et immobiles dans le silence et l'inaction... ». À la place de ces images d'espaces fermés, sombres et paralysants pour les spectateurs, il réclame l'ouverture, la brillance et la liberté : « C'est en plein air, c'est sous le ciel qu'il faut vous rassembler et vous livrer au doux sentiment de votre bonheur » (cité dans Michel Launay, *Rousseau*, Paris, PUF, 1968, p. 95).

Nous voulons rendre sensible le heurt de deux systèmes descrip-tifs, et faire remarquer que les phénomènes disctincts dont ils servent à rendre compte sont trop souvent confondus, et, surtout, qu'ils ne sont pas présentés à égalité. Le fait que Fréron, dans sa critique de la tragédie de La Touche, invoque les « vrais connaisseurs » et renie la « multitude » illustre une attitude hiérarchique selon laquelle on s'ha-bitua à favoriser le versant littéraire du théâtre du XVIIIe siècle aux dépens des mises en scène.

B.4. LE DROIT D'AUTEUR

Même au Théâtre Français où le répertoire des grands textes clas-siques était prioritaire, les créateurs de textes ne jouissaient pas d'un statut particulièrement élevé. Les comédiens protégeaient jalouse-ment leur « part » des revenus de la troupe. Claude Allasseur conclut son étude économique de la Comédie-Française au XVIIIe siècle par l'observation suivante : « Toute la comptabilité de la Comédie Française est orientée vers ce but final : donner le maximum de reve-nus aux acteurs » (p. 111). Au cours de la période que nous étudions, la portion des acteurs a beaucoup diminué. La part d'abord plus gran-de de la recette réservée aux acteurs est à voir en comparaison avec leurs dépenses par rapport à la part d'auteur. De nouveau, selon C. Alasseur, « elles sont dans l'ensemble très faibles en valeur abso-lue et en pourcentage » (p. 92). Si la première était plus de trente fois plus importante que la seconde, (100 000 livres pour les acteurs par rapport à 3 000 pour les auteurs) en 1700, l'écart a considérablement diminué vers la fin du siècle (105 000 livres par rapport à 49 648) [100] en 1780-81.

B.4.i. Démêlés de Lesage à Propos de *Turcaret*

Les déboires de l'auteur Lesage avec les Comédiens Français, à propos de sa comédie *Turcaret*, servent d'illustration de la position d'infériorité des auteurs vis-à-visdes acteurs. Représentée en février 1709 après des délais de la part de la troupe (qui subissait de fortes pressions de la part des financiers visés comme groupe dans la

---

100. *Ibid.* Graphique VIII, « Évolution de la structure des dépenses (1680-1793) », p. 108.

pièce), la comédie de Lesage fut retirée de l'affiche de façon à bloquer les droits de l'auteur sur son texte. Par conséquent, celui-ci ne fut joué de nouveau que 21 ans plus tard, en 1730, grâce à l'intervention de son fils devenu lui-même acteur à la Comédie-Française.

B.4.ii. Démêlés de Rousseau à Propos du *Devin de Village*

Rousseau fut privé par la ville de Paris (devenue responsable pour la gestion de l'Opéra) de son droit d'entrée en dépit du succès du *Devin de village* (1752). Il s'en plaint ainsi dans le huitième livre de ses *Confessions* :

> L'injustice étoit d'autant plus criante que le seul prix que j'avois mis à ma pièce en la leur cédant étoit mes entrées à perpétuité : car quoique ce fut un droit pour tous les Auteurs, et que j'eusse ce droit à double titre, je ne laissai pas de le stipuler expressément en présence de M. Duclos. [...] Il y avoit dans ce procédé une telle complication d'iniquité et de brutalité, que le public, alors dans la plus grande animosité contre moi, ne laissa pas d'en être unanimement choqué ; et tel qui m'avoit insulté la veille crioit le lendemain tout haut dans la salle qu'il étoit honteux d'ôter ainsi les entrées à un auteur qui les avait si bien méritées et qui pouvoit même les réclamer pour deux. [...]
>
> Je n'avois là-dessus qu'un parti à prendre ; c'étoit de réclamer mon ouvrage, puisqu'on m'en ôtoit le prix convenu. J'écrivis pour cet effet à M. d'Argenson qui avoit le département de l'Opéra, et je joignis à ma lettre un mémoire qui étoit sans réplique, et qui demeura sans réponse et sans effet, ainsi que ma lettre [101].

B.4.iii. Démêlés de Beaumarchais avec L'institution Théâtrale

Autant le théâtre de Marivaux nous est parvenu « achevé », sous forme de textes relativement établis, autant le théâtre de Beaumarchais se présente dans sa globalité comme un lieu de croisements, d'interférences et de flottements textuels et théâtraux fort complexes. Il a servi à enrichir le répertoire opératique européen

---

101. *Œuvres complètes*, Gallimard, 1959, t. I, p. 385.

(Rossini et Mozart aidant) de deux chefs-d'œuvre lyriques incontestés. Il a doté la France d'un type longtemps adopté pour « national » [102]. Pourtant, allant plus loin que les éditeurs du *Théâtre complet de Beaumarchais*, Sainte-Beuve a voulu le réduire dans les *Causeries du lundi* à deux pièces seulement : « L'œuvre dramatique de Beaumarchais se compose uniquement de deux pièces, *Le Barbier*, et *Le Mariage de Figaro* ; le reste est si fort au-dessous de lui qu'il n'en faudrait même point parler pour son honneur » [103].

Vue dans son ensemble, cette œuvre de 12 à 17 « titres » [104] de pièces livre un aperçu étonnamment riche sur les agissements multiples de leur auteur et sur l'imbrication de tous les types d'activité théâtrale relevés dans cet essai. Parade, intermède, compliments d'ouverture et de clôture, adaptation scénique, drame, opéra-comique, comédie, opéra ; il ne manque à cet inventaire de genres théâtraux de Beaumarchais que la tragédie... Comme l'attestent les récents travaux de Philip Robinson sur l'incorporation des airs et vaudevilles dans les grandes comédies, le repérage et l'agencement des multiples composantes de ce corpus sont loin d'avoir livré tous leurs secrets.

Mais ce qui est plus important chez Beaumarchais, c'est la profusion de textes didascaliques, préfaciels et glosants qui accompagnent la plupart de ses pièces (du moins celles qui furent publiées de son vivant). Combiné avec un nombre également important de variantes textuelles conservées dans différentes archives [105], ce corpus massif d'écrits sort totalement de la sphère des répliques à mémoriser par des acteurs, et révèle aux niveaux intertextuels et métatextucls une réflexion d'une très grande ampleur en cours chez l'auteur. Et c'est en tant qu'auteur que Beaumarchais s'exprime dans ces textes.

Dès sa première pièce publique, *Eugénie* (1767), Beaumarchais se montra aussi engagé dans la réflexion sur le théâtre que dans sa pratique du théâtre en tant que fournisseur de textes aux comédiens du Théâtre Français. Il s'aligne avec Diderot en publiant, en écho aux

---

102. Beaumarchais « crée avec Figaro un prototype du Français gai, amoureux et insolent » (*Dictionnaire encyclopédique du théâtre*, p. 94).

103. Cité dans Beaumarchais, *Œuvres*, « Introduction », IX.

104. Impossible ici de trancher en ce qui concerne le degré d'unicité des fragments portant un titre, et qui se retrouvent par la suite incorporés partiellement sous d'autres titres.

105. Celles de la Comédie-Française et celles des descendants de l'auteur.

Entretiens sur « Le Fils naturel » et au *Discours sur la poésie dramatique*, son propre « Essai sur le genre dramatique sérieux ». Tout en s'interdisant une voix d'auteur (« Je n'ai point le mérite d'être auteur... » [106]), il fait semblant de raisonner après coup sur son premier drame alors qu'une variante de son essai suggère que la visée théorique a précédé l'exemple :

> Je brouillai rapidement plus d'un cahier de papier ; mais... je m'aperçus bientôt qu'une dissertation répondait imparfaitement aux idées dont j'étais rempli, je voulais convaincre dans un genre où il ne faut que persuader. Ce qui m'amena à essayer de substituer l'exemple au précepte [107].

Ce va-et-vient entre la pièce (« l'exemple ») et ses enjeux pratiques et théoriques (« le précepte ») continue avec la troisième pièce de Beaumarchais, *Le Barbier de Séville, ou la Précaution inutile* (1775), pour laquelle il écrivit une justification *réellement* après l'événement. En outre, la « Lettre modérée sur la chute et la critique du *Barbier de Séville* » fut signée par « L'auteur, vêtu modestement et courbé, présentant sa pièce au lecteur ».

Cette longue lettre contextualise *Le Barbier* avec un détail et une précision rares. Comme si l'abondance de fragments de genèse, d'« observations », de manuscrits de versions différentes ne suffisaient pas, Beaumarchais réenvisage son texte, après trois mois, du point de vue de la perspective des « possibles » qui se présentaient avant son écriture. Cette imbrication d'angles nous laisse incertains devant les hasards et l'intentionalité : est-ce que les « finesses de l'Art » dont il parle furent plantées d'avance (ce qui fait de Beaumarchais un mystificateur) ou bien est-ce qu'il les a reprises par la suite ?

Devant cette œuvre extrêmement ouverte on ressent très fort la légèreté et la précarité de la construction. L'intertextualité insiste : où commence et où finit le texte du *Barbier* ? Dans sa genèse, *Le Sacristan*, dans un opéra-comique rejeté par les Italiens, dans la version en 5 actes de la première représentation ? Ou bien, dans le *Compliment de clôture* qui devait la fermer, mais qui rouvre la pièce par l'adjonction d'un chant qu'une actrice dans la pièce ne voulut pas exécuter ?

---

106. « Essai sur le genre dramatique sérieux », *Œuvres*, p. 119.
107. *Œuvres*, p. 1243-1244.

Dans la « Lettre modérée », écrite après, publiée sous forme de préface (à lire avant), et dans laquelle Beaumarchais parle à la fois du texte qui fut joué et de tous les autres textes (une version en tragédie, une version en drame, une version en opéra...) qu'il aurait pu écrire à la place, nous découvrons aussi l'ampleur de la présence dans ce premier « Figaro » (ce qu'on appelle le « sixième » acte) de développements concrétisés dans *Le Mariage de Figaro* (1784) neuf ans plus tard.

Les études de la genèse du *Barbier de Séville* invitent une prise de conscience qui trouble sa simplicité toute classique ; les tournants de l'intrigue ne furent pas inéluctables. Lors de chaque confrontation entre un Bartholo « moins sot » que ses précécesseurs théâtraux et ses adversaires traditionnels (les amoureux et les serviteurs), on a toujours le sentiment que rien n'est gagné d'avance. À chaque coup d'un côté, un contrecoup qui pare de l'autre. Figaro se distingue de ses devanciers, Scapin, Frontin, Dubois, Crispin, qui se constituaient presque dès le départ en garants de la réussite inévitable – tradition oblige – de leur stratégie.

*
* *

Ainsi, au cours du siècle, on constate une assimilation de vieilles pratiques théâtrales, telles que l'improvisation des dialogues et des modes personnalisés de production des spectacles, dans des codifications écrites. Ce que nous avons appelé une progression du jeu à la lecture fut un processus multiple et complexe ; la lecture elle-même, en se séparant de la voix haute pour devenir muette, ouvrit une distance entre le lecteur et le texte qui correspondait à celle qui éloignait le spectateur du contact direct avec la scène par l'accès croissant aux pièces sous forme de livres. Il s'ensuivit un rééquilibrage des pouvoirs relatifs du comédien et du « poète » ; ce dernier assumant une importance accrue aux dépens du premier ; la critique écrite, pour sa part, enlevait aux prologues et aux parodies représentées à vive voix leur fonction d'analyse du spectacle. L'évolution de la représentation au texte qui aboutit de nos jours à la sous-estimation de la « corporéïté » du théâtre fut une facette importante de l'histoire théâtrale entre 1700 et 1790.

– II –

DU THÉÂTRE OFFICIEL
AU THÉÂTRE NON OFFICIEL

INTRODUCTION

Il existait au XVIIIᵉ siècle tout un contre-courant théâtral qui se voulait différent du théâtre, tant sur le plan de la conception de ses textes que sur celui de l'orientation de ses spectacles. Jacques Scherer l'appelle « anti-théâtre » [108] ; nous préférons l'appellation « non officiel » [109], par opposition à un spectacle conçu comme « officiel » et dont l'essence serait souvent plus notionnelle qu'administrative et codifiée. Par ailleurs, ne se limitant pas à des structures purement institutionnelles, l'opposition officiel-non officiel serait à cerner des deux côtés de la formule. En fait, le « théâtre officiel » de tous temps est une construction critique, élaborée et modifiée progressivement depuis l'époque de la création des pièces qui le constituent. Au XVIIIᵉ siècle, cette construction se fonda sur un patrimoine classique demandant un effort de conservation et sur un enrichissement et une consécration de pièces dignes de s'y associer. L'élaboration se fit au nom de plusieurs présupposés d'ordre esthétique, moral, voire idéologique qui séparaient, d'après des grilles d'évaluation, l'« exemplaire » de l'« inacceptable », et qu'il s'agira de préciser ici. Reflet fidèle des préjugés et fantasmes de la société de l'Ancien régime, le théâtre officiel du XVIIIᵉ siècle s'investissait dans les structures hiérarchiques du monde qu'il servait. Étant donné le poids de l'officiel, et pour sa propre survie, le théâtre non officiel devait mettre ces mêmes structures à l'épreuve.

Au cours des neuf décennies examinées dans cette étude, les troupes officielles passeront d'une situation de monopole absolu à une autre de concurrence de plus en plus forte. L'évidence suggère

---

108. *« Théâtre et anti-théâtre au 18e siècle »*.

109. « Pour une histoire des spectacles non officiels : Louis Fuzelier et le théâtre à Paris en 1725-26 », p. 255-75.

donc de multiples efforts d'équilibrage tout au long de ce parcours ; des gestes d'exclusion seront tempérés par ceux de l'assimilation, et même de l'appropriation de nouveautés refoulées auparavant. D'abord, à l'intérieur de la sphère officielle et malgré le poids des traditions héritées du XVIIᵉ siècle, il s'agit de montrer combien le théâtre officiel fut traversé par des tendances nouvelles. Parmi ces dernières figurent principalement l'évolution des codes de jeu, le renouvellement de son répertoire ainsi que de son personnel (acteurs et auteurs) et l'élargissement de ses frontières. Ensuite, au-delà de ces mêmes limites, nous tenterons de rendre compte de l'immensité d'une activité théâtrale de toute sorte qui eut lieu entre 1700 et 1790. L'effervescence des Forains dès le début du siècle, le succès populaire des Italiens, l'émergence de l'Opéra-Comique, l'essor des théâtres de province, le développement du théâtre des boulevards et la multiplication des théâtres de société, voilà des forces dynamiques d'une ampleur telle que leur inclusion dans cet essai s'imposait.

A - DU THÉÂTRE OFFICIEL

A.1. MONUMENTS EN MOUVANCE

Le concept du théâtre officiel comprend plusieurs éléments. Au XVIIIᵉ siècle, il consistait en : la permission de porter le nom « Comédiens/Musiciens du roi », le droit d'exploitation exclusive d'un répertoire, le respect et le rayonnement de la dramaturgie classique, l'obligation de divertir Sa Majesté et ses représentants sur commande et dans les lieux qui leur étaient prescrits. Deux troupes, l'Opéra et la Comédie-Française, jouirent de ce statut en 1700-1701 ; une troisième, la Comédie-Italienne, les rejoignit en 1723 lorsque ces acteurs devinrent « Comédiens Italiens Ordinaires du Roy » après la mort du régent Philippe d'Orléans. Ce statut et ces fonctions conféraient une influence considérable, particulièrement dans le cas des deux premières troupes. Gardiennes d'un patrimoine théâtral et musical qui était riche et encombrant en même temps, elles présidèrent avec tout leur prestige d'institutions royales/nationales à tous les aspects de la vie théâtrale du pays. Monument que l'État royal voulait éternel comme lui, le théâtre officiel en arriva « comme lui » à la saison de 1789-1790 tout aussi bouleversé.

Pouvoirs, responsabilités codifiées et privilèges mis à part, la description rigoureuse du théâtre officiel entre 1700 et 1790 se heurte à des réalités plus complexes. Ces institutions se disputaient régulièrement entre elles sur les limites de leurs monopoles, elles n'étaient ni traitées ni perçues comme égales, et elles ont énormément évolué au cours du siècle. Premiers en considération grâce à la réputation littéraire de leur répertoire, les « Français » par rapport aux Comédiens Italiens restaient néanmoins plus vulnérables ; par exemple, à la différence de leurs concurrents ultramontains, ils restaient à la merci du pouvoir ecclésiastique, ainsi que le scandaleux refus d'enterrer Adrienne Lecouvreur en 1730 en témoigne. L'Académie Royale de Musique, tout en défendant la suprématie des tragédies lyriques formant le noyau de son répertoire, céda, contre paiement d'un privilège annuel, le droit de chanter aux Forains. Quant aux Italiens, on leur imposa de jouer les farces et canevas de la *Commedia dell'arte* traditionnelle, on ne leur permit pas de rivaliser avec les Français par la représentation de tragédies, et quand le répertoire de l'Opéra-Comique supplanta (après 1769) celui des pièces françaises de Delisle et Marivaux, les Français refusèrent d'assimiler ces œuvres dans leur propre répertoire.

Donc, le théâtre officiel se redéfinissait constamment lui-même ; cette section de chapitre montrera à travers une sélection de pièces, la plupart sérieuses, jouées à la Comédie-Française, la nature du répertoire classique, l'accueil réservé aux nouveaux genres hybrides et aux femmes auteurs, les efforts d'annexion du théâtre français par le parti des Philosophes, et l'officialisation plutôt ambiguë et tardivement accordée au répertoire de la Comédie-Italienne. En outre, il importe de garder à l'esprit que ces étapes marquées se mesurent autant dans les codes de mise en scène que dans les textes. Il s'agit en fin de compte d'un théâtre officiel bien plus mouvant que la notion d'officiel ne le suggérerait d'ordinaire.

A.1.i « COMÉDIENS DU ROI »

L'Académie « royale » de musique et les comédiens « du roi » bénéficiaient des avantages de toute institution d'État ; la stabilité, la continuité et un sens de mission au nom de la collectivité. Ainsi voit-on au cours de presque tout le XVIIIᵉ siècle la mise en édition par diverses branches de la famille Ballard, « imprimeurs de la musique du roi », de chaque opéra, ballet ou divertissement exécuté par les membres de ce corps d'artistes que Lully avait si solidement implanté entre 1672 et 1687. Le volumineux « recueil »/collection des opéras et ballets de l'Ancien régime assure l'accessibilité ininterrompue au fonds de l'Opéra.

Ce que ce dernier a accompli par l'impression subventionnée des textes, la Comédie-Française l'a fait en plus par l'organisation et la conservation de ses très riches archives. Combien avons-nous rencontré d'éditions scolaires au XXᵉ siècle qui rendent compte de la popularité d'une pièce en citant seulement le nombre de ses représentations à la Comédie-Française ? Au-delà des explications esthétiques et idéologiques de ces nombreuses références aux pièces jouées sur la première scène du théâtre parlé en France, cette compagnie officielle est la mieux représentée dans les annales parce que ses archives abondantes sont aussi de loin les plus suivies et les plus complètes [110].

En tant que créatures de la monarchie soumis aux ordres des Gentilhommes de la Chambre chargés des « menus-plaisirs » de leur souverain, les chanteurs, acteurs et danseurs des trois scènes officielles furent obligés de distraire le roi et sa Cour, et ce parfois au prix de leurs engagements envers les spectateurs de Paris. En fait, la pratique s'organisa souvent autour de deux « saisons » : de façon schématique, l'automne (octobre-novembre) à Fontainebleau et l'hiver (janvier-février) à Versailles. Les déplacements, les séjours ponctuels dans d'autres résidences royales telles que le palais des

---

110. De la bibliothèque de la Comédie-Française située dans l'aile nord-est de l'actuel Palais-Royal, de celle de l'Opéra, attachée au Palais Garnier, et des collections des nombreuses bibliothèques de la capitale, est sorti au sujet de ces dernières troupes/institutions un choix vaste d'outils de consultation : manuscrits de pièces et opéras, registres couvrant les dépenses, les représentations, les recettes, l'examen des nouvelles pièces, l'administration, ainsi que des biographies d'acteurs, des recueils de planches et documents et des inventaires et études statistiques si nombreux qu'il est impossible de les énumerer ici.

Tuileries, Marly-le-roi, Choisy, et mille circonstances diverses drainaient vers la Cour le personnel des compagnies officielles jugés nécessaires pour embellir et/ou solenniser l'occasion. En 1722, même les effectifs des spectacles forains se firent convoquer, pour les célébrations à Chantilly qui suivirent le sacre de Louis XV à Reims. Le *Dictionnaire dramatique* nous raconte que le duc de Condé lui offrit un spectacle sous le nom de *Foire* :

> On se servit des sauteurs, des danseurs de corde et des voltigeurs de la Foire à la fête que M. le Duc donna au Roi à Chantilly en 1722, à son retour du sacre. Lorsque le Roi fut entré dans la dernière pièce de la Ménagerie, le sieur Aubert, musicien, représentant Orphée, placé sur une espèce de théâtre ingénieusement décoré, attira par les sons enchantés de son violon, des animaux pareils à ceux que Sa Majesté venait de voir dans la Ménagerie... C'étaient des sauteurs et voltigeurs parfaitement déguisés en lions, tigres, léopards, ours, &c... (I, p. 383)

De tels mélanges incongrus sont bien caractéristiques du siècle que nous étudions. En outre, ils soulèvent implicitement la question du statut des artistes forains ainsi sommés de participer à l'activité officielle que fut la distraction du monarque. La même question se pose à l'égard de la troupe des Grands Danseurs du Roi pendant la deuxième moitié du siècle.

A.1.ii. L'IDÉE DE « PIÈCE »

Au-delà de la protection de son répertoire exclusif, la Comédie-Française défendit jusqu'à l'idée de « pièce » dans ses luttes pour faire valoir son monopole. Après l'exil des Comédiens Italiens en 1697, les entrepreneurs de certains petits théâtres forains cherchèrent à combler ce vide. Pour empêcher leurs incursions dans le domaine du théâtre parlé, on usa de recours juridiques, de sentences du Lieutenant Général de Police d'Argenson, et d'appels réitérés au Parlement. Ce débat légal n'en fut pas moins sans retombées esthétiques. Dans une plainte déposée par les Comédiens Français lors de la Foire Saint-Laurent de 1698, il portait sur la construction de lieux scéniques ; les Danseurs de corde et Sauteurs forains étaient accusés de « faire construire des salles de Spectacles, pour y représenter des pièces de théâtre, avec le secours de différents acteurs de province... » [111]. L'année suivante, d'Argenson rend une sentence plus ciblée ; l'expression « pièces de théâtre » devient des noms de genre explicites : « défense à tous particuliers de représenter aucune comédie ni farce... » [112]. Lorsque le Parlement, dans un arrêt du 26 juin 1703, confirme enfin l'interdiction du Lieutenant Général, les Forains, « ... en ne jouant que des scènes détachées... & en augmentant beaucoup leurs jeux de théâtre » [113], se réfugièrent dans des spectacles discontinus, inférant que la notion de « pièce » comportait unité narrative et discursivité [114].

Il y en eut qui ressentirent la comédie marivaudienne comme incompatible avec celle qu'on représentait habituellement à la Comédie-Française. La critique théâtrale au XVIIIe siècle était en voie de formation en tant qu'optique de lecture : l'« officiel » pouvait aussi être perçu comme l'ensemble de valeurs publiquement affichées par les partisans d'une certaine idée du répertoire que des institutions telles que l'Opéra et la Comédie-Française se devaient de préserver. Par conséquent, lorsque Marivaux tenta d'introduire sa *Seconde Surprise de l'amour* au Théâtre Français, la réprobation du *Mercure* de décembre 1727 fut catégorique :

> Le genre que Molière a consacré au Théâtre Français, est le seul qu'on y cherche ; et s'il était possible qu'on y en introduisît un meilleur, les premiers inventeurs risqueraient beaucoup [115].

Nous voilà confrontés à des idées de « pièce » fondées en fait par des critères qui allaient de l'appartenance à tel ou tel cercle (Marivaux, perçu comme « Moderne », se fait critiquer par le camp des « Anciens ») jusqu'à l'association qu'on faisait avec une troupe rivale (la première *Surprise* avait été représentée par les Italiens).

---

111. Parfaict, 1742, I, 17.

112. *ibid.* 18.

113. *ibid.* 32.

114. Les démêlés qui suivirent virent les partisans de la Comédie-Française faire démolir un théâtre (mars 1708), interdire les scènes dialoguées et enfin refuser toute utilisation de la parole prononcée sur scène. L'émergence des pantomimes, des pièces monologuées (*Arlequin Deucalion*), des écriteaux (*Arlequin roi de Sérendib*) et, plus tard, les œuvres mêlées de prose et d'ariettes (*La Rosière de Salenci*) furent – parmi bien d'autres stratégies – autant d'alternatives à l'idée implicite de « pièce » que le théâtre officiel voulut préserver à lui seul.

115. *Mercure*, décembre 1727, second volume, p. 2957.

Mais cette ligne de partage n'était pas établie seulement entre une compagnie et son public vis-à-vis d'un groupe de novateurs perçus comme intrus. Elle faisait déjà partie intégrante de la Troupe du Roi qui se divisait entre « grande » et « petite » troupes pour concilier les exigences de la Cour avec celles de son public parisien. Aussi trouvons-nous, au sein même de cette institution officielle, des comédiens et des comédiennes prêts à interpréter différemment les valeurs affichées à maintes reprises par leur collectivité.

Marc-Antoine Legrand, Comédien Français, s'efforça d'introduire dans le répertoire « officiel » développé depuis la mort de Molière une programmation plus « moderne » et éclectique. *L'Épreuve réciproque, L'Aveugle clairvoyant* et *Le Galant Coureur* sont trois petites pièces en un acte, représentatives de ce premier type de théâtre. Pourtant, il importe de relever aussi dans la liste des productions de Legrand toute une série d'initiatives « non officielles » d'esprit, telles sa *Foire Saint-Laurent* [116] et *La Nouveauté*.

Était donc officiel ce que l'Opéra et la Comédie-Française jouaient dans leurs théâtres. Le répertoire de la Comédie-Italienne, quoique mis sur scène par des acteurs « du roi », ne jouissait pas du même degré de prestige que chez leurs rivaux et fut critiqué avec autant de sévérité que ce qu'on jouait à la Foire. Par contre, des pièces appartenant au registre non officiel, et qui ne valaient guère mieux, furent représentées chez les Français selon des conjonctures qui changeaient au cours du siècle. C'est dans ce contexte variable que nous allons étudier le répertoire le plus prestigieux de la Comédie-Française, la tragédie classique.

A.2. LE RÉPERTOIRE CLASSIQUE

Au sens le plus strict, le théâtre officiel serait le répertoire « classique » hérité du XVIIᵉ siècle, et institutionnalisé dans la fusion de troupes rivales qu'était la Comédie-Française dès 1680 [117] et dans les droits exclusifs accordés à l'Académie Royale de Musique sous

---

116. Réplique tardive à *La Foire Saint-Germain* de Dufresny et Regnard (Comédie-Italienne, 1695) et *L'Opérateur Barry* de Dancourt (Comédie-Française, 1702).

117. Comédie-Française, née de la fusion, ordonnée par Louis XIV en 1680, de la troupe de Molière avec les acteurs du Marais et de l'Hôtel de Bourgogne.

Lully. Bénéficiant du patronage royal, ces deux institutions accomplissaient leur mission de conservation du patrimoine avec la participation, autant des exécutants que de leurs spectateurs. Le poids collectif de ce monde a beaucoup contribué au maintien, voire à l'affinement des valeurs héritées du siècle précédent [118].

Ces valeurs étaient celles de la dramaturgie classique, dont le genre tragique illustré par Corneille et Racine continuait bien après 1700 d'être le symbole le plus visible. En plus, les efforts de Philippe Quinault (librettiste des « tragédies en musique » de Lully), pour respecter les mêmes règles et les mêmes bienséances renforcèrent d'autant plus l'importance du corpus classique. Bien que ce répertoire ne soit plus guère joué de nos jours dans les théâtres [119], on n'hésite pas à affirmer la persévérance de la tragédie au siècle des Lumières :

> Bien que le XVIIIe siècle ait vu la disparition de la tragédie, il serait hâtif de conclure à son déclin progressif et systématique. Celle-ci fit plus que survivre « comédie larmoyante » où s'illustre un Nivelle de la Chaussée dans la première moitié du siècle et l'apparition du drame après 1750, la tragédie séduit assez pour que s'y adonnent de nouveaux auteurs : La Grange-Chancel, dont la carrière s'étend de 1699 à 1716 (*Ino et Mélicerte*, 1713) ; Antoine Houdar de la Motte (*Les Maccabées*, 1721 ; *Romulus*, 1722 ; *Inès de Castro*, 1723) ; Jean-François Marmontel (*Cléopâtre*, 1750) ; Bernard-Joseph Saurin (*Spartacus*, 1760) ; Jean-François de La Harpe, Jean-François Ducis et, bien sûr, Marie-Joseph Chénier (*Charles IX ou l'École des rois*, 1788) ; [...] De cette ample production, nous ne pouvons ici retenir que quelques noms [120].

Il en sera de même dans cette étude qui nous force à une sélectivité encore plus draconienne ; les quelques pages qui suivent doivent être mises en comparaison avec celles qui traiteront de nombreuses autres formes d'écriture théâtrale.

---

118. Les travaux de R. Herzel mettent en valeur non seulement la préservation du critère de l'unité de lieu après la disparition de Racine, mais son renforcement. Voir « Racine, Laurent, and the *Palais à volonté* ».

119. Il commence, en revanche, à l'être de nouveau sur des scènes d'opéra ; *Atys* de Quinault et Lully a été mis en scène dernièrement par William Christie.

120. Couprie, *Lire la tragédie*, p. 95.

A.2.i. CRÉBILLON

Prosper Jolyot Crébillon orienta la tragédie vers l'une des limites du genre : la paradoxale expression par les mots des horreurs les plus indicibles. Empruntant ses sujets à la mythologie et à l'antiquité gréco-romaine, Crébillon frôla dans ses neuf tragédies (jouées principalement entre 1705 et 1726) [121] les grands tabous de la civilisation occidentale tels que l'inceste, le parricide, l'infanticide, et l'anthropophagie. Recourant à des intrigues complexes faites de malentendus, de déguisements, de reconnaissances, de coups de théâtre, il atténua l'inévitabilité du sort de ses personnages en faveur d'effets de choc : « Issu de la surprise, le tragique naît plus encore de l'atrocité de l'action. » [122]

La deuxième tragédie de Crébillon coupa littéralement le souffle aux spectateurs les plus robustes de la Comédie-Française. Le *Dictionnaire dramatique* rapporte ainsi la version qu'offre Crébillon de leur accueil de la première d'*Atrée et Thyeste* le 14 mars 1707 : « le Parterre fut consterné ; et [...] il défila sans applaudir, ni siffler, à la fin de la pièce » (I, p. 124-5). Habituellement indisciplinés, turbulents, spontanés, les voilà réduits au silence. La même anecdote attribue à un Anglais rencontré au café Procope en face du théâtre, l'observation que cette tragédie

> n'était pas faite pour le Théâtre de Paris ; qu'elle eût réussi davantage sur celui de Londres. La coupe d'Atrée m'a cependant fait frémir, tout Anglais que je sois... Ah ! Monsieur, cette coupe !... cette coupe !
>
> (*ibid.*)

Sans que Thyeste porte à ses lèvres l'objet terrible contenant le sang de son fils assassiné, l'horreur avait été portée à son comble (Figure 4). En quoi ce sentiment divergea-t-il de la terreur d'un dénouement racinien ou cornélien ?

Parmi les monstres représentés sur la scène tragique au XVIIe siècle, la Cléopâtre de *Rodogune* et l'héroïne de *Phèdre* sont deux des plus frappants. On pense à la première lorsqu'Atrée crache sa haine : « ... je voudrais pouvoir, au gré de ma fureur, / Le porter

---

121. *Catilina* ne fut représenté qu'en 1748, et *Le Triumvirat ou la mort de Cicéron* en 1754.

122. Couprie, *Lire la tragédie*, p. 96.

Figure 4. – Détail du Frontispice d'*Atrée et Thyeste*.

tout sanglant jusqu'au fond de son cœur » (V, 4) [123] ; et à la seconde lorsque Thyeste apostrophe son frère : « Monstre que les enfers ont vomi sur la terre. » (V, 6) « Tragiques », l'une par sa volonté meurtrière et l'autre par la conscience du mal qui émane d'elle, ces grands personnages du répertoire classique reçoivent un monstre impulsif et opportuniste comme successeur. Atrée met du temps à adapter sa vengeance aux obstacles qu'il rencontre. Lorsque le suicide de Thyeste le prive de la victime dont il anticipait une souffrance sans fin (« Je te laisse le jour pour me venger de toi » [I, 6]), il ne lui reste qu'à proclamer dans le vide (devant un « Parterre consterné ») : « Et je jouis enfin du fruit de mes forfaits. » (V, 6)

Cette tragédie en cinq actes et en alexandrins déploie jusqu'au début du deuxième acte un réseau d'images pour dire l'hellénisme du mythe des Atrides. Des lieux aux résonances évocatrices, « Athènes », « Argos », « l'île d'Eubée », « Mycènes », « Delphes », « Rhodes », « Byzance »..., se doublent d'allusions aux « vents » enfin favorables, aux « flots », aux « vaisseaux », annonçant l'immi-

---

123. *Théâtre du XVIIIe siècle*, éd. J. Truchet, t. I.

nence d'un voyage attendu depuis vingt ans : « La mer rugit au loin, et le vent vous appelle. » (I, 2) Tout dans la ville de Chalcys, capitale de l'île d'Eubée, oriente l'imagination au loin, vers le lieu rêvé de la vengeance d'Atrée. Mais le naufrage qui abandonne Thyeste et sa fille sur les bords même de Chalcys fait rétrécir l'horizon et recentre les regards sur le palais d'Atrée dont on ne cessera désormais de dire le caractère « dangereux » et « funeste ». Comme un étau qui se resserre, les salles du palais, « lieux tout pleins de ma vengeance » (II, 4) dira Atrée, enferment Thyeste, sa fille, et Plisthène qui se croit fils d'Atrée alors que Thyeste est son vrai père. La refocalisation spatiale annonce un réalignement vertigineux d'affects chez les protagonistes.

Atrée qui rêvait de faire tuer Thyeste par son propre enfant ne réussit pas à étouffer des sentiments plus forts que le devoir filial ; même en se croyant fils d'Atrée, Plisthène recule, d'abord par amour pour la fille de Thyeste (II, 4), ensuite malgré le fait qu'Atrée menace de tuer celle qu'il aime (III, 3), par la voix du sang qui lui dicte un attachement au père qu'il ne reconnaît pas encore (« ... le ciel sait si je peux vous haïr,/ Ce qu'il m'en coûterait s'il fallait obéir » [III, 4]). Sans parler de l'attirance dangereuse qui rapproche la fille de Thyeste du fils qu'il ignore et qui s'ignore, Thyeste lui-même n'arrive pas à préciser l'étrange lien qui le tourne vers le fils supposé d'Atrée :

> Seigneur, soit amitié, soit raison qui m'inspire,
> Tout m'est cher d'un héros que l'univers admire.
> Que ne puis-je exprimer ce que je sens pour vous !
> Non, l'amitié n'a pas de sentiments si doux. (III, 4)

Pour Plisthène, tant de sentiments contradictoires et inexpliqués le mènent à la confusion la plus totale [nos italiques] :

> Qu'avais-je fait aux dieux pour naître d'un tel père ?
> Ô *devoir* dans mon cœur trop longtemps respecté,
> Laisse un moment l'*amour* agir en liberté.
> [...]
> ... je n'écoute plus qu'une coupable *audace*.
> [...]
> ... du plus tendre *amour* je me sens inspirer.
> [...]
> Courons pour la sauver où mon *honneur* m'appelle. (IV, 1)

Les révélations de la fin du 4e acte réordonnent les liens affectifs et donnent sens aux pulsions mystérieuses ; pourtant, frustré dans ses efforts de punir son frère, Atrée (« Perfide, malgré toi je t'en ferai complice » [III, 7]) trouve un moyen encore plus horrible d'associer Plisthène à son crime : « cette coupe !... cette coupe !... ».

Tragédie parfaitement classique par son sujet et sa forme, *Atrée et Thyeste* déconcerte néanmoins par l'évacuation qu'elle effectue du sens de l'implacable. La mythologie grecque parle bien de la malé-diction horrible qui pèse sur la maison des Atrides. Crébillon l'éloigne, comme l'imagerie hellénique des premières scènes, pour laisser ses personnages errer dans un palais « sans dieux » dans lequel la monstruosité devient plus aléatoire. Thyeste refuse d'y vivre :

> Barbare, peux-tu bien m'épargner en des lieux
> Dont tu viens de chasser et le jour et les dieux ?   (V, 6)

A.2.ii. VOLTAIRE

> « Tenons-nous-en donc, comme le grand Corneille, aux trois unités dans lesquelles les autres règles, c'est-à-dire les beautés se trouvent ren-fermées. »   (Préface d'*Œdipe*)

L'importance de Voltaire, dramaturge et homme de théâtre, dépas-sait au XVIIIe siècle sa réputation dans les autres domaines où cet esprit universel s'aventura. Les histoires de la littérature font généra-lement de lui un portrait double ; en fait, il devrait être multiple. Il était « le continuateur de Corneille et de Racine » [124] à travers quelque 27 tragédies, jouées pour la plupart à la Comédie-Française. Au niveau du nombre de représentations, ce fut l'auteur le plus joué sur la scène officielle d'après Henri Lagrave : 391 000 specta-teurs jusqu'en 1750, contre 167 000 pour Destouches... [125]. Cette

---

124 « Voltaire s'est voulu le continuateur de Corneille et de Racine, contre les excès de La Motte, puis contre ceux des auteurs de drames. Il affirme son attachement aux trois uni-tés, à l'alexandrin et aux maîtres grecs et malgré l'intérêt qu'il porte au théâtre de Shakespeare refuse de voir la scène française livrée à l'anarchie et aux audaces du théâtre élizabéthain. » (Morel, *La Tragédie*, p. 73)

125. *Fortune littéraire de Marivaux*, p. 43.

popularité se répercuta en dehors de la Comédie-Française, car dans de très nombreuses salles de province la réputation de Voltaire semble avoir été au moins aussi grande qu'à Paris [126]. Cela sans entrer dans le rayonnement de l'œuvre de Voltaire à travers toute l'Europe. Par ailleurs, ce défenseur de la dramaturgie classique fut aussi l'exemple le plus éclatant de la ruée vers l'édition qui caractérisa le théâtre entre 1700 et 1790. Mais Voltaire fut aussi un réformateur du théâtre français à qui nous devons les tentatives d'innovation scénique de *Brutus*, son apport éclatant à l'introduction du théâtre shakespearien en France (*La Mort de César, Lettres philosophiques*), et ses efforts en faveur de l'élimination des bancs de la scène du Théâtre Français en 1759.

Jouée à la Comédie-Française le 11 décembre 1730, la tragédie *Brutus* suscita de vives réserves de la part des spectateurs qui furent déconcertés par son esprit antimonarchique :

> Sous le joug des Tarquins, la cour et l'esclavage
> Amollissaient leurs mœurs, énervaient leur courage ;
> Leurs rois, trop occupés à dompter leurs sujets,
> De nos heureux Toscans ne troublaient point la paix :
> Mais si ce fier sénat réveille leur génie,
> Si Rome est libre, Albin, c'est fait de l'Italie [127].   (I, 3)

Mais la pièce garde un aspect classique par l'élévation du ton et la noblesse des sentiments, aussi bien que par la forme, cinq actes en alexandrins. Voltaire précise dans sa préface à *Brutus* qu'il s'efforce de respecter les unités classiques, mais au niveau de celle de lieu, on ressent déjà une certaine gêne, car l'étroitesse de l'espace, respectée dans les tragédies de Racine et imposée par la scène encombrée du théâtre de la rue des Fossés Saint-Germain, ne convient pas totalement aux mouvements des personnages de la tragédie voltairienne. Des didascalies comme celle-ci en témoignent :

---

126. M. Fuchs cite le registre Lecouvreur à Bordeaux pour confirmer la grande popularité des tragédies de Voltaire en province : « Pour la tragédie, on doit noter le grand succès de Voltaire et l'abandon, ou peu s'en faut, des œuvres du siècle précédent. *Mérope, Tancrède, Zaïre, Sémiramis* sont joués plus souvent qu'*Athalie* ; *Mahomet, Adélaïde du Guesclin*, plus souvent que *Phèdre*. » (*La Vie théâtrale en province au XVIIIe siècle*, p. 138)
127. *Œuvres complètes de Voltaire*, t. premier, « Théâtre », Paris, Firmin-Didot, 1876.

> ARONS, ALBIN,
> *qui sont supposés être entrés de la salle d'audience dans un autre*
> *appartement de la maison de Brutus.* (I, 3)
>   ou
> *Le théâtre représente ou est supposé représenter un appartement du*
> *palais des consuls.* (II, 1)

Les « supposé(s) » suggèrent fortement un changement de lieu que la décoration du théâtre ne représente pas. Nous avons déjà remarqué la tendance à agrandir la surface de jeu dans cette pièce par l'inclusion d'un nombre de sénateurs romains présents aux premiers entretiens entre Brutus et l'ambassadeur toscan, Arons. Il en est de même pour l'unité d'action, car Voltaire dédouble le ressentiment de Titus contre Rome par le récit de celui de son frère Tibérinus, relégué au statut d'un personnage hors-scène :

> Son ambition seule a fait toute ma brigue.
> Avec un œil jaloux il voit depuis long-temps,
> De son frère et de lui les honneurs différents ; (III, 2)

Pour contrer l'attirance de l'esprit républicain, Arons doit exploiter les faiblesses du fils de Brutus, Titus, qui brûle pour Tullie, la fille du roi Tarquin, autant qu'il déteste un sénat qui tarde à reconnaître ses exploits militaires en le nommant consul :

> TITUS
> Ah ! j'aime avec transport, je hais avec furie :
> Je suis extrême en tout, je l'avoue, et mon cœur
> Voudrait en tout se vaincre, et connaît son erreur. (II, 1)

Ses faiblesses constituent un contraste avec les aspirations « cornéliennes » de Titus qui dit devant Arons : « Voilà ce que je suis, et ce que je veux être. » (II, 2) Affirmation trompeuse, car Titus balance éloquemment pendant deux actes avant de se décider à servir Tullie contre Rome et Brutus. Coup de théâtre et nouveau revirement de sa volonté brisée, au moment précis où Titus décide de trahir Rome, son père surgit de façon spectaculaire (*Le fond du théâtre s'ouvre* [IV, 5]) pour annoncer que le Sénat le nomme défenseur de la ville contre l'attaque que Titus lui-même devait mener. Sa détermination définiti-

vement ébranlée, Titus erre jusqu'à son arrestation après la découverte par les Romains de l'attaque planifiée par Arons.

Si Titus vacille longtemps, Brutus tranche plus rapidement. Certes
il a de la peine à croire que Titus ait été capable de trahison, mais ce
doute levé, il sait de quel côté se situe son devoir :

> Vous êtes père enfin.
>
> BRUTUS
>
> Je suis consul de Rome.   (V, 6)

Il prononce lui-même la sentence de mort, se sépare de son fils dans
une scène pourtant larmoyante, et réaffirme son engagement incon-
ditionnel à Rome.

Les histoires du théâtre citent la faiblesse de l'interprète de Tullie
pour expliquer le peu de succès de *Brutus* :

> Mlle Dangeville, que les Amateurs de la Comédie regrettent &
> regretteront toujours, qui remplissoit les rôlcs dc Soubrette, avec tant de
> supériorité, & qui a surpassé de beaucoup Mlle Desmares, dont elle étoit
> l'éleve, ne réussit pas de même dans le Tragique. M. de Voltaire lui
> donna le rôle de *Tullie*, dans son *Brutus* ; elle fit tomber cette Piece [128].

Alors que O. de Gouges s'en prend en 1789 aux Européens pour
le maintien de l'esclavage, la pièce de Voltaire anticipe dès 1730 ces
reproches orientés contre les régimes monarchistes par la mise en
scène d'une libération d'esclave. C'est Brutus qui parle :

> (*À l'esclave.*)
> Et toi, dont la naissance et l'aveugle destin
> N'avait fait qu'un esclave et dut [*sic*] faire un Romain,
> Par qui le sénat vit, par qui Rome est sauvée,
> Reçois la liberté que tu m'as conservée ;
> Et prenant désormais des sentiments plus grands,
> Sois l'égal de mes fils, et l'effroi des tyrans.
> Mais qu'est-ce que j'entends ? quelle rumeur soudaine ?   (V, 1)

---

128. *Dictionnaire dramatique*, 1784, I, 162-3.

Autre signe du caractère jugé exemplaire et édifiant des tragédies de Voltaire, certaines d'entre elles furent représentées dans les collèges de l'époque. Sa *Mort de César* y fut créée même, au collège d'Harcourt à Paris en 1735, puis rejouée, avec *Les Plaideurs* de Racine, au collège Mazarin en 1748, avec *Les Mécontents* (auteur anonyme d'un scénario de collège de 1729), au collège d'Orléans à Versailles en 1749, avec *Le Bourgeois Gentilhomme* de Molière, au collège de Sainte-Geneviève de Nanterre en 1753. *Zaïre* fut repris le 29 août 1736 au collège des Barnabites de Montargis. *Mérope* fut joué sous le titre d'*Egiste* au Collège des Arts de l'Université de Caen le 25 juillet 1756. *Catilina* fut représenté au collège de Saint Germer (à Rouen) en 1762. D'auteur le plus populaire sur la scène du Théâtre Français, Voltaire était passé avant le milieu du siècle au statut d'auteur « classique » digne d'être lu, et vu, aux côtés de Molière et Racine.

Représentée au Théâtre Français pour la première fois le 20 février 1743, *La Mérope française* de Voltaire rappelait la tragédie de Maffei que Luigi Riccoboni avait essayé de jouer en italien dès l'arrivée de sa troupe à Paris en 1716. Le genre tragique resta néanmoins le domaine exclusif des « Français », et la version voltairienne fut accueillie triomphalement comme l'un des meilleurs ouvrages scéniques de l'auteur. Selon M. Fuchs, la grande popularité de *Mérope* fit que les publics de province l'accueillirent vite et avec enthousiasme : « on la jouait à Nancy dès 1756 ; à Dijon la troupe de Plante l'inscrivait à son répertoire dès 1749, celle de Préville dès 1745 » [129]. Par ailleurs son succès n'avait pas besoin du message philosophique qui avait fait applaudir, puis interdire, *Le Fanatisme ou Mahomet le prophète* l'année précédente à Paris [130]. *Mérope* se rapproche davantage des grands modèles classiques (tel qu'*Andromaque* de Racine dont on retrouve plusieurs échos) par la force de son style et la précision de son intrigue. Voltaire sut y établir un rare équilibre entre le sens menacé du tragique, la compression spatio-temporelle de la forme classique, et l'intrusion d'éléments concrets dans un code de représentation en pleine évolution.

Alors que Zaïre se fige dans sa douleur à chaque découverte du fossé entre les religions qui la sépare d'Orosmane, Mérope se lance

---

129. *La Vie théâtrale en province au XVIIIᵉ siècle*, II. p. 141.
130. Après 3 représentations. *Mahomet* débuta en fait au Théâtre de Lille en avril 1741.

plus activement dans les mouvements qui semblent précipiter cette pièce vers son dénouement sanglant. La fuite en avant de Polyphonte, dont le régicide et les machinations ne resteront cachés que par son couronnement, prêtent l'urgence à l'action. Veuve du roi mort et séparée de son fils, Egisthe, qui lui fut dérobé jeune enfant lors de l'assassinat de son mari, Mérope cherche à retarder le mariage que son peuple sans chef lui réclame. Les soldats de Polyphonte arrêtent un inconnu aux abords de la ville, l'accusant du meurtre d'Egisthe. Sur le point de le sacrifier, Mérope découvre que l'étranger est en réalité ce fils disparu ; Polyphonte s'en assure aussitôt pour forcer Mérope à l'accompagner à l'autel ; Egisthe qui découvre son identité héroïque s'en prend au meurtrier de son père.

Mérope contient des récits de la guerre et de la mort du père d'Egisthe qui font penser à la description de la destruction de Troie dans *Andromaque*.

MÉROPE

Ô mort toujours présente à ma douleur profonde !
J'entends encor ces voix, ces lamentables cris,
Ces cris : « Sauvez le roi, son épouse, et ses fils ! »
Je vois ces murs sanglants, ces portes embrasées,
Sous ces lambris fumants ces femmes écrasées,
Ces esclaves fuyants, le tumulte, l'effroi,
Les armes, les flambeaux, la mort autour de moi [131].   (I, 1)

Au moment du dénouement, le mouvement de la foule est décrit avec une force verbale digne de Hugo :

EURYCLES

Le bruit croît, il redouble, il vient comme un tonnerre
Qui s'approche en grondant, et qui fond sur la terre.   (V, 5)

Les rebondissements de l'intrigue semblent autant de coups de théâtre ; Narbas, « *paraissant avec précipitation* [...] Arrêtez. [...] C'est lui, c'est votre fils./ Mérope, *tombant dans les bras d'Isménie*. Je me meurs ! » (III, 4) ; Mérope, « *se jetant entre Egisthe et les soldats*. Barbare ! il est mon fils. » (IV, 2) ; Polyphonte, « Et, s'il est né

---

131. *Théâtre du XVIIIᵉ siècle*, éd. J. Truchet, t. I.

de vous, je l'adopte pour fils. » (IV, 2). Seul le rythme global de cette tragédie empêche que l'on s'attarde sur ce que de tels revirements peuvent avoir de factice. Voltaire fait croire un moment à la fatalité qui aveugle Polyphonte et Erox au moment où ils croient que leurs machinations ont enfin éliminé la menace d'un retour du fils de Mérope :

POLYPHONTE

[...]
Mais ce jeune inconnu me tourmente et m'attriste.
Me répondez-vous bien qu'il m'ait défait d'Egisthe ?
Croirai-je que toujours soigneux de m'obéir,
Le sort jusqu'à ce point m'ait voulu prévenir ?

EROX

[...]
... tout ce que je vois le confirme en effet.
Plus fort que tous nos soins, le hasard a tout fait.   (IV, 2)

Erreur fatale, car le jeune inconnu, hache de sacrificateur à la main, se transforme au cinquième acte en vengeur de son père et sauveur de sa mère.

Tout en voulant être le continuateur de la dramaturgie classique, Voltaire, en homme de théâtre averti, fut parfaitement conscient et tint compte de l'évolution des conditions de production et de réception du répertoire traditionnel. Une anecdote révélatrice du *Dictionnaire dramatique* montre comment :

> Avant Mlle Dumesnil [interprète de Mérope], on ne croyait pas qu'il fût permis de courir sur la scène dans une tragédie. On voulait que dans toutes les situations et les circonstances possibles, les pas de l'acteur fussent mesurés et cadencés. Mlle Dumesnil osa rompre ces entraves bizarres. On la vit dans *Mérope* traverser rapidement la scène, voler au secours d'Egisthe, en s'écriant : *Arrête... c'est mon fils.* Auparavant on ne soupçonnait point qu'une mère, qui volait au secours de son fils, dût rompre la mesure de ses pas [132].

L'idéal théorique auquel tendait la tragédie racinienne était d'évacuer l'espace et le temps de l'action à tel point que la représentation

---

132. *Dictionnaire dramatique*, entrée « Mérope », I, p. 549.

et la lecture du texte en viennent à se confondre. Presque immobilisés sur une scène étroite, les acteurs disaient/chantaient des vers dans lesquels passé et distance étaient compactés dans des noms sur-sémantisés (cf. « Agamemnon », « Hélène »...), des récits incorporant tout ce qui se passe hors-scène, et une action devenue récitation verbale. *Mérope* marque le recul de ce rêve devant la revalorisation du concret. L'accélération des déplacements de la reine illustre ce changement. L'ouverture du fond du théâtre (III, 2) « *où l'on découvre le tombeau de Cresphonte* » et (V, 7) où « *On voit... le corps de Polyphonte couvert d'une robe sanglante* » signale l'intrusion d'un espace qu'on voulait reléguer aux coulisses.

En outre, la situation de Voltaire, vis-à-vis du théâtre, est à mettre dans la perspective de toutes les visées de cet essai. Le cas du créateur de *Zaire* doit s'étudier dans le cadre des éditions sur lesquelles tout indique qu'il s'acharnait, et dans celui de l'élaboration de ses textes au moyen de nombreux essais sur des scènes de société.

Pour J. Morel, cette ambivalence à l'égard de la scène se voit plus comme un échec qu'une victoire :

> Voltaire a rêvé d'un théâtre capable de concilier la rigueur de Racine, la couleur et le mouvement de Shakespeare, et le pathétique de Diderot. Il a voulu aussi, par surcroît, faire de la scène une tribune où devaient s'exprimer les grandes vérités dont son époque avait besoin. Il a échoué dans cette ambitieuse synthèse. *Au lieu de favoriser une renaissance du genre tragique, le théâtre de Voltaire a précipité son déclin* [133].

A.3. CLIMAT D'OUVERTURES

Le théâtre officiel admit un certain nombre d'expériences notables au cours du siècle. Celles-ci comprirent la réception de pièces d'auteurs peu connus aussi bien que des expériences innovatrices en matière de dramaturgie. La Comédie-Française monta, par exemple, *les Trois spectacles* de Jean Du Mas d'Aiguiberre en juillet 1729. Il s'agit en fait de trois pièces en un acte, *Polixène*, tragédie en un acte

---

133. *La Tragédie*, p. 74.

et en vers, *L'Avare amoureux*, comédie en un acte et en prose, et *Pan et Doris*, pastorale en en acte et en vers libres, qui avaient été présentées sous la forme d'un ambigu-comique à Sceaux pour la duchesse du Maine (en 1728), et qui ont été ensuite acceptées par les Comédiens Français. Ce fut dans cet esprit d'ouverture qu'on pourrait imaginer l'acceptation de pièces écrites par des femmes et de textes ouvrant de nouvelles voies formelles et thématiques.

A.3.i. FEMMES AUTEURS

Officiellement, la participation des femmes auteurs de pièces au XVIIIᵉ siècle fut discrète ; c'est dans le domaine non officiel, et surtout dans les théâtres de société, qu'elles furent actives. La responsabilité de Mˡˡᵉ Quinault qui initia les spectacles dans l'*Histoire et recueil des Lazzis* (1731-1732) en témoigne. Néanmoins, parmi les rares pièces de femmes à être représentées à la Comédie-Française, il faut signaler les tragédies *Arrie et Pétus* (1705), *Cornélie mère des Gracques* (1703), *Thomyris* (1706) et *La Mort de César* (1709) de Marie-Anne Barbier, *Habis* (1714), *Sémiramis* (1716) et *Cléarque tyran d'Héraclée* (1717) de Madeleine-Angélique Poisson, dame de Gomez, *Les Amazones* (1749) de Marie-Anne Le Page, Madame Du Boccage. Mˡˡᵉ Barbier fit jouer également une comédie, *Le Faucon* (1719) qu'évoque Delisle dans le prologue de son *Faucon et les Oies de Boccace* (1725, à la Comédie-Italienne). À partir du milieu du siècle, le genre des pièces changeait : *Cénie* (1750), pièce dramatique, et *La Fille d'Aristide* (1758), drame, de Madame de Graffigny ; *La Comtesse de Chazelles* (1785), drame, de Madame de Montesson, et *L'esclavage des Noirs* (1789), drame, d'Olympe de Gouges (voir introduction).

Les difficultés qu'éprouvèrent ces auteurs ressortent particulièrement ; l'intégrité et l'autonomie de leur écriture furent presque invariablement mises en doute. Voltaire, en préfaçant sa propre *Mort de César* (1736), accusa Mˡˡᵉ Barbier d'avoir écrit la sienne avec l'aide de Fontenelle alors que d'autres mentionnèrent le nom de l'abbé Pellegrin comme co-auteur de certaines de ses pièces. Le cas de Marie Justine Benoîte Cabaret du Ronceray, Madame Favart, fut plus frappant encore ; l'aide à laquelle elle aurait eu recours variait selon les moments et selon les succès :

Selon Favart, [s]es œuvres étaient dues en partie au « teinturier » – en langage actuel au « nègre » – de sa femme, qui est souvent l'abbé de Voisenon, ami très intime du ménage. Qu'en faut-il croire ? Dans sa correspondance avec le comte de Durazzo, Favart rapporte que sa femme compose avec « son teinturier » (qui est alors Lourdet de Santerre) la pièce d'*Annette et Lubin*. Puis quand le succès la consacre, il dit que la pièce est de lui, dans la suite des mêmes lettres [134].

Elena Baletti, la Flaminia de la troupe italienne de L. Riccoboni (et aussi sa femme), aurait eu la collaboration de Delisle pour son *Naufrage* (1726) et pour *Abdili* (1729). Quant à Mme de Montesson, pour qui on ne suggéra pas de collaborateur, elle dut retirer sa pièce après un accueil houleux lors de sa première représentation.

A.3.ii. GENRES INTERMÉDIAIRES

Dans sa récente anthologie, *Femmes dramaturges en France*, P. Gethner situe l'auteur de *Cénie* entre Nivelle de La Chaussée et Diderot. Sa « pièce nouvelle », représentée au Théâtre Français le 25 juin 1750, « fournit une transition importante entre les deux auteurs », et occupa une place importante à l'affiche de ce Théâtre qui « la joua plus souvent que toute autre pièce écrite par une femme avant la Révolution » [135]. Pièce de cinq actes, *Cénie* fut la seule création de « grande pièce » de l'année à être écrite en prose [136]. Elle présente les épreuves de deux femmes victimes, Cénie et une gouvernante, Orphise (qui se révèle être sa mère au dénouement), livrées aux ambitions de Méricourt qui veut hériter des biens de Dorimond, aristocrate « dans un commerce que ma probité a rendu honorable » [I, 3]. Spectacle attendrissant de la vertu en proie à la persécution, *Cénie* innova avec éclat par sa présentation de personnages sérieux inscrits dans la société du temps. Les maximes vicieuses de Méricourt (« La dissimulation n'est point un vice, et trop de sincérité est souvent un défaut » [I, 2]) ne l'emportent pas sur celles d'Orphise (« la vertu a son point de vue assuré » [II, 1] ; « Si l'excessive bonté est quelquefois trompée, elle n'est pas moins la pre-

---

134. *Dictionnaire des lettres françaises*, p. 476-77.
135. *Femmes dramaturges en France* (1650-1750), p. 322.
136. Les 9 autres créations de l'année (4 tragédies, 1 comédie en 5 actes, 1 comédie en 3 actes et 3 comédies en 1 acte) étaient toutes écrites en vers.

mière des vertus » [V, 5]). Diderot cite l'œuvre de Mme de Graffigny comme modèle exemplaire du drame bourgeois.

Madame de Montesson, tout en privilégiant sa propre classe aristocratique, déplace le centre d'intérêt de ses pièces vers les femmes dont elle évoque les drames affectifs et les épreuves avec un sérieux nouveau. L'héroïne de *La Marquise de Sainville ou la femme sincère* (env. 1782) incarne de façon émouvante le drame d'une femme mariée au gré de sa famille et qui s'efforce de réconcilier ses vœux de fidélité conjugale avec un amour qu'elle ose avouer. Mylady Louise Camplay, dans *L'Aventurier comme il y en a peu* (env. 1782), maintient contre l'incertitude son engagement envers M. de Fréval qui ne révèle son titre de comte qu'à la fin de cette épreuve. Cette mise en avant scénique d'une perspective féminine ouvre un espace théâtral qu'on avait tendance à réserver surtout au genre romanesque.

A.4. RÉFORMES DES ENCYCLOPÉDISTES. L'APPROPRIATION DE LA SCÈNE FRANÇAISE

Les pouvoirs de l'Ancien Régime et le cercle des Philosophes reconnaissaient de part et d'autre l'efficacité de l'arme scénique pour la communication de leurs valeurs. Ils s'entendaient également sur l'importance particulière de la Comédie-Française comme première scène/tribune du royaume. La nature des sujets représentés ainsi que la façon de les représenter, par contre, donnaient matière à des différends parfois féroces.

Ce qui était officiel, c'est-à-dire digne de la consécration du Théâtre Français ou de l'Opéra, évoluait au cours du siècle, les partisans des réformes scéniques prônées par Diderot préférant investir ce Théâtre au lieu de le contourner. D'autres, Voltaire en tête, l'infiltraient par vers ou dialogues entiers cherchant à surprendre la vigilance des censeurs. À témoin, telle réplique visant les prêtres dans *Œdipe*, ou ce passage tout de même rayé par la police, du 5e acte d'*Iphigénie en Tauride* de La Touche :

> Pourquoi d'un faux respect, Seigneur, être victime ?
> Jusque sur les autels on doit punir le crime ;
> Tout est, dans un État, sujet au frein des lois ;

Et la justice humaine étend sur tous ses droits.
Le ministère saint n'en défend pas le prêtre :
Il doit être puni, s'il mérite de l'être [137].

Le régime n'était pas encore prêt à envisager une résolution aussi nette de la tension entre loi canonique et loi civile.

Diderot, pour sa part, rêvait de rapprocher civisme et religion par la voie d'un théâtre devenu « évangélique ». Il imagine dans ses *Entretiens sur le « Fils naturel »* une utilisation bien différente des troupes d'acteurs et des lieux de spectacles que celle de son temps : « Mes amis, si nous allons jamais à la Lampedouse fonder, loin de la terre, au milieu des flots de la mer, un petit peuple d'heureux ! Ce seront là nos prédicateurs... » Roger Lewinter poursuit sur les implications de ce projet :

... le théâtre de Diderot se veut une prédication laïque, comme la peinture de Greuze. Exaltation des valeurs de la société, il se propose d'enseigner aux hommes leurs devoirs et, par son action « évangélique » la rendant désormais inutile, il entend se substituer à l'Église, qui, au milieu des Lumières, est un anachronisme éthique [138].

A.4.i. LA TOUCHE, *IPHIGÉNIE EN TAURIDE*

Sauvé *in extremis* par son ami Pylade, Oreste dans l'*Iphigéne en Tauride* (1757) de Guimond de La Touche parle de « renaître » : « Dans un monde nouveau je prends un nouvel être. » (V, 9) Sa métamorphose reflète et dédouble celle de sa sœur, Iphigénie, chez qui ce changement revêt un caractère philosophique important. En fait, il met en opposition deux systèmes différents d'entendement, celui d'une accession aux connaissances par des révélations d'ordre mystique, et celui de l'expérience des sens qui mène à une conscience aiguë de la réalité. Cette tragédie de facture très classique et dont la grande simplicité rappelait une certaine idée de l'hellénisme, met sur

---

137. Conservé par Collé, et cité dans *L'Autre « Iphigénie »*, p. 259.
138. Introduction de Roger Lewinter au *Fils naturel*, dans *Œuvres complètes*, t. III, p. 26.

le théâtre une héroïne qui passe d'une épistémologie du pressentiment à celle du sentiment que bon nombre de philosophes de cette
époque cherchaient à faire recevoir.

Iphigénie, en grande prêtresse de Diane, se présente dès la première scène de la pièce comme « accablée » par un songe, car il l'empêche de poursuivre sa tâche sanguinaire de sacrificatrice des Grecs.
Pour renforcer l'association avec l'univers mythologique, La Touche
enchaîne la mention d'un autre songe, celui qui précéda le sacrifice
d'Iphigénie par Agamemnon en Aulide : « De mes affreux destins
fatal avant-coureur,/ Un songe également me vint remplir d'horreur. »
(I, 1) Toute une terminologie afflue qui s'associe à la croyance des
Grecs en la voyance et la prédiction des événements à venir :
« songe », « présages », « oracles », « prédit », « pressentiment »,
« alarmes ». Isménie, prêtresse également et confidente d'Iphigénie,
tâche de combattre l'épouvante que ressent sa maîtresse devant la
vision récurrente de la mort d'Oreste sur qui elle compte pour la sau-
ver : « Croyez-en moins un songe et vos pressentiments :/ Il n'est
d'oracles sûrs que les événements. » (I, 2) Aux craintes devant ces
virtualités non encore réalisées, elle oppose des faits concrets, c'est-
à-dire « les événements ».

Le surgissement de « cette mentalité rationaliste et moderne... » a
peut-être « de quoi choquer » [139] dans une tragédie à hellénisme affi-
ché. En revanche, il sert à articuler l'évolution d'Iphigénie entre les
valeurs du chef de la Tauride, Thoas, et celles qu'elle découvrira par
la présence physique d'Oreste. Esprit sensualiste plutôt que rationaliste, car la vérité à laquelle la sœur et le frère parviennent se déduit
de sentiments éprouvés de part et d'autre. D'un nouvel amour de l'humanité qui lui donne le remords de tant de victimes sacrifiées,
Iphigénie se sent touchée par un frère qu'elle ne reconnaît pas encore : « N'ébranlez plus mon cœur moins affermi,/ Qui veut, et qui ne
peut, être votre ennemi. » (IV, 6) Oreste, en découvrant l'identité de
sa sœur, invoque la même voie vers la certitude : « ... Iphigénie ?...
tout mon cœur l'atteste. » (IV, 6) Ce dernier vers rappelle le célèbre
aparté de Silvia dans *Le Jeu de l'amour* de Marivaux : « Je vois clair
dans mon cœur », et illustre la façon dont le XVIIIe siècle a adapté la
conventionnelle scène de reconnaissance liée au topos de la voix du
sang aux théories de Locke sur l'entendement.

---

139. *L'Autre « Iphigénie »*, p. 70, note 184.

Ce n'est qu'après la confirmation du message obscur du cœur qu'Iphigénie passera le jugement qu'elle porte sur l'*autre* système qu'elle avait servi sinon appuyé en tant que prêtresse-sacrificatrice de Diane ; c'est à ce moment précis dans la tragédie que se prononce le mot « superstition » (v. 1058), contre les cruautés de Tauride. À travers la reconnaissance d'Oreste s'effectue une véritable conversion d'Iphigénie bouleversée en faveur d'un entendement nouveau. Elle renonce désormais à Thoas avec des accents de philosophe : « Et ce cœur innocent que noircit l'imposture/ Écouta seulement la voix de la nature. » (V, 5) La mort « tragique » du chef de Tauride, se mue en revanche des victimes du culte de Diane :

> Je m'entends appeler dans la nuit éternelle :
> Je vois se ranimer leurs membres desséchés,
> Qu'autour de cet autel mes mains ont attachés...   (V,4)

La scène de la Comédie-Française servait, aussi bien que les autres tribunes recherchées par les encyclopédistes, à disséminer de nouvelles idées sous les formes et dans les lieux les plus consacrés.

A.4.ii. Palissot, *Les Philosophes*

Des Philosophes de Charles Palissot l'histoire a surtout conservé l'image d'un homme *allant à quatre pattes* (III, 9). Ce fut de la sorte que Rousseau et les alliés encyclopédistes avec lesquels le public continuait de l'identifier se virent incarnés au Théâtre Français le 2 mai 1760. Si l'énorme succès de cette comédie fut sans lendemain pour les autres pièces de son auteur, il constitua toutefois un moment significatif dans la bataille entre les Philosophes et une hiérarchie au pouvoir qui n'entendait pas lâcher prise. J. Truchet résume ainsi les circonstances de cet accrochage : « C'est sur ordre... que les Comédiens-français reçurent... la comédie des *Philosophes*, patronnée par le Dauphin en même temps que par le ministre [des Affaires étrangères, Choiseul] » [140]. Lorsque la pièce fut reprise en 1782, les partisans du camp philosophique avaient gardé un souvenir particulièrement vif de l'affront à Rousseau :

---

140. *Théâtre du XVIIIe siècle*, II, p. 1384.

Une cabale violente attendait la scène de Crispin marchant à quatre pattes, et fit un si grand bruit que les comédiens crurent devoir baisser la toile. Elle fut relevée un quart d'heure après, et la pièce, qui avait été jusque-là fort applaudie, fut achevée avec les mêmes applaudissements [141].

Ce jeu de scène disparut des représentations suivantes.

L'attaque montée par l'entremise de Palissot exprima par sa virulence le degré d'implantation de l'esprit philosophique dans les mœurs ainsi que dans l'activité théâtrale qui les reflétait. L'intérêt des *Philosophes* réside dans les modalités spécifiques du recours au théâtre par Palissot. Premièrement, l'évocation du modèle moliéresque (« Messieurs, n'imitons pas les pédants de Molière » [III, 3]) légitimait en quelque sorte le véhicule portant ses critiques. Mélangeant des échos des *Femmes savantes* et de *Tartuffe*, *Les Philosophes* s'inscrit dans la grande tradition des satires sociales du grand Maître de la Comédie-Française. La Cidalise de Palissot rappelle la Philaminte de Molière, à la nuance près de leurs aspirations littéraires ; Cidalise a des visées encyclopédiques (« J'y traite en abrégé de l'esprit, du bon sens,/ Des passions, des lois et des gouvernements... » [I, 5]) alors que Philaminte vise davantage la forme par son projet d'« académie » (« le retranchement de ces syllabes sales » « Par nos lois, prose et vers, tout nous sera soumis » [III, 2]).

Plus que les dupes des sectes considérées comme dangereuses, les représentants de ces mouvements occupent l'attention dans ce genre de comédie. Les philosophes dans celle de Palissot sont un composé de traits plus localisables que chez Molière. Il en résulte des attaques personnelles transparentes, des thèses générales, des titres et citations à l'appui. Cidalise qui cherche une première phrase pour son livre hésite entre « J'ai vécu » (*incipit* des *Considérations sur les mœurs de ce siècle* de Duclos) et « Jeune homme, prends et lis » (*incipit* de *L'Interprétation de la nature* de Diderot) (II, 3). Ailleurs dans la pièce (III, 6) le colporteur, M. Propice, offre le *Discours sur l'inégalité* de Rousseau à ses clients, après avoir fait l'énumération de plusieurs titres de Diderot. Pris dans l'actualité de la décennie 1750-60 qui vit le lancement de la souscription à *L'Encyclopédie*, le succès

---

141. *Théâtre du XVIIIe siècle*, II, p. 1394.

des *Discours* de Rousseau, et les débats sur la réforme du théâtre alimentés par les *Entretiens sur le « Fils naturel »* et *De la Poésie dramatique*, les détails concrets assemblés pour construire les cibles de Palissot furent immédiatement reconnaissables par tous les spectateurs.

Les enjeux idéologiques de l'affaire des *Philosophes* se devinent à travers les conditions de sa représentation (coup monté d'un régime harcelé) ; mais aussi par la structuration des forces qui s'affrontent dans la pièce. Le conflit archétypique des générations, « jeunes amoureux contrariés par des vieux et rendus victorieux grâce à l'aide des servants », se trouve subverti ici par l'appropriation « officielle » de la cause des classes de la dépendance. Le mariage de la fin qui annonce traditionnellement le triomphe des forces vives et régénératrices s'accompagne dans *Les Philosophes* de l'expulsion scénique des principes nouveaux (rendus grotesques par la caricature) et le retour de Cidalise à ceux qu'elle appelle les « devoirs les plus saints » (III, 11). Ces devoirs, si on les regarde de près malgré le brouillage des pistes dans le texte, se résument à fonder le mariage sur des « rapports de fortune » (v. 279) et à respecter l'« autorité » (v. 295) paternelle. *Les Mœurs du temps* et *Mélanie, ou la religieuse* proposeront une tout autre représentation de ces « devoirs ».

A.4.iii. La Harpe, *Mélanie*

Auteur attitré du Théâtre Français, La Harpe plaça 12 de ses 17 pièces sur cette scène. Cependant, *Mélanie, ou la religieuse* (1770) ne put être jouée à Paris avant la Révolution. Ce drame noir en trois actes et en vers, mettant en scène dans le parloir d'un couvent parisien le violent refus d'une vocation religieuse, est considéré néanmoins comme l'un des « plus représentati[fs] de l'esprit du temps » [142]. Il incarne parfaitement la démarche des philosophes qui attelaient leur campagne contre les abus du pouvoir à la nouvelle expressivité plastique de la scène réaliste. Comme sa pièce était écartée par la censure théâtrale, La Harpe la confia à l'édition ; elle fut publiée en 1770 puis corrigée et rééditée en 1774, en 1777-1778, en 1792, et en 1802 (pour paraître seulement après sa mort deux ans plus tard). Dans la préface de l'édition de 1778, il parle du succès

---

142. *Théâtre du XVIIIᵉ siècle*, II, p. 1489.

immédiat de celle de 1770 : « Le débit fut prodigieux. Quatre mille exemplaires furent enlevés en vingt-quatre heures, et depuis la pièce a été imprimée partout. » [143] Parallèlement, il ne cessa de la lire lui-même dans des sociétés, et de voir avec satisfaction qu'elle était représentée, en privé [144], en province [145], et à l'étranger [146].

Mélanie met en cause la violence des vocations forcées. M. de Faublas suit une pratique qui n'était que trop courante en imposant des vœux à sa fille pour fortifier la succession de son fils. Mais en adoptant cet usage qu'il défend avec dureté et une rare insensibilité, il se rend coupable d'un crime contre l'humanité dont ce drame veut traduire les conséquences pathétiques en corps souffrants. Enfant obéissant, victime pure et innocente, Mélanie finit néanmoins par se soulever contre son traitement injuste, et se donne la mort. Son père en tire la leçon, mais trop tard : « Dieu vengeur, à quel prix m'avez-vous éclairé ! » (III, 9).

La Harpe se défend d'avoir imité une autre pièce censurée pour son anticléricalisme, *Ericie, ou la vestale*, de J.-G. Dubois-Fontanelle. Contre les vœux monastiques, et considérée « en haut lieu subversive et scandaleuse » [147], *Ericie* aussi passa sur des scènes de province avant d'être jouée au Théâtre Français en 1789. En fait, les deux pièces s'inscrivent dans le courant des critiques de la vie de cloître que *La Religieuse* de Diderot allait révéler aux abonnés de *La Correspondance littéraire* de Meister après 1780. Par ailleurs, La Harpe attribue son texte à un fait divers publié en 1770 : le suicide d'une jeune fille le jour où elle devait prononcer ses vœux. Toujours est-il que l'Ancien Régime découragea à toute occasion de telles atteintes à ses institutions les plus sacrées.

Le drame de La Harpe ne s'en prit pas qu'à la religion. Cette pièce reconfigure jusqu'aux emplois de théâtre. Très significative à cet égard est la fonction de « père ». Deux personnages, M. de Faublas,

---

143. *Ibid.*, p. 833.

144. En juillet 1772, chez Mme de Cassini.

145. M. Fuchs cite un arbitrage d'octobre 1765 de la Comédie-Française – laquelle n'avait pas encore jouée *Mélanie* – touchant un contrat d'acteur de province (II, p. 82, Appendice).

146. « Avec le costume le plus exact et tout l'appareil convenable », à la Cour de Frédéric II de Prusse.

147. M. Fuchs, II, 123.

père physique de Mélanie, et le Curé, son père spirituel, se partagent le rôle aux yeux de la jeune converse. En rendant Faublas intraitable sur la question des vœux qu'il inflige à sa fille, La Harpe le dénature au point de le rendre méconnaissable. Mélanie s'écrie au Curé, « Un père !... Il m'en faut un... Que n'ai-je un père, hélas !/ Il plaindrait mes tourments, il m'ouvrirait ses bras. » (I, 4) La compassion qu'elle recherche vient du Curé, à qui elle finit par dire, « ô mon guide ! ô mon père ! » (I, 4). Derrière cette fracture de l'identité paternelle [148], La Harpe met en perspective l'univers patriarcal qui en découle. La mère de Mélanie supplie vainement son mari, « Soyez de vos enfants également le père ; N'immolez point la sœur pour agrandir le frère » (I, 1). Face aux plaintes des deux femmes, Faublas va jusqu'aux menaces

> En ai-je assez souffert ?... Je ne m'en prends qu'à vous,
> Mélanie ; il est temps d'apaiser ma colère ;
> Craignez-en les effets. J'ordonne, je suis père,
> Je veux qu'on m'obéisse et sans plus différer.
> > À *Mme de Faublas*
> Si vous n'y consentez, il faut nous séparer,
> Madame ; je renonce à la mère, à la fille,
> Et je romps pour jamais avec votre famille.
> J'attendais plus d'égards et de soumission.
> > À *Mélanie*
> Vous seule aurez causé notre désunion ;
> Ma fille, vous aurez allumé nos querelles.
> La malédiction suit les enfants rebelles ;
> Et la mienne à la fin pourrait tomber sur vous.   (II, 6)

Emporté contre de tels excès, l'amoureux Monval éclate : « Mais ce sexe est sans force, on étouffe sa voix. » (II, 6) Mélanie parlera enfin, mais sa révolte dans de telles circonstances ne peut mener qu'à sa mort.

Le débat d'idées qui domine les deux premiers actes de *Mélanie* aboutit dans le troisième à la construction d'un tableau visuellement éloquent de la douleur des victimes de l'intransigeance de Faublas : « *La scène est disposée de manière que Mélanie d'un côté du théâtre*

---

148. Dans son arbitrage du 21 octobre 1785, la Comédie-Française attribue le rôle de Faublas à l'emploi du Financier ; celui du Curé est attribué au Père noble (M. Fuchs, II, p. 82).

est dans un fauteuil, ayant sa mère à sa droite, penchée sur elle, quelques sœurs converses à sa gauche ; et de l'autre côté M. de Faublas est dans l'attitude de l'accablement. Le curé est auprès de lui. [Monval entre, et] tombe à genoux devant elle. » (III, 9) Devant l'agonie de Mélanie, la scène doit afficher une famille brisée et une figure paternelle dédoublée et inefficace.

A.5. LA COMÉDIE-ITALIENNE DEVIENT « OFFICIELLE »

Les Italiens étaient Comédiens du Roi dès la mort du Régent en 1723 ; en outre, leurs précédesseurs d'avant 1697, l'avaient été aussi. Mais ce processus d'officialisation se déroula de nouveau pendant tout le XVIIIᵉ siècle pour aboutir à un terme plutôt douteux. « Officiels » parce qu'ils tombaient sous les ordres des Gentils-hommes de la Chambre, les Italiens subissaient néanmoins le dédain des autres troupes subventionnées tant qu'ils continuaient de jouer dans la tradition de la *Commedia dell'arte*, c'est-à-dire tant qu'ils jouaient des canevas improvisés, tant qu'ils portaient les masques et costumes des caractères associés à cette tradition, et tant qu'ils utilisaient la langue italienne. Contrats signés et attitudes discriminatoires n'évoluent pas souvent au même rythme. La troupe de la Comédie-Italienne finit par être reconnue comme une sorte de « deuxième scène » (mi-officielle, mi-officieuse) du théâtre parlé avant 1790, mais l'institution ainsi désignée alors ne ressemblait en rien à celle qui s'établit à Paris au début du siècle.

Inférieurs aux yeux des partisans des « Français » par leur situation d'étrangers, par leur recours obligé et régulier à la langue italienne dans les pièces à canevas, par tout le répertoire « non imprimé ou non imprimable » qu'ils continuaient de jouer jusqu'en 1779, ces comédiens proscrits par Louis XIV, et que Philippe d'Orléans rappela en France en 1716, finirent par être classés comme officiels dans les almanachs de théâtre qui proliférèrent après 1750 et reçurent le même droit de regard sur les pièces à autoriser chez leurs concurrents « non officiels » quand la censure royale permettait un plus grand rôle aux délégués de la troupe au niveau du contrôle des nouvelles pièces.

L'officialisation de la Comédie-Italienne s'accomplit au prix de la perte de son identité originelle, de son « essence » diraient certains. On pourrait conclure à première vue que ce fut à simples coups de « francisation » qu'elle devint plus respectable, donc plus officielle. Deux ans après la période étudiée dans cet essai, on la rebaptisa « Théâtre de l'Opéra Comique National », effaçant le vieux nom de « Comédie-Italienne » qu'elle portait depuis l'arrivée de la troupe de Riccoboni. En réalité, la substitution d'un nom à un autre, suite à l'irruption ponctuelle d'une délégation populaire (et nationaliste en l'occurrence ?) dans le théâtre le 5 février 1793 [149] masque un processus autrement plus complexe dont M. de Rougemont résume ainsi les facettes multiples :

> ... C'est peut-être ce répertoire qui change de figure comme un kaléidoscope à chaque secousse du public, qui explique le faible nombre d'études consacrées à la Comédie-Italienne du XVIIIe siècle. Alors que ce théâtre a vivement intéressé ses contemporains, et que pendant la seconde moitié du siècle il s'est tenu très près, par le public et les recettes, de la Comédie-Française et l'a parfois devancée, on n'a guère su depuis par quel côté le prendre. Des morceaux de son histoire ont passé dans des ouvrages sur la *commedia dell'arte* mais on s'intéresse plus dans ce sens à l'ancien Théâtre Italien d'avant 1697, d'autres dans des ouvrages sur le genre comique français mais il n'apparaît alors que second par rapport à la Comédie-Française, d'autres dans des ouvrages sur l'opéra-comique mais on s'intéresse davantage à ses débuts forains. Les instruments de base pour cerner sa réalité manquent : les registres publiés par Brenner sont parfois défaillants ou inexacts, aucun Bonnassies n'a pris en charge son histoire administrative, dont Campardon se limite à reproduire les textes principaux, et même Lagrave dans ses excellentes analyses du répertoire tend à passer rapidement sur ce qui concerne les Italiens, à l'exception de Marivaux. Un gros travail reste donc à faire sur ce théâtre, qui souffrira toujours des lacunes de ses archives [150].

---

149. « Cejourd'hui (*sic*) cinq février 1793, l'an 2e République Française à cinq heures du soir se sont présentés plusieurs particuliers dans le petit foyer de la Comédie Italienne, lesquels ont dit qu'ils désiraient qu'on changeât le titre du Théâtre Italien.
La Comédie s'étant assemblée le même soir a adhéré sur le champ au désir du public d'après la petition qui en a été faite. » (cité dans The «*Théâtre Italien*» Its Repertory, 1716-1793, p. 35)
150. *La Vie théâtrale en France au XVIIIe siècle*, p. 248.

De la même façon que la notion de théâtre officiel demande les qualifications que nous avons détaillées plus haut, celle de théâtre « italien » recèle plusieurs implications. Nous les traiterons sous forme de fils entremêlés dont il s'agit de suivre les méandres individuels section par section. À chaque « fil » une étiquette : 1) le nom de la compagnie ; 2) le théâtre que cette dernière occupe ; 3) le style/code de jeu des acteurs ; 4) la dramaturgie des pièces ; et 5) les différentes combinatoires par lesquelles ces fils furent croisés au cours du siècle.

1) Dès 1716, la Comédie-Italienne figure administrativement dans la catégorie des théâtres officiels. D'abord appelée collectivement « les Comédiens Italiens de S.A.R. Monseigneur le duc d'Orléans, Régent », elle reçut la désignation « Comédiens du roi » en 1723. Dans la section « Spectacles » créée par le *Mercure* de 1721, elle occupe habituellement sa 3e place hiérarchique, après l'Académie Royale et la Comédie-Française. La voilà (relativement) « officielle » par nom, par statuts et aux yeux du public des abonnés à ce journal.

2) Autorisé à partager la scène du Palais Royal avec l'Opéra lors de son arrivée et convoquée comme les autres grandes troupes à jouer devant la Cour, la Comédie-Italienne fut « officielle » aussi par les lieux qu'elle occupait. Mais là apparaît très tôt le signe révélateur d'une crise d'identité ; pendant trois saisons estivales (1721-1723), les Italiens louèrent la salle du chevalier Pellegrin à la Foire Saint-Laurent pour y rivaliser avec les Forains, amuseurs « non officiels » s'il en fût. Ils regagnèrent ensuite leur vieil Hôtel de Bourgogne dont ils ne devaient sortir définitivement qu'en 1783, lorsque le nouveau théâtre (dos à l'actuel boulevard des Italiens) fut inauguré. Cette nouvelle salle refléta les mêmes soucis de réaménagement physique (mise en avant des effets scéniques, immobilisation des spectateurs dans un parterre désormais assis) que cultivaient leurs rivaux. Mais, comme pour ses concurrents, le lieu répondait aussi à une attente du public qui y cherchait tel ou tel registre de divertissement. La complexification des effets de mise en scène, si elle renouait avec une tendance déjà marquée chez les Italiens du XVIIe siècle [151], en ressortait clairement.

---

151. Il s'agit du développement lié à la scénographie « illusionniste » qui poursuit les théories du perspectivisme de la Renaissance.

3) Deux ans après leur retour à Paris, les Italiens durent « franciser » leurs spectacles. Au niveau du personnel de la troupe, on voit vite apparaître des références à l'apprentissage de la langue française par les compatriotes ultramontains de Riccoboni. *L'Amour maître de langues* de Fuzelier fut jouée à partir du 18 novembre 1718 à l'Hôtel de Bourgogne. Silvia, née à Toulouse [152], se distingua par son assimilation rapide du français. En même temps, Riccoboni incorpora des acteurs déjà capables de jouer en français ; le premier fut Pierre-François Biancolelli qui quitta l'Opéra-Comique de la Foire Saint-Laurent où il jouait les Arlequin et les Pierrot pour endosser les costume et rôle de Trivelin en 1718. Par ailleurs, certains membres de la troupe de Riccoboni, laquelle comprenait au départ des acteurs italiens pour chaque rôle codé dicté par la tradition de la *Commedia*, ne purent faire la transition de leur langue habituelle au français. Francesco Materazzi (le Docteur), Pietro Alborghetti (Pantalon), Giacomo Raguzini (Scaramouche) ne rencontrèrent pas le formidable succès de Silvia, Thomassin, Lélio (Riccoboni) et Flaminia. L'Arlequin de Thomassin s'adapta avec un tel éclat que son rôle devint indispensable et occasionna les efforts de remplacement que nous avons décrits dans le chapitre précédent. Des nouveaux venus tels que Jean-Antoine Romagnesi [153] et Antoine-François Riccoboni [154] s'ajoutèrent à la troupe et incarnèrent aussi certains des grands rôles de Marivaux.

Nous avons analysé ailleurs l'évolution du jeu « à l'italienne » par l'étude du port du masque et du costume d'Arlequin [155]. Admis, voire réclamé en 1716, il était déjà devenu problématique en 1730 dans *Le Jeu de l'amour et du hasard*. Le compte rendu du *Mercure* d'avril 1730 fait observer que le public eut de la difficulté à croire au déguisement d'Arlequin en Dorante : « il n'est pas vraisemblable que Silvia puisse se persuader qu'un butor tel qu'Arlequin soit [...] Dorante. [...] La seule vue du faux Dorante ne doit-elle pas faire

---

152. Où Pascariel, membre de la troupe de Gherardi expulsée de Paris en 1697, formait de nombreux acteurs dans la tradition de la *Commedia dell'arte*. Le fils du grand Domenico Biancolelli s'y entraîna, et devint gendre de Pascariel avant de rayonner avec sa propre troupe dans plusieurs villes de province pendant la première décennie du siècle.

153. Qui avait joué au théâtre de Marseille.

154. Fils de Luigi Riccoboni (Lélio), et interprète du rôle de Dorante dans *Le Jeu de l'amour et du hasard*.

155 « Du jeu masqué aux *Jeux de l'amour et du hasard* : l'évolution du spectacle à l'italienne en France au 18e siècle ».

soupçonner du mystère ? » (p. 778). Comme à cette époque il ne faisait aucun doute que Thomassin jouait toujours sous son masque de
cuir, son rôle dans la pièce de Marivaux cadrait mal avec les attentes
émergentes du public en ce qui concerne l'image scénique que le
Théâtre Italien lui offrait. Un faux Dorante dont le costume
d'Arlequin restait visible ne s'harmonisait pas avec une nouvelle
recherche de vraisemblance visuelle.

La disparition des acteurs de la génération 1716 fut complète dans
les années 1750. Sans attendre que *Le Jeu de l'amour* fût incorporé
dans le répertoire du Théâtre Français (le 19 avril 1791), les noms à
résonances trop « italiennes » Arlequin, Silvia furent changés, au
Théâtre Italien lui-même, dès la relève du début de ces années 1750.
Le marquis d'Argenson (mort en janvier 1757) mentionne que la
jeune fille de la comédie de Marivaux s'appelait déjà « Isabelle » et
le valet, déjà « Pasquin » [156]. En plus de ces traces emblématiques
d'une francisation en cours au niveau des acteurs de la troupe, il faut
mentionner que précisément en même temps (1750) Mme Favart
apporta ses talents considérables de chanteuse à la même troupe.

La fusion de l'Opéra-Comique avec la Comédie-Italienne en 1762
ne put qu'amplifier la réorientation des artistes de la troupe. Malgré
l'engagement de Carlo Goldoni la même année pour alimenter le
fonds des canevas italiens, ce genre de spectacle ne se renouvelait
guère, et perdait de son intérêt. Comme la Comédie-Française avec
ses deux « troupes » internes (voir plus haut), la Comédie-Italienne,
surtout à partir de 1762 en comportait *trois* : celle des acteurs encore
capables de jouer en italien en improvisant sur les canevas ; celle des
acteurs capables de jouer en français le répertoire de Delisle, Boissy,
Romagnesi, Biancolelli et Marivaux, etc. ; et celle des acteurs-chan-
teurs d'une nouvelle trempe (par exemple Mme Favart), capables de
jouer et de chanter, selon les exigences des opéras-comiques envahissants de cette époque.

Les dissensions internes nées d'une telle cohabitation aboutirent
en 1769 au licenciement de l'équipe des acteurs chargée du répertoire français :

---

156. *Ibid*, p. 181.

Seuls restent dorénavant au fonds italien les comédies en musique et les scénarios. On proposa que le répertoire français de la Comédie-Italienne fût transféré à la Comédie-Française ; l'ordre en fut même donné le 1er janvier 1769, mais les « Romains » le refusèrent hautement. Ils ne devaient lui faire des emprunts qu'à la faveur de la Révolution.

Ainsi, pendant dix ans, de 1769 à 1779, Marivaux disparut de la scène qui avait fait sa gloire, en même temps que Boissy, Delisle et les autres auteurs français [157].

Comme cette recette échoua, ce fut le tour des derniers acteurs « à l'italienne » de partir à la retraite, en décembre 1779. Seuls restèrent Carlin et Argentine. On réembaucha des acteurs français pour retourner aux comédies parlées à la place des canevas improvisés. Mme Verteuil qui jouait les grandes amoureuses et le drame, ainsi que l'acteur Granger de la troupe de Bordeaux, sont décrits par Henri Lagrave comme « deux excellents acteurs » (p. 57). La venue des boulevards de l'acteur Volanges qui avait fait la gloire du Théâtre des Variétés dans des pièces comme *Jérôme Pointu* et *Les Battus payent l'amende* fut accueillie par le public des Italiens comme un véritable événement :

> Jamais aucune pièce n'avait à Paris attiré un concours aussi durable que celle des *Battus payent l'amende*, farce pitoyable que le talent de Volanges faisait seul valoir. Cet acteur, mécontent des directeurs des Variétés qu'il enrichissait, prit le parti de débuter aux Italiens ; il joua les *trois Jumeaux Vénitiens*. Ce fut le 22 février 1780, jour qui fit événement à Paris. La foule était si grande que le vieux théâtre des Italiens, la rue Mauconseil et les rues aboutissantes étaient remplis [158].

Les espoirs furent sérieusement déçus, pourtant, lorsque Volanges se chargea du rôle de Dubois dans *Les Fausses Confidences* (p. 58). Pour Lagrave la spécificité « italienne » de la troupe disparut à ce moment-là : « Le Théâtre Italien n'avait plus d'italien que le nom » [159]. Même ce nom allait disparaître en 1793.

157. H. Lagrave, « Marivaux chez les Comédiens-Italiens à la fin du XVIIIe siècle (1779-1789) : un retour manqué », *Revue Marivaux*, No. 2, p. 50.

158. A. Bernier de Maligny, *Nouveau manuel théâtral théorique et pratique*, p. 333. C. Brenner (*Théâtre Italien*) fait état de 1 400 spectateurs et de 4 333 livres de recettes. En dépit des indications de ce dernier, la représentation se fit en français.

159. H. Lagrave, *ibid.*, p. 51.

4) Le répertoire « italien », quoique changé par rapport à la tradition des improvisations applaudies en 1716, survivait encore à la Révolution, mais il avait, depuis 1779, quitté le Théâtre Italien. Par ailleurs, dès le séjour forain des étés 1721-23, le répertoire qu'on joua dans le théâtre Pellegrin fut publié, non pas dans le recueil du *Nouveau Théâtre italien*, mais plutôt dans celui du *Théâtre de la Foire*. Ce fut une étape de son passage dans les formes plus « françaises ». Repérable au niveau des structures profondes des pièces marivaudiennes, il poursuivit son infiltration du répertoire de la Comédie-Française sous la forme d'une œuvre qu'on n'arrête pas de redécouvrir dans de nouvelles manifestations. Ce n'est pas non plus la suppression du nom d'Arlequin et l'abandon de son costume qui suffit pour effacer un esprit ludique et une atmosphère de théâtralité qui fascinent toujours. Si l'on en croit le relevé des 1 526 occurrences du mot « Arlequin » dans le fonds des 667 textes publiés entre 1700 et 1790 et numérisés sur FRANTEXT, ce nom propre aurait presque totalement disparu après 1750 (39 occurrences du total de 1 526 entre 1750 et 1790). En revanche, l'énorme popularité des proverbes de société remettait l'improvisation à la mode dans les sociétés, et la représentation de canevas au Théâtre des Associés atteste que les vieilles pièces du Théâtre Italien laissaient encore leur marque.

5) La versatilité de cette forme de spectacle « assemblé sur le vif » survécut dans la mobilité des programmes organisés par les Italiens. Au début du siècle, deux formes prédominaient ; le canevas comique en 3 actes, et la parade en 1 acte. Par ailleurs, l'autre élément de base d'un spectacle italien fut le « lazzi » (action scénique, par opposition à la construction d'intrigues, à la narrativité).

Dans la mesure où le terme « théâtre officiel » implique une certaine fixation des mouvances, que ce soit par l'impression d'un texte oral, que ce soit par l'institutionalisation architecturale et administrative d'un théâtre, ce que Gustave Attinger appelle « l'esprit » de la *Commedia dell'arte* fuira les édifications en monuments pour chercher les espaces plus libres et insaisissables qui rendent une « Histoire » du Théâtre Italien si problématique. Nous en retrouverons les fragments dans la section suivante.

B - AU THÉÂTRE NON OFFICIEL

,

C'est en termes d'abord spatiaux que la séparation se fait entre
« officiel » et « non officiel ». Cette dernière notion prend tout son
sens par opposition au travail de catégorisation verticale particulièrement en cours au XIXᵉ siècle : « haut » contre « bas » ; « moral »
contre « indécent » ; « tragédie » contre « comédie poissarde » ;
« Théâtre Français » [160] contre « tréteaux forains ». Une deuxième
structuration serait celle, plus horizontale, de la distinction faite entre
le proche et le lointain ; le reconnaissable et l'insolite ; c'est-à-dire,
entre le « même » et « l'Autre » [161]. Dans un article du *Mercure* de
juillet 1725, cette altérité est présentée géographiquement, sous la
forme du théâtre anglais et de sa différence par rapport au français [162]. Nous verrons par la suite le fonctionnement double de ces
critères de sélection.

B.1. REDÉCOUVERTE DE L' « AUTRE »

Le volume des spectacles que l'on peut inclure dans la catégorie
du théâtre « non officiel » existe en proportion inverse des études
qu'on lui a consacrées. Quoique ce déséquilibre soit en train de se
rectifier depuis bon nombre d'années, le phénomène reste parfaitement logique si l'on se rappelle qu'à ce type de spectacles manquaient
l'encadrement, l'attrait et la consécration assurés des institutions
royales. Au-delà de la disparition de la monarchie, ces avantages
continuent ; l'Opéra et la Comédie-Française offrent aux praticiens,
aux étudiants et aux chercheurs l'éclat d'une longue tradition ininterrompue. Par ailleurs, leur histoire dans ses moindres détails est abon-
damment documentée, à l'inverse de celle des spectacles que l'on

---

160. « Pendant tout le siècle [c'est-à-dire, le XVIIIᵉ], ce théâtre conserva le quasi-mono-
pole de la représentation des comédies et des tragédies ; les plus grands trésors du répertoire
français lui appartinrent en propre et sa troupe rassembla les acteurs les plus brillants du
pays. » (M. Carlson, *Le théâtre de la Révolution française*, p. 20)

161. Voir par exemple, l'anthologie *Répertoire du Théâtre Français*, en 1824, de
M Lepeintre (Paris, Veuve Dabo). Certains volumes s'appellent « *Fin du Répertoire du
Théâtre Français* », et s'annoncent ainsi : « avec un nouveau choix des pieces des **autres** [nos
caractères gras] théâtres... » (vol. 42).

162. *Mercure*, juillet 1725, voir p. 1640-41.

montait hâtivement sur des tréteaux précaires, le temps de débiter quelques scènes détachées inégales. Le cas des archives de l'Opéra-Comique est révélateur à cet égard ; elles nous parviennent dispersées, incomplètes et relativement mal coordonnées. Lorsque le théâtre que le XVIIIᵉ siècle connut sous le nom de Comédie-Italienne (jusqu'en 1793) se rapprocha dans l'organisation des scènes lyriques de l'Académie de Musique, certaines des archives de la famille Favart ont dû passer du côté de l'Opéra. Les registres de cette compagnie publiés par Brenner se trouvent à la bibliothèque de l'Opéra. D'autres papiers appartenant à la famille Favart se trouvent à la Bibliothèque historique de la ville de Paris. Dans cette étude, nous essaierons de tenir compte de ces documents et champs d'étude trop longtemps dispersés et tenus à distance.

B.1.i. AMPLEUR STATISTIQUE DU RÉPERTOIRE NON OFFICIEL

Si on suppose une moyenne de 15 « créations » par an au cours du XVIIIᵉ siècle à la Comédie-Française et à l'Académie Royale de Musique, cela donne moins de 1 500 nouvelles pièces pour le siècle, soit en-dessous de 15 % des presque 12 000 pièces répertoriées par Brenner. Nous rappelons en outre l'exclusion par celui-ci des canevas italiens. Cet « autre » corpus, représentant plus des trois quarts de l'activité scénique en France entre 1700 et 1790, mérite qu'on s'y arrête. Nous ferons remarquer d'emblée qu'il se constitue grâce à deux conditions qui pouvaient exister seules ou en combinaison ; ce corpus non officiel ne bénéficia ni de pension ni de subvention gouvernementale, et il fut représenté « en privé ». L'exhaustivité étant évidemment exclue, notre démarche sera de présenter une sélection d'échantillons représentatifs de l'ampleur de ce fait collectif de civilisation.

Nous présenterons, en survol, l'essor du théâtre forain et de l'Opéra-Comique qu'il engendra ; l'interaction croissante des auteurs « de société » avec des compagnies non officielles devenues plus visibles à partir du milieu du siècle ; et quelques éléments de synthèse pour caractériser l'importance des théâtres de société au XVIIIᵉ siècle.

B.1.ii. Les Théâtres de la Foire : 1700-1752

Il est difficile de saisir le grand nombre de théâtres qui constituent l'entité, « théâtre de la Foire ». Ils servirent chacun de cadres ponctuels pour le lancement de milliers de nouveautés scéniques pendant le XVIIIe siècle. En outre, la troupe occupant tel ou tel théâtre ne se confondait pas nécessairement avec le détenteur des droits du bâtiment où elle jouait. Ainsi voyons-nous l'abbé Pellegrin qui inaugure une nouvelle salle (ou « loge ») à la Foire Saint-Laurent en juillet 1711 dans laquelle la troupe de Péclave et ses associés, Baxter et Saurin (2 acteurs) exécutèrent une pièce en écriteaux, *Arlequin à la guinguette*, signé Simon-Joseph Pellegrin, frère de l'abbé. Ce même « théâtre Pellegrin » fut loué aux Comédiens Italiens pendant les étés de 1721-23. En février 1713, Octave, ancien comédien de la troupe expulsée de Gherardi, organise deux troupes dans deux loges séparées de la Foire Saint-Germain. La première représente, en « vaudevilles », *Le Festin de Pierre* de Letellier ; l'acteur Ragueneau y interprète Dom Juan, secondé par Dolet et Laplace. La deuxième troupe d'Octave joue en concurrence *Arlequin au sabat*, « à la muette » et également en vaudevilles. Jean-Antoine Romagnesi, l'auteur et l'un des interprètes avec Rochefort qui joue l'Arlequin, fait ses débuts parisiens ; il se joindra à la Comédie-Italienne de Riccoboni en 1725. Inutile de dire que la description rigoureuse de cette valse d'individus et de groupes changeant régulièrement de plateaux scéniques dépasse très largement les limites de notre essai. L'approximation graphique (Tableau 3) que nous proposons sous le titre « Troupes du théâtre non officiel 1700-1750 » n'en offre qu'une idée générale.

La date terminale de 1752 concerne à la fois l'ensemble des troupes foraines et le théâtre de l'Opéra-Comique que ces dernières engendrèrent en quelque sorte. La levée, en octobre 1751, d'une interdiction de parler en vigueur aux foires depuis 1745 marqua une étape cruciale vers l'élargissement spatio-temporel du théâtre forain. Pendant la première moitié du siècle, le théâtre non officiel public fut essentiellement attaché aux activités saisonnières des Foires Saint-Germain et Saint-Laurent. Il ne fallait pas (trop) s'éloigner des enclos forains où régnait sous une juridiction paradoxalement ecclésiastique une ambiance de permissivité carnavalesque et libérale. Nécessairement discontinue et enfermée dans des saisons de courte durée (la Foire St-Germain durait de février à Pâques ; la Foire St-Laurent,

1700-1710	1711-1720	1721-1730	1731-1740	1741-1752
Ch Allard 1678< -- [av vve Maurice, priv. de l'Opéra] 1708	Allard ---->?? [av Lalauze] 1711	Francisque 1720<-->1723		
	Bellegarde 1710 [av Dominique] 1710 [av les St Edme] 1710	Lalauze OC* 1721		G. Nicolet [com de bois] 1742<-->1753
Selles [vis à vis St Lazare] 1701		«Marionnettes Étr» [Laplace] 1721		
	chevalier Pellegrin [nouv loge] 1711<-->1718	Comédie-Italienne [th Pellegrin FSL] 1721<-->1723		
A. Bertrand 1684< -------- [av Selles] 1702 [av com de prov] 1704 [avec Dolet & Laplace] 1707 [av Holtz & Godard] 1709	------------------- Nivelon [r de Tournon] 1711	Bienfait 1722 <--- --->m1723 Honoré OC* 1724<-->1727	[gendre Bertrand] Petits comédiens 1731 Devienne OC* [prête-nom Hamoche] 1733	---------->1750 Gde Tr Étrangère [Restier, vve Lavigne] 1742 J. Monnet OC* 1743<--> 1744
	St Edme OC* 1711<-->1718	Restier 1723 [av Dolet & Laplace] 1724		Mathews OC* [prête-nom Favart] 1745
Vve Maurice 1694<-->1709	dame Baron OC* [Mme v.d.Beek fille vve Maurice] 1712<-->1718	J. Risner [marion] 1726	Pontau OC* [r de Buci] 1734<-->1742	
Tiquet & Rochefort 1705<-->1708 [av Dominique] 1708		Danseurs de cordes 1726		Enfants pantom [Lalauze, Restier] 1746
	Octave [deux loges] 1712<-->1716	Pontau OC* [jeu de p. l'Étoile] 1728<-->1732	Troupe hollandaise [Restier, Lavigne, entre 2 halles FSG] 1735	Mimes anglais 1741<---
Selles <-->1707	Fuzelier OC* FSG 1718	Danseurs de cordes [Lalauze, Restier] 1727	Mimes anglais 1737, 1739 Sauteurs & danseurs angl. de La Meine 1738	Troupe Étr de danseurs de corde 1746<---
		Mignard [saut] FSG 1727		Nouv spect pant 1746<---
				Act turcs & mimes [ds th de l'OC] 1747<---
Émergence de l'Opéra-Comique (OC*). En 1708, la veuve Maurice et Alard obtiennent le privilège de l'Opéra, ce qui leur donne le droit de chanter et danser dans leurs spectacles. En 1715, les troupes de la dame Baron et des St-Edme portent simultanément le titre Opéra-Comique. Dès 1721, Lalauze obtient le privilège, puis les entrepreneurs se succèdent : Honoré, Pontau, Devienne, Pontau, Monnet. L'Opéra-Comique fut interdit en 1745, jusqu'en 1752.				Spect mécanique 1748 Enfants angl & ital 1749<--- Com du Marais 1749<---

Tableau 3. – Troupes foraines à Paris, 1700-1752.

de juillet à septembre), la vie d'une troupe foraine était extrêmement précaire.

L'estimation de plus de 35 troupes foraines à Paris pendant la première moitié du siècle a uniquement pour but de suggérer la complexité d'une étude éventuellement exhaustive. Démolitions et constructions de salles ; associations de troupes rivales ; mariages et veuvages des entrepreneurs ; brassage constant du personnel ; accommodements du répertoire aux régimes alternativement répressifs et tolérants ; le théâtre de la Foire ne pouvait être qu'ouvert aux changements. La présence constante de troupes pendant toute la période que nous schématisons infirme clairement la notion d'un arrêt des spectacles aux temps les plus hostiles. Il est vrai que les troupes officielles obtinrent à plusieurs reprises des interdictions qui mettaient fin, croyaient-elles, à la concurrence de ces rivaux ; les théâtres de la foire furent littéralement « privés de parole » en 1708-1714, en 1718-1720 et en 1745-1751. Mais l'ironie voulut que le théâtre non officiel continuât néanmoins pendant chacune de ces périodes de « couvre-feu » : par ailleurs, la première donna lieu aux pièces en vaudevilles chantées par les spectateurs ; le maintien de l'interdiction de parler pendant la deuxième inspira l'*Arlequin Deucalion* (1722) de Piron chez l'entrepreneur et acteur, Francisque, et les Marionnettes Etrangères de Fuzelier, Lesage et D'Orneval ; la troisième période vit une prolifération de troupes de marionnettes et de mimes qui semblent avoir prospéré en dépit de la fermeture officielle des spectacles forains.

La création de loin la plus importante de cette période d'innovations foraines fut celle de l'Opéra-Comique qui devait donner essor à la combinaison de passages parlés et chantés caractérisant le genre du même nom. S'il est plus exact de dire que les trois grandes périodes de « suppression des spectacles » visaient principalement les titulaires du privilège de l'Opéra monnayé par une Académie de Musique en perpétuel manque de fonds, ces interruptions auxquelles les autres Forains se dérobaient comme ils pouvaient ne semblent pas avoir sérieusement gêné ce qui fut peut-être l'innovation principale du théâtre du XVIIIᵉ siècle. Commençant par le droit de chanter et danser, vendu à Alard et la veuve de Maurice Von der Beek en 1708 [163] (les autres Forains étant obligés de jouer « à la muette »), la

---

163. « Alard & la veuve Maurice [...] prirent des arrangemens pour cette Foire, & les suivantes avec le sieur Guyenet alors Directeur général de l'Académie Royale de Musique,

notion d'une troupe différente des autres se fit jour. En 1713, la dame Baron et les St Edme signèrent un accommodement constituant le « nouvel Opéra-Comique », mais leurs deux troupes restèrent séparées l'une de l'autre. En 1715, le privilège avec l'Opéra devint « plus ample » ; le titre « Opéra-Comique » apparut dans les affiches de ces deux compagnies. Désormais, les acteurs avaient le droit de chanter eux-mêmes les couplets que depuis 1708 certains spectateurs s'étaient habitués à entonner. À partir de 1721, la succession des directeurs de l'Opéra-Comique resta plus ou moins ininterrompue jusqu'en 1745 : Lalauze et associés (1721), Honoré (1724-1727), Pontau (1728-1732), Devienne (1733), Pontau (1734-1742), Monnet (1743-1744).

C'est surtout après 1728 que l'Opéra-Comique se détache nettement des autres troupes foraines :

> À partir de ce moment, il n'y a plus guère, parmi les spectacles forains, que l'Opéra-Comique qui représente de véritables pièces. Les autres se restreignent aux danses, exercices de corps, spectacles mécaniques, et marionnettes, lesquelles jouent des pièces, mais avec la pratique, et dont la décadence arrive bientôt [164].

L'achat ponctuel des droits et ressources de l'Académie Royale de Musique donna naissance à une contre-institution théâtrale. Le genre hybride, mélange de paroles et musique, qui en sortit devint peut-être la forme théâtrale la plus répandue de la deuxième moitié du siècle.

B.1.iii. LOUIS FUZELIER 1701-1716

C'est à tort que le recueil du *Théâtre de la Foire* [165] de Lesage et D'Orneval donne l'impression que le théâtre forain commence surtout à partir de 1713 avec *Arlequin roi de Sérendib*. De même les histoires du théâtre du XVIIIᵉ siècle qui passent plutôt rapidement sur sa première décennie. En 1700, Molière était mort depuis presque

---

qui, en vertu des Lettres Patentes accordées par le Roi à cette Académie, leur permit de faire usage sur leurs Théâtres, de changemens de décorations, de Chanteurs dans les divertissemens, & de Danseurs dans les Ballets. » (Parfaict, *Mémoires*, I, p. 73-74)

164. Bonassies, *Les Spectacles forains et la Comédie Française*, p. 47.

165. Voir le chapitre précédent, p. 85.

trente ans (ce fut d'ailleurs aussi l'année du décès d'Armande Béjart), la génération d'auteurs qui lui avait succédé, Dancourt, Baron, Regnard, pratiquait leur art depuis la création de la Comédie-Française en 1680, et leurs manières respectives s'étaient déjà formées. Par contre, en aval de ce tournant du siècle, les Italiens bannis en 1697 n'allaient rentrer qu'en 1716 ; Marivaux ne devait développer l'originalité de son propre théâtre qu'à partir de 1720 (avec *Arlequin poli par l'amour* et la première *Surprise*) ; Crébillon n'allait commencer ses tragédies (avec *Idoménée*) qu'en décembre 1705. Comme ces pièces ne sont plus guère représentées de nos jours, il semblerait que les rares succès notables des dix premières saisons du siècle se limitent au *Légataire universel* (1708) de Regnard, *Turcaret* (1709) de Lesage et le répertoire « Français » de Dufresny.

Du point de vue « théâtral » de cette étude, nous voudrions signaler deux autres événements importants : le commencement de la longue carrière de Louis Fuzelier, et l'épanouissement de l'opéra-comique à base de vaudevilles. Alors qu'une survalorisation du texte, évoquée plus haut et prônée par Lesage, fait débuter l'opéra-comique avec l'*Arlequin roi de Sérendib* de ce dernier, il sera question ici des quinze premières années de la carrière de Fuzelier avant sa collaboration avec Lesage et D'Orneval qui date vraisemblablement de 1716, où le manque relatif de textes et d'archives rend plus difficile l'analyse détaillée de Fuzelier, ainsi que de la poussée sans précédent de l'activité foraine dont l'opéra-comique allait émerger.

Moins célèbre que Lesage, Louis Fuzelier fut sans doute l'auteur de théâtre le plus prolifique de la première moitié du XVIIIe siècle. Auteur du très populaire *Momus fabuliste* (1718) pour la Comédie-Française, de nombre de livrets d'opéra dont celui des *Indes galantes* (1736) de Rameau, on lui attribue plus de 200 titres, représentés sur toutes les scènes parisiennes de son temps. Pour la période qui va du départ des Italiens de Gherardi (1697) à leur retour dans la compagnie de Luigi Riccoboni (1716), nous devons nous tourner vers les *Mémoires pour servir à l'histoire des spectacles de la Foire* des frères Parfaict ainsi que vers quelques textes publiés, des manuscrits inédits et les dossiers légaux ouverts par la Comédie-Française dans ses efforts pour empêcher les troupes foraines de briser son monopole sur les représentations parlées dans la capitale française.

L'examen de ces documents confirme que la période qui va de 1700 à 1716 fut un moment d'intense créativité et que Louis Fuzelier y joua un rôle central, voire moteur. On compte plus de 400 (500 ?) créations de pièces entre ses débuts scéniques en 1701 et sa premiè-re collaboration en février 1716 avec Lesage. Fuzelier semble avoir donné entre 35 à 40 textes pour les différents théâtres de l'époque. Ce chiffre, dont le flou vient des réécritures d'un même sujet entre 1707 et 1712, le place bien en tête de ses confrères les plus actifs : Lesage-22 ? ; Gueullette-environ 20 ; Dancourt-20 ; Danchet-20 ; Bianco-lelli-16 ; et Malézieu-14, pour ne citer que six des quelque 77 noms d'auteurs connus. Dans des mémoires manuscrits composés vers 1740, Fuzelier devait se sentir bien justifié à déclarer : « Je fus le par-rain de l'Opéra comique. »

Quel fut l'apport précis de Fuzelier pendant ces années forma-tives ? D'après Marcello Spaziani, il fut massif [166]. Ce critique lui attribue le fait d'avoir fixé « de manière plus ou moins définitive » les traits de certains types de comédies foraines. Toutefois, si les types semblaient fixes, les concrétisations scéniques de ces catégories frap-pent par leur caractère souple et ouvert. Dès 1701, les deux premières pièces connues de Fuzelier sont à l'affiche de la troupe d'A. Ber-trand : *Les Amours de Tremblotin et de Marinette*, jouée par de vrais acteurs, et *Thésée ou la défaite des Amazones*, jouée par des marion-nettes. « Ce coup d'essai de M. Fuselier, qui depuis nous a donné tant de Piéces, attira tout Paris chez Bertrand. » [167] *Le Ravissement d'Hélène, le siège et l'embrasement de Troie* (1705) de Fuzelier fai-sait alterner aussi des marionnettes et de vrais acteurs, et employait consciemment, selon J.-L. Impc [168], une structure de scènes déta-chées. Par son mélange de personnages allant d'un simple soldat, à Pâris, Ménélas et Ulysse, et enfin, aux divinités dans un divertisse-ment final, aussi bien que par une durée temporelle qui va de l'enlè-vement d'Hélène à la chute de Troie, cette pièce se situe aux anti-podes d'une pièce régulière.

Lorsque même les scènes détachées furent interdites (parce que dialoguées), Fuzelier, à qui on attribue *Arlequin écolier ignorant, & Scaramouche pédant scrupuleux*, fut vraisemblablement parmi les « personnes d'esprit » qui créèrent les pièces à monologues :

---

166. « Per una storia della commedia *Foraine* », p. 25.
167. Parfaict, *Mémoires*, I, p. 26.
168. *Opéra baroque et marionnette*, p. 74.

Cet Arrêt qui supprimoit les Scénes en Dialogues, aux Acteurs Forains, les fit recourir aux Scénes en monologues, c'est-à-dire, qu'un seul Acteur parloit, & que les autres faisoient des signes & des démonstrations pour exprimer ce qu'ils vouloient dire. Ce nouveau genre de piéce, inventé par des personnes d'esprit, fut goûté du public. Parmi celles qui parurent alors, la piéce que représenta la Troupe de Dolet & de la Place, sous le titre d'*Arlequin écolier ignorant, & Scaramouche pédant scrupuleux*, en trois Actes, obtint la préférence sur les autres. Le jeu des Acteurs, & le fond de l'ouvrage, tout concourut à son succès [169].

Entre 1707 et 1711, Fuzelier semble avoir modifié sa pièce au gré des épisodes de la guerre opposant Comédiens Français et Forains. Vieux sujet italien à l'origine, elle devint d'abord un enchaînement de monologues en trois actes ; puis, en 1708 un enchaînement de discours rapportés (un seul acteur répétant tout haut ce qu'un autre disait tout bas) embelli d'une machine en forme de dragon [170] ; et enfin, en 1711, une pièce à écriteaux réduite en un acte par l'acteur Dolet et où l'on lisait sur des cartons la description d'actions présentées en pantomime ou accompagnées de chants :

SCÈNE IX
Octave vient donner une serenade à
Isabelle, le Docteur met la tête à la fenêtre
& jette son pot de chambre sur la tête
d'Octave qui se retire [171].

Comme dans le cas de l'adaptation par Dolet d'*Arlequin écolier*, certaines des pièces auxquelles Fuzelier apposa son nom posent un problème d'attribution. *L'Opéra de campagne* de Dufresny figure dans un manuscrit daté de 1713 sous le nom de Fuzelier [172]. L'on peut soit accuser Fuzelier de vol, soit poser la question soulevée dans le chapitre précédent de l'écart entre un texte d'auteur et sa représentation (« adaptation ? ») scénique. Toujours est-il que Fuzelier, homme de théâtre plus qu'auteur, se donne une part de la gloire que la mise en espace de cette œuvre occasionna pendant la Foire Saint-Laurent de 1713 :

---

169. Parfaict, *Mémoires*, I, p. 59-60.

170. En 1709, à la Foire Saint-Laurent on ne sait si les interprètes d'*Arlequin écolier* imitèrent la pratique adoptée par certains confrères de jouer à la muette.

171. *Théâtre de la Foire*, Le, site www de Barry Russell <http://foires.net/play17.shtml>

172. BN f.fr. 9335.

La dernière représentation de cette pièce ne se fit par ordre de la Cour qu'à minuit et le spectacle étoit plein dès midy. M.V. et M. de Berri, accompagnés de M. le duc d'Orléans depuis Régent et d'un nombreux cortège de seigneurs et de dames de la plus haute qualité, l'honorèrent de leur présence, après avoir parcouru les divers amusemens de la foire. Ils avoient vu le même jour à l'Opéra la première représentation du premier Ballet que j'ay donné intitulé les *Amours déguisés* [173].

B.1.iv. FUZELIER ET LA SAISON THÉÂTRALE 1725-1726

Dans une étude publiée dans la *Revue d'Histoire du Théâtre*, nous avons voulu montrer l'importance que pouvait prendre le répertoire non officiel, en situant l'activité de Louis Fuzelier, au sommet de sa longue carrière de fournisseur de spectacles, dans la saison théâtrale à Paris en 1725-26. Non seulement il écrivit des pièces pour tous les théâtres du moment (Opéra, Comédie-Française, Comédie-Italienne, et plusieurs théâtres forains), mais la fréquence totale des représentations de ses pièces rivalisait avec celle des pièces de Molière à l'époque.

Il est indéniable que le théâtre de Fuzelier répondait à une demande dont, faute de données stastitiques complètes, nous n'ignorons que les proportions exactes. Le seul recours à Fuzelier de la part de l'Opéra et de la Comédie-Française aussi momentané qu'il ait pu être en témoigne éloquemment. Mais encore plus révélateur est le fait de la prolifération des scénarios de Fuzelier qui contribuèrent à des réalisations scéniques tout au long de la saison 1725-26, et sur toutes les scènes : vingt pièces, dont dix-neuf créées ou reprises, au grand total plus d'une centaine de représentations auxquelles assistèrent avec plus ou moins de satisfaction toutes les couches sociales du public théâtral de Paris. Quand on se rend compte qu'il y eut à peu près le même nombre de représentations des pièces de Molière pendant la saison en question, on peut commencer à mesurer la part méconnue du théâtre non-officiel [174]. (Tableau 4)

---

173. *Opéra Comique*, ms de Fuzelier, Bibl. de l'Opera, publié dans « Sources, documents pour servir à l'histoire de l'Opéra-Comique », *Année musicale*, 1913, p. 253.

174. « Pour une histoire des spectacles non-officiels : Louis Fuzelier et le théâtre à Paris en 1725-1726 », p. 262.

	Académie Royale de Musique	Comédie-Française	Comédie-Italienne	Théâtres forains
avril 1725	*La Reine des Péris* (10 avril →)			
mai 1725				
juin 1725			*Momus exilé* (25 juin → parodie des *Éléments*)	
juillet 1725				*Enchant. Mirliton*, *Templ. de mém.*, *Les Enragés* (21 juillet →) avec Lesage & D'Orneval
août 1725				*Adieux de Melpomène* (non représenté)
septembre 1725				*Funérailles de la Foire, Rappel de la Foire* (25 sep.→ remise au théâtre) avec Lesage & D'Orneval *Animaux raisonnables* (jours suivants, rcm. au th.) avec Legrand
octobre 1725		*Amusements de l'automne* (17 oct. →)	*Méridienne* (23 oct. remise au th.)	
novembre 1725				
décembre 1725			*Italienne française* (15 déc. →) avec Biancolelli & Romagnesi	
janvier 1726				
février 1726				*Grand-mère amoureuse* (18 fév. au 10 mars) *Ambigu comique* (19 fév.) *Arlequin Atys* (19 fév.) avec D'Orneval
mars 1726			*Veuve à la mode* (26 mars) avec St.-Foix	*Bague magique* (15 mars)
avril 1726				*Strat. de l'amour* (1er avril) *Les Songes* (8 avril)

Tableau 4. – Pièces de Louis Fuzelier en 1725-1726.

B.2. PERTE DU MONOPOLE DES THÉÂTRES PRIVILÉGIÉS

Jusqu'en 1752, les autorités réussirent tant bien que mal à cantonner l'activité théâtrale non officielle dans des enclos forains, ou à proximité immédiate. L'assouplissement des monopoles officiels s'accompagna d'un certain nombre de « migrations » d'auteurs entre les deux types de théâtres non officiels évoqués plus haut. Les Favart passèrent de la foire et/ou du théâtre privé de Maurice de Saxe vers la Comédie-Italienne et l'Opéra-Comique que cette dernière devait annexer en 1762. Charles Collé passa de scènes privées, telle que celle du duc d'Orléans, vers des représentations à la Comédie-Française à la fin de sa carrière. Louis C. Carmontelle, pour sa part, évolua, à partir de proverbes improvisés, vers la dissémination par éditions successives de sa production théâtrale, et aussi vers la mise en scène publique de certaines de ses pièces au Théâtre des Variétés-Amusantes, au Théâtre de l'Ambigu-Comique et à la Comédie-Italienne.

B.2.i. LES FAVART

Le nom des Favart occupe une place centrale dans l'histoire du théâtre du XVIIIe siècle. Exemple marquant du couple qui dut lutter pour maintenir ses liens d'époux, ils collaborèrent étroitement, tant dans leur vie personnelle que dans leur vie professionnelle. La succession de salles qui portèrent le nom de Charles-Simon (dont celle qui continue de le porter aujourd'hui) témoigne de son identification avec l'Opéra-Comique. Avec Marie-Justine-Benoîte Duronceray, Mme Favart, ils alternèrent entre l'Opéra-Comique et la Comédie-Italienne, sans parler des années difficiles et des démêlés qu'ils connurent à Bruxelles, en Flandre, au « service » de Maurice de Saxe jusqu'à la mort de ce dernier en 1750. Des quelque 158 titres qu'on leur attribue, une demi-douzaine des plus célèbres (*Les Amours de Bastien et Bastienne, Annette et Lubin*) se firent par Mme Favart, ou, selon les biographes, en collaboration ; 45 se firent avec 24 autres collaborateurs [175] ; plusieurs restent à l'état manuscrit ; 30 sont des

---

175. Anseaume, Bertrand, Bridard de La Garde, Carolet, Chamfort, Chevalier, Fagan de Lugny, C.N.J Favart, Grandvoinet de Verrière, Guérin, Harny, Larguillière, Laujon, Lesueur, Lourdet de Santerre, Marcouville, Naigeon, Pannard, Parmentier, Parvi, Paulmy d'Argenson, Pontau, Valvois d'Orville, Voisenon.

parodies d'autres œuvres ; et un très grand nombre se présentent comme des « remaniements », « traductions » ou « changements » de textes antérieurs. L'achat après décès par Favart de tous les papiers de Louis Fuzelier [176] confirme qu'il fut moins un créateur en matière de pièces qu'un génie incomparable de la synthèse de matières rassemblées de toutes parts.

Lui, auteur et directeur forain, et elle, actrice à la Comédie-Italienne après 1752, furent réunis dans la même troupe en février 1762, lorsque la fusion des Italiens avec l'Opéra-Comique se réalisa. Leurs apports – souvent confondus – au théâtre non officiel furent variés ; bien qu'on ne reconnaisse pas une forte présence d'« auteur/s » dans leurs pièces, on reconnaît à Favart d'avoir réformé l'opéra-comique par l'incorporation d'ariettes à la place des vieilles vaudevilles, et à Mme Favart d'importantes réformes au niveau des costumes (Figure 5).

Les Amours de Bastien et Bastienne (26 septembre 1753) de Mme Favart pose le problème du double référent. Cet opéra-comique est en même temps la parodie textuelle d'une œuvre plus célèbre (*Le Devin du village*) et, au niveau de sa mise en scène, un pas important dans la direction d'une réforme des costumes théâtraux. Cette pièce, entièrement faite de vaudevilles et d'airs parodiés, n'a rien de réaliste. Et pourtant, on la cite pour le costume champêtre de Mme Favart. « C'est dans l'habillement simple du rôle de Bastienne, qu'on a gravé le portrait, & immortalisé les grâces de Madame Favart. » [177]

Annette et Lubin de Mme Favart fut jouée chez les Italiens le 15 février 1762 (donc au cours du mois de la fusion des deux théâtres). Cette comédie, « mêlée d'ariettes et de vaudevilles », combine habilement chants et dialogues. Les transitions semblent moins

---

176. « Mesdemoiselles Marie-Claire et Marguerite fuzelier, sœurs et uniques heritieres par benefices d'inventaire du feu Sr Louis fuzellier » [reconnaissent avoir vendu à Favart les] « manuscrits et œuvres posthumes dudi. feu Sr fuzellier, lesquels lui ont été vendus et adjugés en bloc et sans aucune garentie, pour en faire ce qu'il jugeroit à propos... » La feuille s'accompagne d'une note de Favart : « Cession de Ms de Cher et de Mles fuzelier œuvres de fuzelier dont je dois faire une edition les manuscrits sont dans ma biblioteque et m'ont couté 1 100 et plus » (Bibliothèque de l'Opéra, Fuzelier, Dossier d'artiste).

177. *Bibliothèque des théâtres.*

Figure 5. – C.-S. Favart et Madame Favart.

abruptes, l'intrigue avance également à travers les deux modes d'énonciation et il y a une plus grande homogénéité de texture. Le grand talent de(s) (l')auteur(s) [178] ici, réside dans le pouvoir de synthèse et d'homogénéisation. Quant à la thématique, tout semble dérivé ; c'est l'idéalisation de l'amour champêtre qui s'étonne innocemment/naïvement lorsque la société (Le Bailli) le traite de souillure et de « mal ». Passent en défilé des motifs vus déjà chez Fuzelier (amour/amitié – *Les Amours déguisés*) ; Marivaux (le jugement du Seigneur – *La Double Inconstance*) ; Delisle (nature/loi – *Arlequin sauvage*) ; Molière (« leçons » sur l'amour – *L'École des femmes*) ; Marivaux (enlèvement de villageois[e] par Fée/Prince – *Arlequin poli, La Double Inconstance*). Le conflit « Nature-Lois » qui oppose le couple naïf au pouvoir (Bailli et Seigneur) se résout finalement, mais non sans une présentation fort négative de la convoitise et de l'hypocrisie des détenteurs du pouvoir (officiers, aristocrates). Avons-nous une représentation du traitement de Mme Favart par le

---

178 Mme ? M. ? un « teinturier » ? Voir *supra.*, p. 120-121.

Maréchal de Saxe ? La figure du « Seigneur » est à regarder de plus près, car elle reflète des fléchissements.

L'unité d'ensemble d'*Annette et Lubin* vient d'une série d'articulations heureuses entre des éléments autrement disparates : une « ariette dialoguée » entre le Seigneur et le Bailli ouvre la pièce, mariant chant et parole ; la glorification utopique des campagnes dans les scènes entre Annette et Lubin présente un dédoublement d'allusions à la nature (« nos toits rustiques », « Ces feuillages nouveaux ») et au décor de théâtre que les deux paysans évoquent de façon assez transparente :

> ANNETTE
> Ah ! Lubin, nous devons bien aimer nos plaisirs,
> Puisqu'il faut tant d'argent pour en avoir l'image.
> LUBIN
> Pauvres gens... leur grandeur ne doit pas nous tenter :
> Ils peignent nos plaisirs, au lieu de les goûter [179]. (sc. 3)

Dans la scène suivante (sc. 4), ce sont des modes musicales opposées qui sont mentionnées : « l'air qu'on chante au château » déplaît à Annette : « Tiens, ta belle chanson m'ennuie./ Que veut dire le dieu des cœurs ?/ Et des chaînes avec des fleurs ?/ Chante-m'en une plus jolie,/ Mon cher Lubin. »

L'innocence idyllique et une naïveté totale se combinent. Ce qu'Annette considérait comme « amitié », le Bailli appelle « amour ». Quand il parle de crime, elle demande ce que c'est dans une scène qui a des échos de la scène d'interrogatoire dans *L'École des femmes* :

> BAILLI
> Qu'accordez-vous encor ?
> ANNETTE
> Que peut-on davantage ?
> BAILLI
> Rien.

---

179. *Théâtre choisi de Favart*, t. I.

ANNETTE
Ne me trompez pas : j'aurais bien du chagrin
De refuser quelque chose à Lubin. (sc. 5)

Dans la scène 8, le débat « Lois contre Nature » rappelle celui dans l'*Arlequin sauvage* de Delisle. Lubin demande au Bailli de les marier pour « légitimer » leur amour. Lorsque le Bailli fait remarquer qu'ils sont « pauvres », Lubin rétorque « Quand on sait travailler, on craint peu la misère :/ C'est dans le superflu qu'on trouve les besoins. » Le Bailli insiste : « Les lois vous contrarient. »

La plaidoirie de Lubin dans la scène 9 où il demande l'intercession du Seigneur n'est pas sans rappeler celle d'Arlequin dans *La Double Inconstance* :

LUBIN
Je m'en rapporte à vous, mon bon Seigneur,
À vous, auprès de qui toujours l'équité veille.
Vous n'êtes jamais fier, vous avez un bon cœur,
Vous ne faites le mal que lorsqu'on vous conseille.
Votre bonté nous prévient tous ;
Vous secourez le misérable :
Quand le bailli nous donne au diable,
Nous nous recommandons à vous.
SEIGNEUR, *souriant*
Je voudrais de bon cœur vous être favorable :
Mais la loi vous condamne. (sc. 9)

Quand le Seigneur abuse de son autorité en enlevant Annette, Lubin « *… arrache un bâton de la cabane, et court après Annette, en prenant garde d'être aperçu du Seigneur* » (sc. 11). Poussé à la violence physique, Lubin libère Annette de force. Il s'incline toutefois devant la figure du Seigneur à qui il s'en remet en sujet féodal loyal et dévoué :

Monseigneur, prenez soin d'Annette :
S'il faut me séparer d'Annette, absolument,
Recevez-moi soldat dans votre régiment.
Pour vous avec plaisir j'exposerai ma vie ;
Je ne veux rien de plus : Annette m'est ravie !

Quand il fallait applanir des chemins,
Piocher, bêcher, et faire des levées,
Enclore vos parcs, vos jardins,
On me voyait toujours le premier aux corvées :   (sc. 16)

Le Seigneur, sérieusement gêné par le geste de Lubin, « (*à part*) Avec trouble je les entends », finit par libérer la jeune captive après la tirade de Lubin : « LE SEIGNEUR, *avec une vivacité qui tient du dépit* – Lève-toi, Lubin, lève-toi./ (*à part*) Il m'attendrirait malgré moi. »

L'Anglais à Bordeaux de Favart révèle son côté d'artiste soumis ; la Cour continuait pendant tout le siècle à ordonner des spectacles faits sur mesure pour l'événement du moment. La pièce est une œuvre de circonstance que la Comédie-Française joua devant leurs Majestés à Versailles, le 17 mars 1763. Comédie en un acte et en vers libres, il évoque les hostilités entre la France et l'Angleterre (la guerre de sept ans vient de finir). Mais ce prétexte d'allusions à l'actualité (musique de Haendel, philosophie de Locke, domestique qui s'appelle Robinson...) cache mal la symétrie excessive de l'intrigue (frère et sœur français amoureux d'un père et sa fille, anglais). Même au niveau des tirades, Favart équilibre l'expression des acteurs (DARMANT, *avec ardeur* ; CLARICE, *fièrement* ; DARMANT, *se modérant* ; ... DARMANT, *avec modération* ; *mais cette modération, se perdant par degrés, mène à la plus grande vivacité pour finir la tirade* [sc. 5] [180]) de façon tant soit peu mécanique.

En fait, cette œuvre de circonstance, créée pour célébrer la paix de 1763 entre Anglais et Français qui termine l'action, débouche sur un grand tableau final devant lequel des danses et chants s'organisent.

DIVERTISSEMENT
On entend une symphonie et des acclamations qui annoncent une fête publique.
Le Théâtre représente la vue du port de Bordeaux. On voit des vaisseaux ornés de guirlandes et de banderoles. Des peuples de différentes nations exécutent une fête. Anglais, Français, Espagnols, Cantabres, Portugais, etc., caractérisés par des habits pittoresques, composent

---

180. Favart, *Théâtre choisi*, t. I.

diverses danses variées à la mode de leurs pays, au bruit des salves d'artillerie. On chante ; toutes les nations s'embrassent ; la fête se termine par un ballet général.

L'Anglais à Bordeaux fut une circonstance théâtrale aussi, car « c'est la dernière Piece, dans laquelle Mlle Dangeville ait joué » [181]. Son rôle de La Marquise est une réaffirmation du plaisir de jouer, malgré son âge et malgré la fin de sa carrière. « Je ne veux point penser, Monsieur, c'est un ouvrage./ Ce que je dis part de l'esprit, du cœur,/ De l'ame, dans l'instant... » (sc. 8) Son « mot de la fin » dut bien émouvoir les spectateurs qui remplissaient la salle et pour lesquels elle serait sortie de sa retraite pour la reprise du mois de juin de la même année.

> Le sentiment, voilà notre première loi :
>   Eh ! qui l'éprouve plus que moi ?
>   Je danserai la nuit entière,
> Je donnerai le ton, et serai la première
>   À bien crier : vive le Roi !   (sc. 21)

Le théâtre des Favart reflète surtout un effort d'exécutants de talent, de plus en plus soucieux de l'évolution de leur art qui, au milieu du XVIIIe siècle, révisaient les acquis des décennies précédentes, et faisaient évoluer les modalités de la production théâtrale vers des coordinations intensifiées d'éléments et de participants. L'écriture des textes ne fut pas leur contribution principale.

B.2.ii. LE THÉÂTRE DE COLLÉ

Charles Collé écrivit, selon Brenner, 69 pièces. Quatre seulement furent représentées à la Comédie-Française : *La Vérité dans le vin* (1747), *Dupuis et Des Ronais* (1763), *La Partie de chasse de Henri IV* (1774) et *La Veuve* (1770). Celles-ci avec les autres circulèrent librement dans les sociétés privées que Collé fréquentait, ainsi que dans plusieurs théâtres de province. On lui attribue un rôle important dans l'évolution entre les parades de société (voir *Théâtre des boule-*

---

181. *Bibliothèque des Théâtres.*

vards, ou recueil de parades [1756]) et les formes moins stylisées, plus naturelles qui peu à peu les supplantèrent (*Théâtre de société* [1768, 2 vol.] et *Recueil général des proverbes dramatiques* [1785, 16 vol.]). Ce chansonnier prolifique, Lecteur, secrétaire (et fournisseur de spectacles) du duc d'Orléans et admirateur avoué de Marivaux mena une intense activité théâtrale de « marge » dont on trouve des échos dans son *Journal historique* (1748-1772). Il fut une personnalité importante pour l'articulation entre les sphères privées et publiques du théâtre du XVIIIᵉ siècle.

La production théâtrale de Collé évolua entre un début de carrière fait de contestation et d'obscénités *Cocatrix* (1731), « tragédie amphigouristique en cinq Scènes », prologues, et les parades de jeunesse et une fin de carrière où, selon J. Truchet, se révèle « une élévation constante [...] du niveau de ses ambitions littéraires » [182]. Comme l'amertume de son *Journal* l'atteste, Collé ne réalisa pas totalement ces aspirations. Néanmoins, ses pièces explorent sur différents registres les zones de tension entre les pratiques reçues de son temps (langagières, dramaturgiques, socio-économiques, et théâtrales) et un univers encore inexploré de possibilités refoulées.

Conçu pour le cercle du duc d'Orléans, *La Partie de chasse de Henri IV* fut jouée dans son château de Bagnolet pour la première fois le 8 juillet 1762. L'idée de représenter un roi de France et son ministre, Sully, eut de quoi heurter la convention du théâtre officiel qui n'admettait pas la mise en scène de personnalités modernes et/ou nationales. Aussi Collé nous les montre-t-il sous la forme de « héros en déshabillé », saisis lors de « quelques instants de [...] vie privée » (« Avertissement »).

Le résultat fut une pièce dans laquelle on ne cessa de bousculer des codes de toutes sortes. La simple mise en spectacle du mythe d'Henri IV constitua une première atteinte ; sa domesticité au IIIᵉ acte quand il aide à mettre puis à desservir la table des paysans en fut une autre. L'on peut imaginer l'amusement causé aux invités aristocratiques du duc d'Orléans par les didascalies tendant à brusquer (involontairement) la personne du monarque :

---

182. *Théâtre du XVIIIᵉ siècle*, II, p. 1460.

MICHAU, *saisissant Henri par le bras* – Ah ! j'tenons le coquin qui vient de tirer sur les cerfs de notre bon roi. Qu'êtes-vous ?   (II, 11)

MARGOT – ...v'là Richard revenu !

MICHAU, *poussant très fort Henri* – Not' fils est revenu ! Eh ! le v'là ce cher enfant !

HENRI, *à part, et en riant* – Qu'il m'eût poussé un peu plus fort, et il m'eût jeté à terre.   (III, 3)

HENRI, *à Cathau* – Laissez-moi faire, ma belle enfant ; vous n'êtes pas assez forte.

CATHAU, *le repoussant* – Je ne sons pas assez forte ? Allons donc, Monsieur...   (III, 9)

L'image du vert-galant est admise mais habilement contournée par Collé de trois façons : il attribue l'exploitation des filles de village aux courtisans d'Henri (Conchiny) ; il incorpore l'histoire liant le roi à la « belle jardinière d'Anet » dans un hommage chanté par Margot ; et il freine les ardeurs du roi devant la belle Cathau par le devoir de la reconnaissance du roi envers les généreux et loyaux paysans. *La Partie de chasse* engage les spectateurs dans un jeu de conventions froissées qui en dit long sur les conditions de production et de réception des représentations privées.

Cette pièce, avant d'être admise aux Français, fut représentée dans de nombreuses salles de province. Elle l'avait été aussi dans plusieurs sociétés autour de Paris. M. Fuchs la cite comme un exemple de l'inefficacité des interdictions royales ; les ordres du roi défendant la représentation de cette comédie, et qui se maintinrent jusqu'à la mort du monarque en 1774, prétendaient éviter des comparaisons « fâcheuses » entre Henri IV et Louis XV :

> Jamais défenses, d'ailleurs, ne furent plus cavalièrement enfreintes : quelques semaines après la dépêche, *La Partie de chasse* reparaissait sur la scène d'Abbeville ; Amiens et Lyon l'applaudissaient en novembre et décembre 1773. À Bordeaux, on la joue neuf fois entre le 25 octobre 1772 et le 24 octobre 1774, c'est-à-dire entre le moment où le pouvoir central prétendait l'interdire et le jour où, de guerre lasse, il autorisa la représentation (16 novembre 1774) [à la Comédie-Française] [183].

---

183. M. Fuchs, II, p. 125.

Collé ressentit fortement l'inadéquation entre des structures existantes et des possibilités non encore exprimées sur la scène. De là vint son application à « renouveler » des œuvres théâtrales et littéraires connues. *La Partie de chasse* adapte un conte dramatique de l'Anglais, Dodsley [184] ; *L'Espérance* (1751) reprend la comédie du même titre créée par Lesage, d'Orneval et Fuzelier en 1730 ; *Dupuis et Des Ronais* (1763) et *La Veuve* (1770) viennent du célèbre roman de Robert Challe, les *Illustres Françaises* (1713). M. Weil suggère que Collé « régresse » par rapport à son modèle challien lorsque l'héroïne de *La Veuve* se soumet au mariage à la fin. Alors qu'en féministe déterminée, Madame Durval n'avait cessé d'exprimer sa « répugnance extrême, mais fondée [...] pour le mariage » (sc. 13), voilà qu'elle semble oublier cette résolution dans un dénouement qui tient du coup de théâtre. Pourtant, ce renversement soudain en rappelle d'autres, théâtraux aussi, dans le théâtre de Marivaux que, justement, Collé et son public de société connaissaient et appréciaient (ce fut particulièrement au Théâtre Français que *La Veuve* fut mal reçue). La raison de ce « renouvellement » théâtral du sujet pourrait bien se trouver dans l'affinité qui liait Collé à l'auteur du *Prince travesti*, de *La Seconde Surprise de l'amour* et des *Fausses Confidences*, aussi bien que celle qui liait ce dernier aux spectateurs et amateurs de théâtres de société.

Hortense dans *Le Prince travesti* (1724), la Marquise de la *Seconde Surprise* (1727) et Araminte dans *Les Fausse Confidences* (1737) furent veuves aussi. Si Marivaux ne s'attarde nullement sur la « répugnance » de la Marquise, dont le tort de son mari fut simplement de mourir trop tôt, Hortense offre un tableau plus sombre d'un mariage où la passion s'éteint :

> Cet homme dont vous étiez l'idole, concevez qu'il ne vous aime plus ; et mettez-vous vis-à-vis de lui ; la jolie figure que vous y ferez ! Quel opprobre ! Lui parlez-vous, toutes ses réponses sont des monosyllabes, oui, non ; car le dégoût est laconique. L'approchez-vous, il fuit ; vous plaignez-vous, il querelle ; quelle vie ! quelle chute ! quelle fin tragique ! (I, 2)

---

184. Sedaine s'inspire également de ce texte dans *Le Roi et le Fermier*, écrit quatre ans avant celui de Collé.

Araminte se rapproche davantage de Madame Durval par une multitude de détails tendant tous à mettre en valeur sa richesse, son indépendance, son manque d'ambition sociale et le type de relation originale qu'elle entretient avec son entourage. Comme l'héroïne de Collé, elle discute les modalités du rapport maîtresse-servante avec Marton, elle réagit devant les projets financiers pour son « amant » proposés par M. Rémy, elle rejette les incitations à conclure un mariage noble infligées par Madame Argante, et elle accueille chez elle un Dorante dont la bonne mine pourrait blesser la bienséance.

La condition de la veuve riche pouvait intéresser le cercle privé du duc d'Orléans autant que certaines de ses modalités « pratiques » pouvaient échapper à des spectateurs socialement et financièrement plus modestes. M. Weil prend le *Journal* de Collé à témoin :

> Collé écrit [...] « La veuve couche avec le Chevalier, sans quoi il n'y aurait point de sujet » et constate en même temps que, si les « loges » avaient fort bien compris, le « parterre » était resté sourd et n'avait pas su voir la hardiesse du fait sous la bienséance prudente d[es] expressions [185].

Comme nous verrons dans l'analyse des pièces de société de Madame de Montesson, la question brûlante de « l'après mariage », surtout du point de vue de la femme (il n'y avait pas de femmes à cette époque dans les parterres), agitait beaucoup d'amateurs du théâtre domestique.

Les considérations d'ordre « théâtral » mettant en valeur une spécificité des spectateurs nous ramènent aussi au dénouement de Collé. Le revirement inattendu, illogique même, de Madame Durval s'inscrit dans un schéma mis au point déjà par Marivaux. Dans une mise en scène réussie, les exécutants cherchent la surprise des sens accomplie par des techniques telles que les transformations scéniques, l'irruption soudain d'un personnage nouveau ou une rapide montée de la charge émotive qui bouleversent les résolutions apparemment les plus fermes. On peut citer comme exemples : la reddition de Dorante devant celle qu'il croit une servante dans *Le Jeu de l'amour* (« tes paroles ont un feu qui me pénètre... » [III, 8]) ; la conversion mira-

---

185. *La Veuve*, p. 19.

culeuse des amoureux de *La Mère Confidente* qui s'anéantissent devant les préceptes d'une mère éloquente (« ANGÉLIQUE, *vivement* – ... Madame, je me livre à vous, à vos conseils, conduisez-moi... » [III, 11] et « DORANTE – ... Madame vient de m'éclairer à mon tour : ... qu'est-ce que c'est que mon amour et ses intérêts, auprès d'un malheur aussi terrible ? » [III, 11]) ; l'aveu « spontané (?) » de Dorante quand Araminte accepte de l'épouser à la fin des *Fausses Confidences* (« DORANTE, *se lève et dit tendrement* – ... Cette joie me transporte. Je ne la mérite pas. » [III, 12]) et le pardon d'Araminte qui répond (« ... l'aveu que vous m'en faites vous-même dans un moment comme celui-ci, change tout. Ce trait de sincérité me charme, me paraît incroyable... » [III, 12]). « Dans un moment comme celui-ci... », c'est dans de tels contextes que les mots écrits qu'on peut taxer d'illogiques, d'affadis, ont besoin de prendre corps par l'entremise de l'acteur.

Dans la *Correspondance littéraire* de janvier 1771, Grimm met l'accent sur cet apport capital de Madame de Gléon dans le rôle principal : « Mme la marquise de Gléon... a joué le rôle de la veuve avec un ton, une grâce, un agrément que les actrices de profession n'auront jamais. » Écho de l'éditeur du *Théâtre de société* en 1778, le succès scénique de *La Veuve* dépend de l'interprète, et semble irréalisable sur le théâtre public à Paris :

> Cette piece a été représentée, sans succès, à Paris [...] elle a réussi à Bordeaux, jouée par la Demoiselle Emilie, Actrice de ce Théâtre ; elle est encore actuellement une des pièces que l'on y reprend le plus souvent. La réussite de cette Comédie dépend entierement de l'extrême sensibilité de la Comédienne, chargée du rôle de la Veuve [186].

Comme le théâtre de Marivaux mit longtemps à faire une percée dans le répertoire officiel au XVIIIe siècle, le théâtre de Collé intéressa vivement ses contemporains, mais resta cantonné dans des salles non officielles ou hors-Paris, vraisemblablement à cause de la vigueur avec laquelle il mettait en cause les structures de son temps.

---

186. *Théâtre de Société*, tome II, notice de *La Veuve*.

B.2.iii. LE THÉÂTRE DE CARMONTELLE

Après avoir organisé une troupe théâtrale pour la distraction de ses camarades pendant les premières années de la guerre de Sept ans, Louis-Carrogis Carmontelle fut nommé lecteur du duc d'Orléans lors de son retour à Paris en 1763. Comme Collé qu'il supplanta, il mit ses talents au service des jeux scéniques de la société ducale, et comme celle de Collé, sa production fut abondante. La grande majorité de ses pièces fut composée de proverbes dramatiques qui, selon Jacques Truchet, auraient pris leur essor extraordinaire sous les encouragements de Madame de Montesson, maîtresse du duc dès 1766. Mais, alors que les annales livrent plusieurs dates et lieux concrets de représentation pour l'auteur de *La Partie de chasse*, les 237 titres qu'on attribue à Carmontelle viennent en très grande partie des recueils imprimés de ses œuvres dont les *Amusements de société ou proverbes dramatiques* (1768-69, 6 vol.), *Théâtre du prince Clénerzow* (1771, 2 vol.), *Théâtre de campagne* (1775, 4 vol.) ne constituent que les anthologies importantes du vivant de Carmontelle et non pas ses recueils posthumes. Nous traitons au chapitre I les modalités de transmission des pièces de Carmontelle dont les traces sont doubles : représentations improvisées (p. 66-67) et textes imprimés (p. 88-89).

D'un corpus si vaste, seules cinq pièces de Carmontelle furent offertes au public essentiellement non officiel. Il s'agit du *Déguisement favorable* (représenté à l'Ambigu-Comique en septembre 1779 [187]), de *L'Abbé de plâtre* (représenté aux Italiens en 1779), de *L'Amante sans le vouloir* (1787, à l'Ambigu-Comique), de *L'Auteur de qualité* (la même année, aux Italiens) et de *La Veuve* (pas celle de Collé ; représenté le 28 juin 1787 aux Variétés-Amusantes). Deux de ces pièces subirent des transformations : *L'Auteur de qualité* devint *Le Savant de qualité* et passa aux Variétés-Amusantes en 1788 ; *La Veuve*, d'abord en un acte, fut augmentée à trois et rejouée aux Variétés-Amusantes le 7 juin 1788. Le circuit emprunté par Carmontelle pour mettre ses pièces au jour, en passant de l'improvisation à l'édition, et du privé au non officiel, suggère une forme d'activité théâtrale incompatible avec les visées du Théâtre Français.

---

187. Il s'agit de la troupe née de la fusion de l'Opéra-Comique avec les Italiens en 1762.

B.3. LE PHÉNOMÈNE BOULEVARD : LA CROISSANCE DES THÉÂTRES NON OFFICIELS APRÈS 1752

Le privilège de l'Opéra-Comique, supprimé depuis 1745, fut accordé de nouveau à Jean Monnet en octobre 1751. En trois mois, il engagea Louis Anseaume comme sous-directeur et Favart comme régisseur, recruta une nouvelle troupe d'acteurs, et finança la levée des scellés qui avaient été mis sur la salle de Pontau.

> Sans fracas, mais avec les sympathies très marquées de l'opinion publique, Monnet avait débuté le 3 février 1752, à l'ouverture de la foire Saint-Germain, dans ce modeste jeu de paume de la rue de Bucy, que l'Opéra-Comique occupait depuis 1726 [188].

La réapparition de cette troupe aux foires ne signifia pas que toute activité théâtrale y était arrêtée depuis 1745 ; les annales font état de très nombreux spectacles, souvent avec marionnettes ou joués en pantomime. Mais elle signala une nouvelle époque de tolérance, tolérance au nom de laquelle Madame de Pompadour avait fait jouer son influence sur le roi. Les spectacles non officiels venaient de recevoir une autorisation importante d'être relancés, et émergeaient du silence auquel on essayait continuellement de les contraindre.

Les spectacles forains se déplacèrent assez rapidement aux rues avoisinant les enclos des marchés. Autour de la Foire Saint-Germain, des théâtres furent construits pendant la première moitié du siècle dans la rue des Quatre-Vents, dans la rue des Fossés-Monsieur-le-Prince et dans la rue de Buci. Il en fut de même à la Foire Saint-Laurent où, dès 1704, Alexandre Bertrand avait fait élever une loge vis-à-vis de la rue de Paradis pour accueillir une troupe de province. Cette migration progressive de l'activité théâtrale dans des zones au-delà des foires elles-mêmes laissa peu de traces, tant au niveau des spectacles offerts qu'à celui des troupes et locaux associés à ces représentations. Le premier recueil publié des parades de Gueullette et de ses successeurs, *Théâtre des boulevards*, nous est donc d'autant plus précieux qu'il témoigne clairement de la présence des parades aux boulevards en 1756, trois ans avant l'édification du théâtre de Nicolet sur le boulevard du Temple en 1759. Trois titres de pièces

---

188. Introduction des *Mémoires de Jean Monnet*, p. 47.

individuelles et une désignation de lieu de représentation viennent renforcer ce témoignage : *Le Boulevard*, d'Anseaume et Favart, représenté à l'Opéra-Comique de Monnet le 24 août 1753 ; *Le Boulevard de jour* et *Le Boulevard de nuit*, pièces inventoriées par Brenner et publiées en 1754, et *La Prise du Port Mahon*, pantomime représentée à la Barrière du Temple le 25 août 1756 [189].

Entre 1759 et 1769, un concours de circonstances amplifia cette évolution ; l'Opéra-Comique quitta les foires, et la Foire Saint-Germain fut incendiée.

Ce furent des collègues, et concurrents forains de Monnet (retiré de l'Opéra-Comique en 1758) qui firent sortir le répertoire du cadre spatio-temporel de Saint-Germain et Saint-Laurent. La famille Nicolet joua un rôle moteur à cet égard. Guillaume Nicolet, directeur d'une troupe de « comédiens de bois » aux foires depuis 1742, fut remplacé par son fils Jean-Baptiste dès 1753. Entretemps, les Nicolet étaient devenus propriétaires du théâtre de Bienfait en 1750. Nicolet fils ouvrit une salle de spectacles construite par Antoine Fouré en 1759, à la Barrière du Temple, devenant ainsi le pionnier du théâtre des Boulevards, du moins selon les documents que nous possédons. Fouré y créa également le « spectacle mécanique » en 2 actes, *Junon aux Enfers*, offert au public à partir du 29 juin 1759. Comme beaucoup d'autres entrepreneurs de l'époque, Nicolet garda toutefois ses salles foraines, et selon les durcissements ou assouplissements des autorités, alterna habilement entre ses différents locaux. Le 11 mars 1760 à la Foire Saint-Germain il présenta la *Mariée de la Courtille, ou Arlequin Ramponeau* de Taconet, interprétant peut-être lui-même le rôle d'Arlequin dans ce « ballet-pantomime dialogué ». Des 91 titres que Brenner attribue à l'auteur Taconet, un très grand nombre furent mis en scène sur l'un ou l'autre des théâtres de Nicolet. De « Jeu » au « Théâtre de Nicolet », Jean-Baptiste s'accrocha à son objectif d'implantation théâtrale ; une forme de consécration vint en 1772 ; après avoir joué devant le roi, il obtint le droit d'appeler son théâtre « Spectacle des Grands Danseurs du roi ».

L'incendie du 17 mars 1762 qui dévasta la Foire Saint-Germain se déclara, ironiquement, dans la loge de Nicolet qui venait d'y offrir un

---

189. Le recueil du *Théâtre des boulevards* porte les indications suivantes : « À Mahon : Langlois, 1756 ».

spectacle de feux d'artifices. Cette date coïncide de près avec celle de la fusion de la Comédie-Italienne avec l'Opéra-Comique, union qui devait éloigner aussi cette dernière troupe des enclos forains. Dès lors, le nombre de nouveaux théâtres sur ce qui s'appelera le Boulevard du Temple dut vraisemblablement augmenter, même si la documentation prouvant leur présence est difficile à trouver. Comme en 1745-1752, lorsque le droit de parler était interdit aux Forains, l'activité théâtrale resta pourtant très vive (mimes, danses, sauteurs, marionnettes).

Dix ans après Nicolet, le 9 juillet 1769, Nicolas-Médard Audinot ouvre son spectacle au Boulevard du Temple dans une salle ayant appartenu à Nicolet (qui quitta sa première salle pour une nouvelle construite en 1763). Ce théâtre s'appela l'Ambigu-Comique [190]. Brouillé définitivement en 1767 avec les Italiens chez qui il avait joué plusieurs années, Audinot créa aussi une troupe de marionnettes qui joua d'abord dans un « Théâtre d'Audinot » à la Foire Saint-Germain en février 1769 (il chanta au théâtre de Versailles pendant l'intervalle qui suivit son éloignement des Italiens). Son ressentiment contre les Italiens fut tel, dit-on, que chaque marionnette caricatura un acteur de cette troupe. Brenner fait état du titre *Les Comédiens de bois* (pantomime, 1 acte) en février 1769. D'acteurs de bois, Audinot évolua vers une troupe de « petits comédiens » (des enfants formés à jouer des pantomimes), avant d'engager des acteurs adultes. Le programme de lancement du 9 juillet boulevard du Temple comprit *La Partie de chasse ou le charbonnier est maître chez lui* (1 acte, pantomime) (écho de *la Partie de chasse* de Collé que tout le monde connaissait).

À partir des années 1770, les salles de Boulevard se multiplient. D'un côté, l'Opéra, la Comédie-Française, le Théâtre des Italiens ; de l'autre Nicolet et Audinot devenus directeurs des Grands-Danseurs (à partir de 1772) et de l'Ambigu-Comique (dès 1769) sont rejoints par au moins six autres théâtres : le Colisée (environ 1771-72), le théâtre des Associés (à partir de 1774), le théâtre des Variétés-Amusantes (à partir de 1778), les Fantoccini (environ 1778), les Petits Comédiens du Bois de Boulogne (environ 1778), et les Élèves de l'Opéra (à partir du 7 janvier 1779).

---

190. Et non en 1761 comme Brenner le suggère en y situant la première de l'Opéra Comique, *Le Tonnelier* d'Audinot (voir no. 3101). Le *Dictionnaire dramatique* précise « à la Foire Saint-Laurent ».

L'une des grandes réussites des Variétés (ou Variétés-Amusantes) fut *La Guerre ouverte, ou ruse contre ruse* d'Antoine-Jean Bourlin, dit Dumaniant. Inspiré de *La Chose impossible* d'Augustin Moreto, cette comédie en 3 actes et en prose fut représentée pour la première fois le 4 octobre 1786. Lors de sa réédition en 1788, elle avait été jouée plus de cent fois et, selon la notice, « sur tous les théâtres des Provinces de France » [191]. L'auteur y joua lui-même le premier rôle, celui du marquis de Dorsan.

La Guerre ouverte dont le sous-titre « *la Précaution inutile* » rappelle celui du *Barbier de Séville*, rendit la bataille des esprits encore plus transparente. Chez Dumaniant, les adversaires, Dorsan et l'oncle de Lucile, le baron de Stanville, dressent un contrat explicite au début de la pièce :

> LE BARON – Je vous donne carte blanche. Je suis même si tranquille sur tout ce que vous pouvez entreprendre que je vous promets la main de ma nièce si vous réussissez à mettre ma prévoyance en défaut !
>
> LE MARQUIS, *très-gaiement* – Vraiment ?
>
> LE BARON, *aussi gaiement* – Oui.
>
> LE MARQUIS – Vous consentez ?
>
> LE BARON – D'honneur !
>
> LE MARQUIS – Vous êtes charmant !... (*avec explosion*) Allons, ce sera guerre ouverte !
>
> LE BARON – Allons, guerre ouverte !   (I, 3)

L'épreuve qui suit déclenche immédiatement une série de séquences prévisibles et dont le caractère conventionnel est transparent : (1) l'intrigant, dédoublé d'un valet dont la fonction est aussi de tramer des complots, prononce tous les termes d'une formule devenue lieu commun : « Mille plans se présentent déjà à mon *imagination*... il seroit plaisant que je pusse réussir dans mon *entreprise* !... Frontin, le fidèle Frontin ne m'aidera-t-il point de ses *lumières* et de son *génie* ? » [nos italiques] (I, 4) ; (2) une gouvernante est détournée par ruse de sa tâche de surveillante ; (3) le recours au déguisement s'impose... Toutes les « ressources » de la comédie d'intrigue telle que les pièces espagnoles en contiennent sous forme de « trésors inépuisables » (Notice, xvi) défilent dans cette pièce qui se plaît à multiplier les complications.

---

191. *Théâtre des Variétés et des Boulevards*, t. IV, *Guerre ouverte*, xiii.

La pièce de Dumaniant apparaît comme un véhicule d'acteurs. Dans sa préface, il réclame justement une plus grande reconnaissance des talents de ses collègues du Théâtre des Variétés, Mlle Forêt l'aînée, Mlle Prieur, M. de Saint-Clair : « Bien des personnes s'obstinent à soutenir qu'une Comédie du bon genre y est déplacée ; que les Acteurs n'en sont propres qu'à jouer des Farces. » Derrière cette déclaration se trouve à peine formulé le projet de plusieurs, dont Mercier, d'établir une deuxième scène française pour rivaliser avec la Comédie-Française.

La dernière décennie que nous traitons dans cette étude (1780-1790) voit tomber certaines compagnies théâtrales (le Colisée fait faillite en 1781), en déménager deux (l'Ambigu-Comique s'installe dans son propre théâtre en 1786 ; le théâtre de Monsieur à la foire en 1790) et en apparaître d'autres. Aux salles des Boulevards viennent s'ajouter plusieurs théâtres situés dans l'une ou l'autre des galeries du Palais Royal. Le Théâtre de Séraphin y débute en 1781, le théâtre du comte de Beaujolais en 1785. On crée également le théâtre des Pygmées Français en août 1785, le théâtre Mareux, ou des Élèves de Thalie en 1786, le théâtre du Panthéon la même année, le Wauxhall d'été, de même, le théâtre des Bluettes en 1787, l'amphithéâtre d'Axtley en 1788, le théâtre des Délassements en 1788 ou 89, et le théâtre de Monsieur en janvier 1789. Dix nouveaux théâtres en dix ans, sans parler des nombreux spectacles éphémères par lesquels nous avons ouvert cette section sur le théâtre de Boulevard (Figure 6).

B.4. PROLIFÉRATION DES THÉÂTRES DE SOCIÉTÉ AU XVIIIᵉ SIÈCLE

Le fait que la carrière dramatique de Marivaux commence et finisse dans des théâtres de société n'est pas sans signification. Par ailleurs, la place du corpus marivaudien dans les répertoires de province est de plus en plus reconnue. Henri Lagrave fait état de pièces marivaudiennes dans *Le Manuel des châteaux* (environ 1779) du marquis de Paulmy. *Le Père prudent et équitable* (après 1708) fut vraisemblablement créé pour une société aux alentours de Limoges, et la pièce des *Acteurs de bonne foi* (avant 1757) aurait été, selon ses éditeurs « très piquante à jouer sur une scène de société »[192]. Comme,

---

192. Notice, p. 765.

Figure 6. – Représentation en plein air de *l'Enfant prodigue*
joué au « marché du jeudi ».

à la lumière des conditions de la production théâtrale que cet essai met en avant, les possibilités d'une représentation « en bourgeoisie » semblent parfaitement envisageables, nous en avançons l'hypothèse. Le rayonnement du théâtre de Marivaux au-delà des deux troupes pour lesquelles il a été principalement conçu demande encore un grand effort de recherche, car l'ampleur d'une telle réception est évidente. Henri Lagrave affirme :

Marivaux, enfin, est un des auteurs auxquels s'adressent, de préférence, les aimables compagnies qui font du « théâtre de société » un passetemps ou une passion. Ce goût est, on le sait, si répandu au XVIIIe siècle, qu'on ne saurait, en mesurant le succès d'un écrivain du temps, négliger cet aspect de sa notoriété [193].

Jean Monnet, lorsqu'il prit la direction du Théâtre de Lyon après 1745, ouvrit sa première saison avec une des deux *Surprise de l'amour* de Marivaux.

Il existe une documentation abondante, mais très mal réunie et coordonnée, sur le phénomène des théâtres de société entre 1700 et 1790. Visible en 1700 sous la forme des mascarades de Marly et des conjectures sur le théâtre de Regnard au salon du château Grillon, la pratique prit un grand essor et assuma de telles dimensions que nous sommes encore loin de pouvoir la cerner avec précision. En dépit de la réputation austère qu'on lui prête, même Madame de Maintenon s'adonnait aux proverbes de société que Carmontelle remettrait à la mode du jour un demi-siècle plus tard. Des approximations d'époque ne peuvent que suggérer son importance croissante : le *Mercure* d'avril 1732 estime à 50 le nombre de théâtres de société à Paris ; Grimm, dans la lettre XX de la *Correspondance littéraire* de 1748, fixe le chiffre à 160 ; J. Moynet calcule un chiffre encore plus élevé pour la fin du siècle : « On comptait plus de deux cents théâtres particuliers dans Paris. » [194] De nombreux inventaires et archives, souvent d'une grande richesse, attendent d'être incorporés plus systématiquement dans une large vue d'ensemble pour le siècle.

Les appréciations globales du théâtre de société sont des plus diverses. L'on a trop souvent traité ces théâtres privés de « clandestins », voire d'« érotiques » ou d'« obscènes ». L'on a aussi dit tout le contraire. Les représentations de société choisissaient parmi les « meilleures » pièces un répertoire déjà « consacré », donc « édifiant » pour des amateurs de bon ton, sans parler des éducateurs pour qui le théâtre avait une réelle utilité pédagogique. Mais chaque théâtre de société ne s'explique pas par une configuration unique de mobiles. Notre sélection, effectuée dans une masse de lieux domes-

---

193. *Marivaux et sa fortune littéraire*, p. 67.
194. *L'Envers du théâtre*, p. 264.

tiques, de noms d'animateurs, d'auteurs à gages, et de comédiens de tous bords, se veut une tentative de compromis entre l'exhaustivité acharnée et une sélectivité trop schématique. Nous verrons que ce théâtre, « non officiel », parce que privé, exclusif et même secret, témoigne d'une gamme très large de visées, de styles, de moyens et d'effets. Les quatorze exemples qui suivront permettront une impression générale.

Marly

Les divertissements des princes du sang se donnaient avec faste et gravité, ainsi que les mascarades de Marly en 1700-1701 l'ont illustré. Il s'agissait d'amuser et de glorifier en même temps. À cette fin, les moyens considérables de l'Académie Royale de Musique furent mis en œuvre, servant, parfois devant des grands devenus eux-mêmes exécutants, de toile de fond grossissant une vie quotidienne rendue épique. Le titre du *Repos du soleil* qu'on y joua en 1700 témoigne de cette allégorisation de la vie du monarque.

Le château Grillon

Le spécialiste de Regnard, A. Calame, suggère que vers l'époque de son achat du château Grillon à l'acteur Poisson, Regnard et ses amis, dont deux Comédiens Français, Mlle Beauval et La Thorillière, auraient joué de ses pièces « au grand salon » de la résidence. Nous en avons déjà parlé. L'image à retenir est celle d'un atelier de création et d'essai, avant que ces ouvrages ne soient mis sur les théâtres publics. De nombreux théâtres de société servaient donc de scènes expérimentales.

Résidence Fauron/Hôtel Le Jay/enclos du Temple

Adrienne Lecouvreur fit ses débuts comme actrice dans une production amateur du *Polyeucte* de Corneille en 1705. G. Bapst précise qu'après une répétition très remarquée chez l'épicier Fauron dans le faubourg Saint-Germain, la troupe dans laquelle l'actrice de quinze ans interprétait le rôle de Pauline s'établit dans la cour de l'hôtel de la Présidente Le Jay, rue Garancière.

> Les acteurs d'occasion jouèrent dans leurs vêtements ordinaires. La récitation d'Adrienne Lecouvreur enleva tout l'auditoire. Sa façon de lire paraissait toute nouvelle, si naturelle et si vraie... [195]

---

195. Bapst, p. 382.

Cette représentation fit du bruit ; pire encore, elle menaçait de se répéter, ou de se développer en série [196]. Troublés par l'apparition d'une artiste capable de jouer supérieurement, et autrement qu'eux, et qui, d'ailleurs, se servait de leur propre répertoire pour le faire, les Comédiens Français réagirent vite pour faire cesser ces récitations. La petite troupe chercha aussitôt refuge dans l'enclos du Temple [197] où deux ou trois représentations de plus purent avoir lieu M.- A. Legrand lui aurait offert des leçons, la faisant engager, sinon au théâtre de Lille, du moins en Lorraine à Lunéville. Mlle Lecouvreur fut enfin admise au Théâtre Français en 1717. Quand le théâtre de société ne développe pas de nouvelles pièces, il sert pour la découverte ou l'initiation de plus d'un comédien professionnel. L'histoire de la découverte d'Adrienne Lecouvreur illustre aussi l'avidité du public qui se donnait vite le mot à propos de ce nouveau talent, la rapidité de réaction des Comédiens Français, et la mobilité de la troupe amateur qui passa successivement dans trois lieux très éloignés l'un de l'autre pour continuer ses spectacles.

Châtenay/Clagny/Sceaux

Également mobiles furent les spectacles organisés autour de la personne de la duchesse du Maine, petite-fille du grand Condé. Dérivés sans doute des grandes fêtes royales du commencement du règne de Louis XIV et dont *Les Plaisirs de l'Ile enchantée* constituent le modèle peut-être le plus célèbre, les « Grandes Nuits de Sceaux » (1714-15) mobilisent acteurs, auteurs, danseurs, compositeurs, musiciens, artificiers et marionnettistes pour un véritable concours de spectacles, chacun se voulant plus éclatant que le précédent. La mort de Louis XIV mit fin à la série dont la 16e et dernière « Nuit » se donna en mai 1715.

Aussi extravagant fût-il, le cycle des « Nuits » ne constitue qu'une petite fraction des activités théâtrales de la duchesse qui s'adonna intensément aux spectacles jusqu'à sa mort en 1753. Elle s'appuya sur l'ancien précepteur de son mari, Nicolas Malézieu (1650-1727) qui devint l'ordonnateur des fêtes de la cour de Sceaux, soit sur place,

---

196. Un biographe du maréchal du Saxe, l'un des amants d'Adrienne Lecouvreur, mentionne *Le Deuil* de Thomas Corneille dont l'interprétation de la jeune actrice alarma les Comédiens Français.

197. Après un réaménagement en 1667, « [c]et enclos abritait environ 4,000 personnes, toutes exemptes d'impôts », Hillairet, p. 22.

soit lors des déplacements au château de Clagny où résidait la duchesse quand la famille royale faisait ses séjours annuels à Marly. En outre, comme Malézieu organisait dans sa résidence de Châtenay des fêtes régulières, la duchesse et son entourage y participèrent également.

Adolphe Jullien décrit longuement dans son étude du théâtre de la duchesse du Maine toutes les péripéties d'une vie vouée au spectacle. Parmi les faits saillants, il faut retenir l'extraordinaire hétérogénéité de ces activités collectives. Les participants avaient des origines diverses, déployaient des talents multiples et produisaient un mélange très riche de manifestations scéniques. Le répertoire incorporait des pièces de Corneille, Molière (la duchesse joua Célimène), Quinault, Genest (qui écrivit sur commande la tragédie *Joseph* pour le séjour à Clagny), Racine (la duchesse elle-même joua le rôle principal d'*Athalie* en 1714 ou avant), des ouvrages lyriques de Destouches, Mouret, Mathau. À Châtenay, par contre, les goûts s'orientaient vers la farce et la parade ; on y joua *Le Médecin malgré lui, La Fête de Châtenay* (1703) et *La Tarentole* (1705), les deux dernières, de la plume de Malézieu et la dernière, dans laquelle la duchesse joua la suivante Finemouche. Au niveau des artistes, l'acteur Baron sortit de retraite pour jouer dans les tragédies de Genest ; il interpréta Joseph en face de l'Azaneth de la duchesse. Les danseurs et chanteurs de la Musique du Roi participèrent régulièrement aux fêtes. Pour l'organisation des spectacles, Mme de Launay, le compositeur Bourgeois, et Jean du Mas d'Aigueberre prirent la relève lorsque Malézieu mourut. Voltaire ct Mme du Châtelet prêtèrent la main également ; en 1747, ils jouèrent devant la duchesse dans sa résidence d'Anet *Le comte de Boursoufle ou Mlle de Cochonnière*, pièce de Voltaire dont des éléments étaient déjà passés par *L'Échange* (joué à Cirey en 1736), puis qui réapparurent dans *Quand est-ce qu'on me marie ?* représenté à la Comédie-Italienne le 26 janvier 1761.

Contrairement à la pesanteur qui se dégage des Mascarades répétitives de Marly-le-Roi, ce qui frappe, en plus de l'extravagance des mises en scène spectaculaires dans le parc et dans le château de Sceaux, c'est la recherche de formes nouvelles et de talents innovateurs. En 1714, Mlle Prévost de l'Académie Royale de Musique dansa le quatrième acte de l'*Horace* de Corneille en « ballet pantomime », et devait encourager le développement ultérieur du ballet d'action. Au début de sa carrière d'auteur de théâtre, Voltaire, tira des leçons utiles d'une représentation de l'*Iphigénie en Tauride* d'Euripide dans laquelle il vit la duchesse jouer le rôle principal [198]. En 1728, d'Aiguibere monta ses *Trois spectacles* à Sceaux avant de les faire jouer sur la scène de la Comédie-Française l'année suivante.

Maison des Chevallier/Auteuil/Choisy

L'auteur d'*Un Magistrat du XVIIIᵉ siècle*, J.-E. Gueullette, fait débuter la vogue des parades de société après décembre 1710, époque où son ancêtre participait aux conférences du Maître Chevallier. Pourtant, la première excursion de T.-S. Gueullette et ses amis à la Foire Saint-Laurent qui leur en a donné l'idée est plus difficile à dater ; nous savons uniquement que la parade que Gueullette et ses condisciples y regardèrent pouvait s'intituler *Le Chapeau de Fortunatus*, pièce dont il ne reste ni trace ni nom d'auteur et dont la version adaptée et écrite de mémoire en 1712 a été attribuée à l'ami de Gueullette, Fournier. La société que le magistrat théâtrophile anima par la suite dans ses résidences d'été successives, à Auteuil puis à Choisy, contribua de façon significative au développement de la parade de société. Entre les amusements de 1710-12 et la publication en 1756 du *Théâtre des boulevards ou recueil de parades*, cette forme de divertissement « en bourgeoisie » prit d'assaut jusqu'aux plus aristocratiques des sociétés. D. Triaire voit dans l'émergence de ces divertissements de salon l'ouverture d'un nouveau champ théâtral :

> La parade répond à l'attente du nouveau riche (cette nouveauté étant liée d'abord à la prise de conscience progressive de son rôle social) : forme brève, mise en scène légère, comique détonnant. Ajoutons qu'elle lui permet, par le rire, de se démarquer d'un peuple auquel il appartenait naguère. Entre les grandes compagnies officielles et les troupes ambulantes, le salon ouvre donc un nouveau champ théâtral [199].

La Société des Lazzistes

Mobiles comme les confrères amateurs d'Adrienne Lecouvreur et peut-être à peine plus nombreux, les « Lazzistes » se constituèrent en

---

198. Il s'agit d'une traduction du texte grec, faite à la demande de la duchesse par Malézieu. *L'Autre « Iphigénie »*, p. 36-7.

199. « Parades », extraites du « Théâtre des Boulevards », présenté par Dominique Triaire, paru aux Éditions Espaces 34, 2000.

décembre 1731 pour disparaître en tant que société organisée avant la fin de l'été 1732. La complicité de l'actrice, Mlle Quinault, et du théâtrophile, le comte de Caylus, anima une étrange série de soupers accompagnés de spectacles (« Lazzis ») qui virent se succéder toute la gamme des amusements non officiels de l'époque.

> ... Qu'y a-t-il de plus agréable que de voir la joie et la sûreté du commerce réunies aux grâces de l'imagination la plus vive, et à l'attrait de l'exécution la plus fine ? Voilà quels étaient les fondements de cette société ; le secret inviolable, et qui n'a jamais été altéré, redoublait encore l'agrément des fêtes, dont la variété surprendra le lecteur ; surtout lorsqu'il voudra penser que tel divertissement a été exécuté et composé quelques fois en très peu de jours, les circonstances et les affaires obligeant à cette diligence [200].

Huit « sociétaires », les deux instigateurs, ainsi que Mlles Balicourt et Quinault-Dufresne du Théâtre Français, les comtes de Maurepas et de Livry, et les écrivains Alexis Piron et Charles-Alexandre Salley, se rencontrèrent une douzaine de fois pour se jouer à huis-clos des pièces allant d'une tragédie en un acte (*Tragédie*, tout simplement), d'un spectacle de lanterne magique et d'un discours d'opérateur (*Compliment du Seigneur Viperini Crapaudino, opérateur vénitien*), à un jeu d'acteur virtuose et à une satire (*L'Audience*) de certaines des personnalités les plus en vue du moment.

Réunis par les soins de Caylus, les manuscrits des « Lazzis » s'accompagnèrent de réflexions intercalées sur l'exécution et la réception de ses spectacles. Le recueil témoigne d'une conscience des rouages de la production théâtrale qui était encore rare pendant la première moitié du XVIIIe siècle.

La Société de Lenormand à Étiolles

Dans une lettre du 18 juillet 1742 à la marquise du Deffand le président Hénault écrit que la femme de Charles Lenormand « joue la comédie à Étiolles sur un théâtre aussi beau que celui de l'Opéra, où il y a des machines et des changements » [201]. De son côté, Voltaire parle en mai 1745 d'une représentation du *Glorieux* de Destouches

---

200. *Histoire et recueil des Lazzis*, p. 39.
201. *Correspondance complète de la marquise du Deffand*, Slatkine, 1971, I, p.70.

qui s'y prépare. Formée par un oncle théâtrophile, M. de Tournheim, qui réunissait dans sa société des auteurs tels que Voltaire, Crébillon, Fontenelle, Montesquieu, et Gresset, Mme d'Étiolles sera vite reconnue pour ses talents scéniques ; jusqu'à Louis XV qui avait entendu les éloges de ses dons pour la comédie et pour le chant. Ce fut ainsi, du moins en partie, que celle qui devint Mme de Pompadour finit par acquérir le titre de favorite du roi pour bon nombre d'années.

Lenormand, obligé de s'effacer, et retiré dans ses terres, continua de réunir autour de lui un cercle d'amateurs de théâtre de société à Étiolles. Selon Pierre Larthomas, il aurait fait la connaissance de Beaumarchais entre 1757 et 1760 ; ensuite, ce fut entre 1760 et 1763, lors des fêtes de la Saint-Charles (le 4 novembre), que les premiers essais dramatiques de Beaumarchais furent vraisemblablement joués.

> Destinées à un public restreint, ces œuvres n'ont pas été connues en dehors d'un cercle d'amis et sont restées longtemps ignorées des spécialistes du théâtre de cette époque ; leur caractère licencieux en a retardé la publication [202].

La teneur du répertoire d'Étiolles évolua sensiblement entre le début des années 1740 et la période après 1760. Dans les années 1750, les parades de Collé furent à l'ordre du jour : son *Chirurgien anglais* fut représenté le 7 septembre 1750, et son *Espérance* le 27 décembre 1751. Ce fut dans ce milieu plus frivole que Beaumarchais entra vers la fin de la décennie.

Le répertoire de société de Beaumarchais est constitué par six petites pièces : quatre parades, *Les Bottes de sept lieues, Léandre marchand d'agnus, médecin et bouquetière, Jean-Bête à la foire*, et *Zirzabelle mannequin* ; un prélude de fête, *Colin et Colette* et une « Scène de poissardes », *Les Députés de la Halle et du Gros-Caillou*.

Colin et Colette met en scène la naïveté des paysans que Marivaux éprouvait vers la même époque dans *Les Acteurs de bonne foi*. Dans les deux comédies, des malentendus sont exploités pour mettre en lumière la simplicité d'esprit et de langage avant de faire place à des divertissements plus raffinés. Dans *Les Députés de la*

---

202. Beaumarchais, *Œuvres*, éd. P. et J. Larthomas, p. 1193.

Halle, les gens du peuple se disputent en style poissard l'honneur de présenter le bouquet au seigneur (« au bourgeois ») : « Et j'allons tout de c'pas remettre not'présent à monsieur l'maître, car j'comptons bin, not' bourgeois, qu'c'est vous qui fournira la sauce, dà. » [203]

Pour ce qui est des parades, la première, *Les Bottes de sept lieues*, maintient la thématique populaire par l'emploi réitéré des fameuses bottes du conte de Perrault ; d'abord dans la première scène qui sert de « parade de la parade » (ou préface de la préface) ; ensuite par le tour qu'Arlequin et Léandre jouent à Gilles pour obtenir les clefs de la maison de Cassandre. Le simulacre d'enlèvement qu'ils exécutent sauve les apparences (ISABELLE – « ... les coups que j'appréhende le plus de recevoir du public, sont ceux de la langue ; je me moque du reste. » [sc. 3]). Cette parade contient des airs chantés (sc. 11, et vaudeville de la fin) dont la musique semble être de Beaumarchais lui-même.

Dans *Léandre marchand d'agnus* (1762), la musique devient plus importante (sc. 1, 4, 8, 9), plusieurs airs venant d'opéras-comiques de l'époque. Pour ce qui est de l'influence du théâtre italien, cette version primitive de *Jean-Bête à la foire* incorpore des déguisements multiples (Léandre en marchand de reliques [sc. 4], en médecin [sc. 7], en bouquetière [sc. 10]) qui finissent par de multiples coups de bâtons distribués à Gilles, à Cassandre et à Léandre lui-même. L'intervention d'Isabelle, qui a déjà eu trois enfants de Léandre, persuade enfin son père de permettre un mariage. Des joueurs d'aubade, confirmant l'ampleur des moyens employés pour représenter ce spectacle, chantent en l'honneur de « Nanette », peut-être la future épouse de Lenormand [204].

Zizabelle mannequin fait entrevoir la vivacité des échanges entre maître et valet que Beaumarchais développera plus tard ; il met en scène un véritable tac-au-tac entre Léandre et Gilles :

LÉANDRE - Savez-vous, monsieur de Gilles, que si vous n'étiez pas mon valet, et que je n'eusse pas pour vous t'un peut de respect z'humain, je vous donnerais z'une paire de coups dans le cul ?

GILLES - Savez-vous, monsieur, que si ce n'était l'estime que j'ai pour mon maître, je vous le rendrais... (sc. 1)

---

203. *Ibid.*, p. 13.
204. Mme de Pompadour mourut en 1764.

Le Théâtre des Petits Cabinets à Versailles

Forte de son expérience d'actrice et chanteuse à Étiolles, Madame de Pompadour mobilisa les courtisans de Louis XV pour un ambitieux projet de spectacles à Versailles qui commença le 17 janvier 1747 avec le *Tartuffe* de Molière. Assistée par le duc de la Vallière et Moncrif [205], elle mit sur pied un programme de 60 pièces (comédies, opéras, ballets, tragédie...), certaines données jusqu'à 5 ou 6 fois, et dans lesquelles seuls jouèrent à ses côtés les amateurs les plus habiles : la duchesse de Brancas, la comtesse de Livry [206], Mme de Sassenage [207], les ducs de Chartres [208], d'Ayen, de Nivernois, MM. de La Salle, d'Argenson, de Courtenvaux, de Maillebois... pour n'en nommer que quelques-uns. Les premières représentations se firent dans le cabinet des Médailles du château, après quoi on installa dans l'escalier des Ambassadeurs le Théâtre des Petits Appartements ou Petits Cabinets. Les grandes œuvres lyriques qu'on y présentait exigeaient une scène mieux équipée pour les décorations, et davantage de place pour les spectateurs. La troupe adopta des statuts qui ressemblaient à ceux du théâtre officiel ; par exemple, on accordait le droit d'entrée à tous les auteurs de pièce et compositeurs de musique dont les ouvrages figuraient au répertoire.

Bien que des artistes professionnels aient participé aux spectacles, Mme de Pompadour fut le centre d'attraction, jouant un nombre étonnant de rôles : Dorine dans *Tartuffe*, Colette dans *Les Trois cousines*, Lisette dans *Le Méchant*, ainsi que des rôles chantés ou dansés dans *Les Amours déguisés*, *Eglé* et *Erigone*.

Berny, La Roquette - le comte de Clermont

Un des grands pôles d'attraction des amateurs du théâtre privé fut l'ensemble de salles, de comédiens et d'auteurs au service du comte de Clermont. Abbé entré dans les ordres, autorisé par le pape à porter les armes, grand maître de la franc-maçonnerie et membre de l'Académie française, ce prince du sang protéiforme et théâtromane

---

205. Ami de Voltaire, Moncrif participa dans les spectacles de société chez Mme Fontaine-Martel pendant l'hiver 1731-1732.

206. Dont le château à Raincy-Livry servit de théâtre à certaines des activités des Lazzistes en 1731-1732.

207. Mme de Sassenage animait son propre théâtre de Société.

208. Futur duc d'Orléans pour qui Collé, Carmontelle, Mme de Montesson (qu'il épouse secrètement) animaient des spectacles.

fit développer un véritable empire des représentations en société, en rivalité et en parallèle avec le théâtre public. G. Capon raconte que le comte installa un « théâtre coquet... en manière de chapelle » dans son château abbatial [209]. Avec l'aide du directeur de ses divertissements, Duchemin, et de son secrétaire, Dromgold, il assembla autour de sa maîtresse, la danseuse d'opéra Mlle le Duc, une « troupe aussi nombreuse que celle de bien des théâtres publics » : 15 premiers sujets et 42 autres selon les besoins du moment. Clermont joua lui-même des rôles de paysans et des rôles à manteaux. Mlle Gaussin de la Comédie-Française exécuta une variété de rôles, allant de Lucile dans *Les Serments indiscrets* de Marivaux jusqu'à des rôles de parades. Les principaux auteurs du cercle du comte étaient Laujon, Collé et Marivaux.

La salle du château de Berny fut inaugurée en 1747, avec *Barbarin ou le fourbe puni*, attribué à Clermont lui-même (Collé soupçonna Dromgold d'y avoir participé discrètement). En novembre 1754, le théâtre de La Roquette, à Paris, fut lancée, avec une reprise du *Chevalier à la mode* de Dancourt et *La Rancune officieuse* de La Chaussée. Pendant la longue période des activités scéniques de Clermont, le répertoire incluait plusieurs pièces de Molière (*Dom Juan, Le Bourgeois gentilhomme, Le Médecin malgré lui*), Regnard, Dufresny. Marivaux y fut bien représenté, tant en reprises (*Les Serments, Le Legs*) qu'en créations (*La Provinciale, La Femme fidèle*, et possiblement *Les Acteurs de bonne foi*). Collé contribua à une reprise de *La Vérité dans le vin*, puis, sur invitation du comte, refit *Barbarin* en 3 actes, en 1751. La parade fut également populaire, et continua d'être jouée de la façon traditionelle : Laujon jouant les rôles de femme (Zirzabelle dans *Gilles garçon peintre* et Mme Jean-Broche dans *La Gageure des trois commères*), à côté de la Mme Villebrequin de Dromgold.

Rue La Traversière - Voltaire et Le Kain

Voltaire aussi eut son théâtre privé à Paris. En février 1750, il avait remarqué Lekain dans le rôle de l'amoureux du *Mauvais Riche* de Baculard-d'Arnaud, joué par la troupe de l'hôtel de Jaback, rue Saint-Merry. Dans son théâtre de la rue La Traversière, Voltaire constitue sa propre troupe privée, avec les acteurs Mandron,

---

209. *Théâtres clandestins*, p. 138-40.

Heurtaux, le jeune Lekain, et Mlle Baton. Il fait appel également à ses nièces, Mme Denis et Mme de Fontaine.

Le 8 juin 1750, on donne la première de *Rome sauvée*. Voltaire y est auteur et metteur en scène. Manquant de costumes, il profite de ses liens avec le duc de Richelieu pour se faire prêter ceux que la Cour avait commandés aux acteurs de la Comédie-Française pour représenter le *Catilina* de Crébillon. « Il put ainsi combattre son rival avec les mêmes armes dont celui-ci s'était servi. »[210] La mise en scène attira une foule de spectateurs, parmi lesquels d'Alembert, Diderot, Marmontel, les ducs de Richelieu et de la Vallière. La troupe de Voltaire reprit *Rome sauvée*, à l'invitation de la duchesse du Maine, puis représenta *Le Duc de Foix* (en juin/juillet), *Zulime*, *Jules César*[211].

Comme dans les cas du château Grillon et de l'hôtel Le Jay, le théâtre privé remplit une fonction de renouvellement par l'entraînement de nouveaux talents qui feront par la suite la gloire des grandes scènes.

Pantin/Chaussée d'Antin - Théâtres de Mlle Guimard

Les théâtres de société devenaient aussi des lieux importants de rendez-vous et d'échanges sociaux de toute sorte. En fait, Mlle Guimard avait deux théâtres, l'un dans sa villa de Pantin, et l'autre à Paris dans son hôtel de la Chaussée d'Antin. Sa salle parisienne devint un grand centre d'attraction pour ses contemporains ; elle était aménagée avec un luxe exceptionnel :

> [Son théâtre] eut bien vite une réputation qui éclipsa toutes les autres. Il était décoré avec une grande magnificence et un goût exquis ; les rideaux et les tentures des loges étaient en soie rose, brochée d'argent ; les fauteuils étaient recouverts de la même étoffe. Le plafond, en forme de coupole, représentait un ciel avec une myriade d'amours voltigeant. [...]
>
> Cette salle devint rapidement à la mode. Toute la jeunesse du temps tenait à y être admise ; c'était quelquefois difficile. Les places étaient souvent occupées par les plus grands seigneurs et les plus graves magistrats.

---

210. Olivier, *Voltaire et les comédiens interprètes de son théâtre*, p. 179.
211. Lekain joue César, Mandron joue Cicéron, Heurtaux joue Catilina.

Mlle Guimard dansait sur son théâtre, avec quelques-unes de ses camarades de l'Opéra ; puis elle se donnait le plaisir de la comédie jouée par les comédiens ordinaires du roi ; elle joua elle-même avec talent, malgré sa voix un peu rauque [212].

G. Bapst, qui signale que le théâtre parisien de la Guimard était la réplique « en petit » de la salle des Petits Cabinets à Versaille, qu'il pouvait contenir 500 personnes et que les décorations avaient été faites par Fragonard, regrette l'absence d'une représentation graphique : « ... pourquoi faut-il donc que nous n'ayons aucune reproduction de cette bonbonnière citée partout alors comme le chef-d'œuvre du genre ? » [213]

Château de Vaujours - Mme de Maistre

Le volume encore inédit des « Amusemens de Campagne » [214] se compose de pièces créées par la société dans laquelle elles furent représentées. Pour fêter la maîtresse du château (à 4 lieues au nord-est de Paris), les proches de Mme de Maistre organisent un programme de divertissements (banquets, feux d'artifice, bals, mascarades et spectacles). Bénéficiant d'un réaménagement récent du château, ces fêtes furent données les 4 octobre 1767 et 1768, et furent d'une ampleur considérable, surtout en 1767. L'auteur anonyme du manuscrit, qui raconte les circonstances dans lesquelles ces pièces furent conçues et exécutées, fait état de « Domestiques au nombre de 100 » (p. 4), d'une « nombreuse simphonie » (p. 4), du fait que « tout le monde soupa sur 13 tables qui y furent dressées » (p. 7) et, finalement, de l'affluence des participants et de la durée des amusements : « ... cette fete a la quelle prés de mil personnes ont assisté a duré 20 heures sans interruption » (p. 8). Lors des fêtes de l'année suivante, l'unique parade de 1767 fut surpassée par un programme de quatre spectacles successifs entre 6 heures et 10 heures du soir : un prologue, *Impromptu de Vaujours*, une comédie italienne, *Les Enlevemens nocturnes*, un opéra-comique en 2 actes, *Le Savetier et le Financier*, et une tragédie-parade, *Vessedepeur sergent du guet*. Si l'on en croit le prologue qui met en scène les préparatifs de la fête, plusieurs amis de Mme de Maistre y auraient collaboré.

---

213. *Essai sur l'histoire du théâtre*, p. 383.
214. BHVP, NA ms 223.

Les Enlevemens nocturnes, représenté le mardi 4 octobre 1768 devant une cinquantaine de spectateurs, offrent un aperçu inédit de l'évolution de la *Commedia dell'arte* une dizaine d'années à peine avant que les canevas italiens ne disparaissent de l'affiche de la Comédie-Italienne (le 25 décembre 1779). Avec une distribution réduite aux trois personnages du groupe des domestiques (Arlequin, interprété par M. Poullain ; Violette, interprétée par Mme Dutartre, et Scapin, interprété par M. Casanova [*sic*]), cette pièce illustre le côtoiement du théâtre dialogué avec le jeu mimé et improvisé. L'arrivée d'Arlequin sur scène en fournit l'exemple :

> *Il arrive ayant une bouteille à son côté, un écritoire à l'autre, une plume sous son chapeau, un morceau de papier derrière son dos. Il marche lentement la tête baissée.*
>
> Ce n'est pas ça... Ce n'est pas ça.
>
> *Il recommence à se promener en roulant ses doigts l'un sur l'autre ; quand il est à un bout du théâtre, il tape de sa main sur son front.*
>
> Sangue di mi ! Je n'y comprends rien... Je suis aujourd'hui bête comme un cheval... Je ne me reconnais pas... asseyons-nous. Rêvons à notre aise.
>
> *Il s'assied, les jambes croisées, les deux coudes appuyés sur ses genoux, la tête entre les mains, regarde fixement le parterre sans rien dire.*
>
> Brrr... voilà d'où cela vient. J'avais oublié l'essentiel.
>
> *Il détache sa bouteille avec lazzis.*
>
> Ah ! Bravo... bravo... je sens le feu qui coule dans mes veines... ma tête s'échauffe... l'enthousiasme s'empare de mes sens... ah ! La bonne recette... Voyons à présent ce que je veux faire... Un bouquet pour la fête de ma chère Violette... (sc. 1)

On voit dans cet extrait l'incorporation dans les didascalies du jeu corporel des acteurs italiens au moment où il disparaissait du répertoire de la Comédie-Italienne.

Le théâtre de la marquise de Montesson

Grimm, dans la *Correspondance littéraire* de 1777, présente le théâtre de la marquise de Montesson, comme l'un des plus brillants de Paris.

> Il y a eu, ce carême, et surtout pendant la clôture des théâtres, plusieurs spectacles de société fort intéressants. Nous ne parlerons ici que

de ceux qui ont été donnés chez Mme la marquise de Montesson, comme très supérieurs à tous les autres, non seulement par le rang des acteurs et par l'éclat de l'assemblée, mais par le choix même des pièces, et par la manière dont elles ont été jouées (mars 1777).

Mme de Montesson se fit remarquer par Collé pour son talent d'actrice ; il la comparait volontiers à la Clairon. En tant que musicienne, elle fut une harpiste reconnue et une chanteuse appréciée de pièces à ariettes, particulièrement celles de Pergolèse, de Grétry et de Monsigny. Dès 1766, elle participait dans les représentations organisées par le duc d'Orléans dans ses théâtres de Bagnolet et de Villers-Cotterêts, et ce fut pour lui qu'elle fit son adaptation théâtrale du roman de Marivaux, *Marianne* (1766). Veuve du marquis de Montesson mort en 1769, elle épousa secrètement le duc en 1773 mais préféra habiter chez elle, Chaussée d'Antin, où se trouvait son propre théâtre particulier.

Les talents de Mme de Montesson ne se limitaient pas à l'exécution des œuvres créées par d'autres, pourtant. *L'Enciclopedia dello spettacolo* lui attribue 11 comédies et 2 tragédies entre 1776 et 1785, ainsi qu'un ballet manuscrit, *Ziblis* [215]. Représentés en société, à l'exception de *La Comtesse de Chazelles*, les textes de la marquise témoignent d'une ambtion littéraire (ce sont pour la plupart des pièces en cinq actes) que son recours à l'édition (1782-85) confirme et dont le compte rendu de *La Correspondance littéraire* (mai 1785) ne manqua pas de souligner les dangers à l'époque :

> Ce sont les gens de lettres, qui d'ordinaire supportent si difficilement toute incursion faite sur leur domaine par les femmes ou par les gens du monde, qui l'ont traitée avec le plus d'indulgence ; peut-être qu'un succès mérité les eût ramenés à leurs principes d'usage. Au reste, leur sévérité a été supplantée au delà même de toute mesure par celle des spectateurs [de la Cour] que nous venons de désigner ; il semblait qu'ils eussent à se dédommager des applaudissements que la politesse leur avait souvent fait prodiguer à l'auteur sur son théâtre particulier... (t. XIV, p. 149)

---

215. BN f.fr. 9293

Belle-Chasse - Mme de Genlis

Le public du XVIIIe siècle s'accommoda bien plus positivement du théâtre éducatif de Mme de Genlis. Remarquée pour son talent précoce d'actrice dès son arrivée à Paris en 1756 avec sa mère, la nièce de Madame de Montesson épousa le comte de Genlis en 1762, et organisa des représentations dans le théâtre de son mari ainsi que chez d'autres. La publication de quelques pièces pour enfants dans *Le Parnasse des dames françaises* (en 1773) annonce le commencement d'une profusion de textes dramatiques pédagogiques de cette lectrice de *L'Émile* de Rousseau. En 1777, elle fut nommée gouvernante des jumelles du futur Philippe Égalité et, dans le couvent de Belle-Chasse, on construisit un pavillon où elle renforça ses leçons, comme dans les collèges religieux du début du siècle, par le moyen de dramatisations exemplaires. Son biographe de *La Grande Encyclopédie* précise :

> Ne pouvant se priver de son goût pour le théâtre, elle imagina de mettre en action et de leur faire jouer dans le jardin, où les décorations artificielles se combinaient avec la nature, les principales scènes de l'*Histoire des voyages* de l'abbé Prévost, abrégée par La Harpe, et, en général, toutes sortes de sujets historiques ou mythologiques.

D'un grand eccléctisme, les sujets des pièces de Mme de Genlis sont tirés de l'Écriture (ancien Testament), des contes de Fées, de la littérature allemande et des faits divers. On y remarque une mise en valeur des personnages féminins, certains textes, tels que *La Curieuse* et *L'Enfant gâté*, éliminent totalement les hommes. D'autres, comme *La Rosière de Salencey*, mettent l'accent sur l'exemplarité de celle qui y sera couronnée « rosière » au prix d'un traitement plus habituel des relations hommes-femmes dont la version de la même pièce par Favart offre une bonne comparaison. Dans *la Rosière* de Favart, Colin et Thomas poursuivent Hélène et Thérèse, talonnés par François, Guillot, Lucas et « plusieurs autres garçons qui prétendent épouser la Rosière » (Liste des Acteurs). Mme de Genlis évacue l'amour de sa pièce, élimine la foule de prétendants à la main de la rosière, et fait du Bailli un « personnage muet ».

L'importance de la leçon morale prime partout. Aussi trouvons-nous ces mots d'inspiration au dénouement de plusieurs pièces :

Ne nous plaignons jamais du sort ; souvenons-nous que la bonté, la bienfaisance sont les plus sûrs moyens de nous faire aimer. (*La Belle et la Bête*)

ADAM – Les crimes, les vices domineront sur la terre ; mais la vertu, fille du ciel, n'en sera jamais bannie. (III, 3, de *La Mort d'Adam*)

NOÉMI – ... Fais que l'histoire de Ruth soit connue dans les siècles à venir ; que les enfants et les jeunes filles, rassemblés autour du foyer paternel, l'entendent raconter avec respect ; que Ruth, jusqu'à la fin des temps, soit citée dans les familles vertueuses, comme l'exemple le plus touchant de la piété filiale ! (II, 8 de *Ruth et Noémi*)

Grâce à l'impression et à de multiples rééditions, le théâtre de société de Mme de Genlis devint aussi un théâtre de texte ; son rayonnement fut grand, et mérite d'être constaté dans tout survol du théâtre du XVIIIe siècle.

*
* *

La tension entre « théâtre officiel » et « théâtre non officiel » au XVIIIe siècle constitue un axe important pour classer l'abondante production théâtrale de l'époque. La consécration autant que le rejet sont des moyens puissants pour établir un canon ou pour condamner à un oubli « mérité ». Ce chapitre offre une vision large des enjeux ; l'exclusivité des répertoires des théâtres privilégiés fut attaquée depuis le début du siècle par une foule de « refusés », certes, mais elle fut également minée de l'intérieur, ainsi que les luttes d'appropriation de l'officiel en témoignent. Par ailleurs, il est intéressant de constater le transfert des qualités d'un « pôle » de l'axe à l'autre : la Comédie-Italienne devint plus officielle au fur et à mesure que son répertoire changea ; les théâtres de société incorporèrent des éléments du théâtre officiel qui ne passaient plus sur les scènes publiques, ou bien ils dépassèrent le pouvoir de dissémination des grands théâtres par leur utilisation nouvelle de l'édition (Mme de Genlis).

– III –

DE LA THÉÂTRALITÉ
À L'EFFET DE RÉEL

INTRODUCTION

Il y a théâtre lorsque quelqu'un joue en présence d'un autre qui reconnaît que ce jeu n'est pas la réalité. Certes, il est réel dans le sens qu'un acteur donne corps à une action qu'il exécute. Mais dans la mesure où cette action est l'imitation d'une *autre*, la « vraie » (qu'elle surgisse « spontanément » de l'imagination de l'exécutant ou d'un texte écrit « prémédité »), celle que l'on voit devant soi, au premier plan, jouit d'un statut de non réalité relative. Dans une scène délicieuse d'*Arlequin poli par l'amour*, Marivaux saisit la quintessence de cette situation de « théâtralité ». Silvia propose à Arlequin un jeu sous la forme d'un « marché » qui leur garantira le sens « vrai » de toutes les faussetés qu'ils débiteront par la suite :

> Faisons un marché de peur d'accident : toutes les fois que vous me demanderez si j'ai beaucoup d'amitié pour vous, je répondrai que je n'en ai guère, et cela ne sera pourtant pas vrai ; et quand vous voudrez me baiser la main, je ne le voudrai pas, et pourtant j'en aurai envie. (sc. 11)

Ce contrat accepté de part et d'autre, les deux amoureux naïfs entament un jeu de dissimulations (« ARLEQUIN – M'aimez-vous beaucoup ?/ SILVIA – Pas beaucoup. ») que la fragilité de leur amour naissant et leur inexpérience du mensonge les poussent immédiatement à vérifier (« ARLEQUIN, *sérieusement* – Ce n'est que pour rire au moins, autrement... »). Ils se livrent simultanément à la production d'un rôle et à la réception/déchiffrement de celui d'un autre. Le théâtre du XVIIIe siècle tournera autour des modalités de ce contrat entre l'acteur et le spectateur qui changeront de façon significative entre 1700 et 1790. Partant d'un spectacle dont la part du contrat était fortement accentuée, il évoluera vers la convergence de multiples efforts pour rendre moins apparent ou sensible ce « marché » dont parle Marivaux.

Entre l'imitation « fidèle » que la mimésis aristotélicienne se fixe pour objectif et la production ou création « en direct » que prônent les praticiens modernes du « Performance Art », le XVIIIe siècle semble avoir suivi un itinéraire global plus étroit entre ce que nous appellerons la théâtralité et les effets de réel. Ces termes revêtent un sens ponctuel dans cet essai, pour caractériser des tendances spécifiques au théâtre français entre 1700 et 1790. La redéfinition du registre grave de la tragédie classique afin de permettre que le tiers état (bourgeois et peuple) soit « pris au sérieux », et l'enterrement corollaire des improvisations de la comédie italienne ainsi qu'une déclamation surcodée dite « à la Romaine », constituent peut-être les signes les plus visibles de la façon dont les mentalités ont basculé dans la sphère théâtrale. Cette révolution s'étend jusqu'au théâtre lyrique dont le caractère conventionnel s'ouvrit à des attitudes moins exclusives lors de la deuxième moitié du siècle. Il est bien entendu que ce que nous considérons comme une tendance d'ensemble fut loin d'être exclusif ; d'une part, la recherche d'effets de réel rendant l'illusion théâtrale plus convaincante se manifestait dès le début du siècle dans la quête d'un plus grand « naturel », d'autre part, le goût d'une mise en avant du théâtre comme convention, jeu et artifice « purs » persiste à la veille de la Révolution. Ce chapitre, organisé comme les précédents en polarités ou versants opposés, en l'occurrence la « théâtralité » contre les « effets de réel », tentera de faire état de certaines retombées spécifiquement françaises de ce grand débat.

A - DE LA THÉÂTRALITÉ

La définition de la « théâtralité » que propose Michel Corvin renferme deux acceptions opposées, l'une positive et l'autre négative. Dans les deux cas, toutefois, il y a acceptation d'un contrat entre deux parties qui garantit l'égalité de leur participation au jeu qu'ils entameront par la suite. La théâtralité comporte donc :

> Une charge égale de positivité et de négativité. L'usage positif de la notion est manifeste chaque fois que le théâtre est menacé d'être

confondu avec la « vie » : il est alors judicieux de rappeler que toute représentation est un simulacre, une forme, et que la théâtralité n'est pas le privilège de la chose représentée mais du mouvement d'écriture par lequel on représente ; l'usage négatif de la notion apparaît, au contraire, chaque fois que le théâtre oublie le réel, qu'il se complaît dans la célébration de ses propres codes, qu'il s'enferme dans ses propres conventions : alors la théâtralité n'est plus que la marque irrécusable du mensonge et de l'aveuglement [216].

Vu dans l'optique positive, l'effort des acteurs se confond inextricablement avec l'effet enregistré par les spectateurs. Pour le jeune Marivaux, même aux moments les plus intenses d'un travail de simulation par des comédiens de talent, « la chose représentée » n'efface jamais la conscience qu'elle *est* représentée :

> Oreste vient-il annoncer à Hermione sa maîtresse la mort de Pyrrhus qu'il a tué ? le traitement qu'il en reçoit nous étonne, nous frappe comme lui, l'amertume de ses remords pénètre jusqu'à nous : mais ils perdent dans notre âme ce qu'ils ont de triste et d'amer, et n'y laissent qu'un trouble dont nous jouissons avec autant de douceur, qu'Oreste est tourmenté avec rage ; nous nous plaisons aux transports que sa fureur par contrecoup nous inspire, et ils ne nous tirent de l'état naturel que pour nous faire goûter des charmes dans un saisissement effrayant, extraordinaire, dont la douceur est nécessairement *attaché au ressouvenir secret* [nos italiques], que le furieux que nous voyons n'est qu'un furieux de commande [217].

Le spectateur d'*Andromaque* évoqué, en 1712, par Marivaux ne ressent pas l'émotion qu'on simule, il ne s'identifie pas à la folie d'Oreste, il jouit plutôt de la conscience du caractère factice de cette folie. Sa lucidité lui assure un regard détaché. C'est ce détachement qui lui permet de participer au jeu.

En revanche le spectateur qui prend « la chose représentée » pour vraie se laisse captiver par le jeu. Privé de distance critique, il perd

---

216. *Dictionnaire encyclopédique du théâtre*, p. 820.
217 « Avis au lecteur » des *Effets surprenants de la sympathie*, dans *Œuvres de jeunesse*, Paris, Gallimard, 1972, p. 7-8.

son autonomie vis-à-vis du spectacle et finit par être mené par lui. Ce spectateur-là est moins participant que jouet... de l'illusion qu'il subit, des émotions qui naissent en lui sans qu'il puisse les maîtriser. En formulant la théorie de l'acteur lucide dans son *Paradoxe sur le comédien*, quelqu'un de capable de cacher son jeu au spectateur qu'il manipule ainsi, Diderot s'efforcera d'exclure son spectateur de l'action qu'on lui présente. Mercier précise dans l'article « battement de mains » la façon dont ce spectateur-là est privé jusqu'à sa volonté d'applaudir et réduit à la passivité :

> Lorsque le spectateur, le cœur brisé et l'œil baigné de larmes, n'a ni la pensée, ni la force de se livrer à des battements de mains ; que plongé dans l'illusion victorieuse, il oublie le comédien et l'art : tout se réalise autour de lui ; un trait ineffaçable descend dans son âme, et le prestige l'environnera longtemps [218].

Il importe de rappeler qu'au début du XVIIIe siècle le public, comme d'innombrables récits de son effervescence lors des représentations en attestent, préférait une participation plus active.

La crédibilité de « la chose représentée » met en jeu plusieurs facteurs : *ce* qu'on représente, *comment* on la représente, *à qui* on la représente. Des combinaisons multiples de ces facteurs détermineront les degrés de vraisemblance ou d'invraisemblance d'un spectacle ponctuel, comme elles feront de sorte que ce spectacle soit considéré comme « vrai », « convaincant », « intéressant » (= émouvant au XVIIIe s.), ou au contraire comme « guindé », « incroyable », « froid ». Selon les codes reçus et les conventions admises, les termes « vraisemblance », « vrai » et « naturel » désignent des réalités différentes. La redéfinition de la vraisemblance classique en effets de réel marque à la fois un tournant et une continuité ; tournant dans le sens que les codes tragiques jugés graduellement trop aristocratiques devaient être remplacés par de nouveaux codes bourgeois plus reconnaissables ; continuité dans le sens d'un perfectionnement de l'illusion théâtrale matérielle poursuivi inlassablement depuis l'illusionisme de la Renaissance italienne.

---

218. Mercier, *Tableau de Paris*, I, p. 533.

A.1. CONDITIONS DE LA REPRÉSENTATION AVANT 1750

Les représentations théâtrales de la première moitié du XVIIIe siècle relevaient de conventions qu'on considérait après 1750 comme « non réalistes » ; vues de la fin du XXe siècle, cette distinction tend à nous échapper, et les deux codes semblent se confondre. Seuls les plus initiés dans les codes implicites du début du siècle pouvaient voir les représentations auxquelles ils assistaient comme visuellement naturelles et vraisemblables ; le jeu des acteurs, l'encombrement d'une scène qui faisait se côtoyer ceux qui exécutaient les rôles et ceux qui les regardaient, l'aspect non représentatif des costumes des acteurs, les habits et actions ostentatoires du public furent autant de pratiques dont il fallut faire abstraction afin de se mettre dans l'univers fictif du spectacle. Or pour faire abstraction, il fallait être complice. Les écrits non dramatiques de l'époque en témoignent : l'humour dans les regards non complices du Persan Rica résidait autant dans l'inadaptation comique de cet étranger naïf que dans le ridicule prétendument universel de ses cibles. Ne possédant pas les bonnes conventions théâtrales, le touriste de Montesquieu ne savait pas lire du même œil que les Français la *comédie* des loges et du parterre qu'il prenait à tort pour le spectacle scénique [219]. Lorsque la scène du Théâtre Français fut libérée de spectateurs en 1759, le journaliste du *Mercure* du moment caractérisa le protocole de réception des générations précédentes comme un « effet de l'habitude [qui] ne consistoit qu'à se passer d'un degré de plaisir [c'est-à-dire l'évidence oculaire] qu'on ne connoissoit pas » [220]. Cependant, comme ces générations n'eurent pas moins de plaisir à regarder les spectacles, on doit reconnaître que leur relation avec la scène fut tout simplement différente. Les modalités de perception du théâtre pendant la première moitié du siècle comportaient un ensemble particulier de codes théâtraux, sociaux et épistémologiques valorisant un type de complicité dans le jeu que le même article du *Mercure* présentait avec réprobation comme le fait d'« être accoutumé à [une] irrégularité choquante ».

---

219. « Tout le peuple s'assemble sur la fin de l'après-dînée et va jouer une espèce de scène que j'ai entendu appeler *comédie*. Le grand mouvement est sur une estrade, qu'on nomme le *théâtre*. Aux deux côtés, on voit dans de petits réduits qu'on nomme *loges*, des hommes et des femmes qui jouent ensemble des scènes muettes... » (*Lettres persanes*, éd P. Vernière, Classiques Garnier, 1960, Lettre XXVIII, p. 63).

220. Mai 1759, p. 196.

Les codes fonctionnaient par métonymie et synecdoque plutôt que par mimésis ; des signes se substituaient à la chose représentée, des parties remplaçaient le tout, ainsi que le suggère ce frontispice de la pièce foraine, *La Boîte de Pandore* (1721) de Lesage, Fuzelier et D'Orneval (Figure 7) ; Arlequin devient Mercure, messager des dieux, en mettant un costume « à la Romaine » par-dessus son habit bariolé et en greffant des ailes sur ses talons et son chapeau.

Figure 7. – Détail du frontispice de *La Boîte de Pandore*,
de Fuzelier, Lesage et D'Orneval.

De même, la représentation parodique d'un conseil des dieux dans le prologue de l'*Arlequin Énée* (1711) de Fuzelier s'accomplit par une accumulation d'accessoires qui ne cachent pas l'identité du personnage ou de l'acteur qui les porte :

> Apollon paroît le premier joüant du violon, il porte une couronne de laurier, pour montrer qu'il est le Dieu de la Poësie ; une seringue penduë à sa ceinture marque qu'il est Dieu de la Medecine. Mars representé par Gilles l'oncle bat le tambour & est tout couvert d'épées & de pistolets. Venus le suit representée par Gilles le Neveu. La Déesse tient l'Amour entre ses bras ; le Dieu des cœurs est chargé d'une hotte à porter de l'argent, qui luy sert de carquois [221].

Ce ne fut pas une pratique limitée au spectacle forain ; chez les Italiens, la Silvia du *Jeu de l'amour et du hasard* (1730) se déguise en soubrette plus symboliquement que réellement : « Il ne me faut presque qu'un tablier. » (I, 2) Et aux Français, dans *Brutus*, « pour passer du Capitole dans la maison du Consul il n'y avoit d'autre changement qu'un autel enlevé du milieu de la scène » [222].

Au niveau de la réception par un public formé à un certain type de complicité, et d'après la définition de M. Corvin, cela revient à « se complai[re] dans la célébration de ses propres codes », la mise en évidence de la convention primant sur tout. Il importe de se faire une idée des conditions dans lesquelles les représentations se déroulaient, pour apprécier l'ampleur des changements de la production et de la réception théâtrales proposés aux alentours de 1750 par de nombreux réformateurs dont Diderot reste le plus célèbre de nos jours. Si, néanmoins, ces spectacles connurent autant de succès auprès des spectateurs de leur temps, c'est parce que ces derniers intégraient parfaitement dans leur expérience du fait scénique les codes et conventions théâtrales sur lesquels ces représentations reposaient. La « théâtralité » que nous étudierons dans les pages qui suivent sera donc la participation active dans des conventions scéniques de l'époque. Plutôt que d'une définition large, il s'agira d'une application contextualisée du phénomène à des conditions ponctuelles de production et de réception.

---

221. *Le Théâtre de la Foire*, site www de B. Russell : http : //foires.net/play14.shtml.
222. *Mercure*, mai 1759, p. 196.

Toute représentation théâtrale est un composé de plusieurs éléments : le jeu de l'acteur, les costumes, la relation scène-salle, le décor, la chorégraphie, la coordination des équipes d'acteurs, l'éclairage... Alors que dans notre premier chapitre la représentation a été envisagée sous l'angle de son influence sur la *production* des pièces, il sera question à présent de la *réception* du fait scénique par des générations de spectateurs dont les goûts – fait universel – évoluaient.

Pendant la première moitié du siècle, les spectateurs de *Cinna*, de *Sémiramis* ou de *Tartuffe* devaient faire un ajustement mental quand ils observaient des scènes d'intimité à la Comédie-Française :

> Auguste délibéroit au milieu de nos Petits-Maîtres ; ils étoient obligés de se ranger pour laisser passer l'ombre de Ninus ; & tandis que Tartuffe examinoit si personne ne pouvoit le surprendre séduisant la femme de son mari (*sic*), il avoit autour de lui cent témoins de son tête-à-tête [223].

Et les costumes, par leur simple caractère ostentatoire, signifiaient « théâtre » sans désigner d'autres référents plus spécifiques ou historiquement localisés :

> La D[lle] de Seine... parut sur le Theatre François superbement parée de l'habit dont le Roi lui a fait present. Il est de velours couleur de cerise, extraordinairement enrichi de cartisanes, de franges, et points d'Espagne d'argent, dont on a fait monter le poids jusqu'à 900 onces. On assure que cet habit revient a 8 000 livres. Elle joüa le rôle d'Hermione dans la Tragedie d'*Andromaque*... [224]

C'est ce genre de représentation que nous allons considérer comme « théâtrale », par rapport aux réformes d'après 1750 qui allaient rechercher de plus grands effets de réel.

Les artistes exécutaient des « figures » qui seraient jugées abstraites et peu naturelles par les générations postérieures ; le gestuel des acteurs était très formaliste, les costumes, frappants en soi, tout en étant incontestablement « de théâtre » (à la différence de ce qu'on

---

223. *Mercure*, mai 1759, p. 196.
224. *Mercure*, janvier 1725, p. 139.

appelait costumes « de ville »), ne devaient pas nécessairement être représentatifs du sujet mis en espace, la disposition sur scène des groupes de personnages se déterminait plus par les conditions physiques de l'aire de jeu (étroite, encombrée de spectateurs, mal éclairée, sommairement décorée) que par le souci de régir un travail d'ensemble, la danse consistait en un travail de pure forme. Pour tomber sous le charme d'une représentation, on ne pouvait pas ignorer les codes invisibles qui en faisaient un travail d'imitation « convaincant ».

Tel théâtre, tels codes de présupposés nécessaires au déchiffrage de ses signes. Quoique perçus comme également artificiels dans les attaques formulées plus tard par Diderot, à partir des années 1750 (du moins dans ses répliques à Mme Riccoboni), les codes de mise en scène chez les Français et chez les Italiens avaient été différenciés en 1725. Les nombreuses « querelles des théâtres » qui opposèrent la troupe officielle aux non officielles étaient autant des disputes sur les codes de jeu et de réception que des « procès » sur le répertoire. Vêtements magnifiques et costumes « à la Romaine » chez les premiers, costumes de caractères italiens ou populaires (Pantalon, Arlequin, le Docteur...) chez les seconds. Chaque type se reconnaissait par des traits physiques ou vestimentaires : les « Romains » portaient une cuirasse, un tonnelet et des plumes au casque ; Pantalon était barbu, en pantalons rouges et avait un manteau noir ; Arlequin avait un costume avec triangles multicolores, plus le masque et sa batte ; le Docteur portait une longue robe noire flottante et un immense chapeau.

Le mouvement était également codé : déclamation en positions figées de tirades tragiques au Théâtre Français, lazzis énergiques et déplacements rapides en groupes plus chorégraphiés de deux ou trois à la Comédie-Italienne. Pour la génération de spectateurs qui fréquentait les théâtres à l'époque, on discourait donc avec fondement sur les distinctions entre le jeu relativement plus « naturel » des Italiens et une plus forte grandiloquence et débit « ampoulé » des Français. Qui se penche sur le répertoire forain du moment verra de nombreuses caricatures parodiques de ces traits caractéristiques [225].

---

225. Par exemple, dans *Arlequin Énée* (1711) de Fuzelier, on trouve : « Un Romain vient se presenter à Anchise qui le fait déclamer devant luy. Tandis qu'il jouë un rôle fier & emporté, le Poëte Farinatides approche tenant des vers qu'il lit à la suite d'Anchise & critiquant ceux que reçite le Romain. » (sc. 6) (*Le Théâtre de la Foire*, site www de B. Russell : http://foires.net/play14.shtml).

F. Rubellin voit des obstacles à l'identification dans les représentations du début du XVIIIᵉ siècle : « L'ensemble de ces conditions matérielles pouvait empêcher le public d'être absorbé par la fiction qu'il voyait représenter. » [226] Il importe de remarquer toutefois que ces styles de jeu reposant sur la convention pouvaient fort bien être considérés comme crédibles par des connaisseurs initiés et complices. La critique du théâtre anglais publiée dans le *Mercure* de juillet 1725 présupposait, comme contrepartie des excès du théâtre d'outre-Manche, que l'on pouvait parfaitement s'identifier à des spectacles français de l'époque qui étaient joués dans les conditions que nous venons d'énumérer :

> Une des choses les plus nécessaires pour le plaisir du théâtre, c'est que la nature soit si bien imitée que l'art ne paraisse point ; qu'on oublie le poète pour ne s'occuper que des sentiments de la pièce et de ses événements. (p. 1640)

Le degré de participation du spectateur dans la perception de l'illusion à cette époque était élevé. Dans une étude de la saison 1725-26 à Paris, nous avions induit une réception « active » pour le public d'une pièce de Louis Fuzelier représentée à la Comédie-Française, *Les Amusements de l'automne* :

> Tout porte... à croire que certains acteurs et actrices jouèrent plus d'un rôle, mais que, comme au niveau de la décoration, les indications visuelles de leur métamorphose furent minimes. (…)
> Alors qu'une pièce du répertoire officiel tendrait à minimiser ces moments où paraît aux yeux du public l'invraisemblance du spectacle qu'il regarde, les textes de Fuzelier ont en commun de les souligner. C'est en cela que consiste leur théâtralité, car en attirant l'attention du spectateur sur l'écart entre la réalité d'une scène de théâtre décorée de façon rudimentaire, d'habits à peine représentatifs quand ils ne sont pas disparates, d'acteurs qui changent de rôles sans changer de vêtement, et l'illusion qu'on lui propose, les pièces de Fuzelier lui rappellent constamment qu'il est au théâtre [227].

---

226. *Marivaux dramaturge*, p. 31.
227. Trott (1985, p. 270).

A.2. LES PROLOGUES

Les prologues occupent l'espace intermédiaire entre scène et salle que nous associons à l'effet de théâtralité. Le *Dictionnaire du théâtre* les définit ainsi : « une sorte de "préface" de la pièce, où il est seul correct de parler à l'audience [*sic*] de quelque chose en dehors de l'intrigue, dans l'intérêt du poëte, de la pièce même » (P. Pavis, p. 304). Comme l'étymologie l'indique, le prologue vient *avant* ; par ailleurs, il se situe au niveau *meta* par rapport à la pièce dont il fait en quelque sorte le commentaire (Figure 8). Ainsi, le prologue au

Figure 8. – Frontispice du *Théâtre de la Foire*.

XVIIIe siècle reflète par son positionnement, son statut et sa fonction les grandes lignes de l'évolution théâtrale de l'époque. Pour reprendre l'article du *Dictionnaire du théâtre*, « Il tend à disparaître, dès que la scène se donne comme présentation réaliste d'un événement vraisemblable, car il est ressenti comme un encadrement déréalisant de la fiction théâtrale. » (p. 305)

La plupart, sinon tous, des opéras de l'Académie Royale de Musique s'ouvrent avec un Prologue, suivant le modèle des grands spectacles lyriques du XVIIe siècle. Cette convention n'est qu'un signe parmi plusieurs de la nature fortement stylisée du genre. Qu'il s'agisse de l'*Hésione* (1700) ou de l'*Aréthuse* (1701) de Danchet, de l'*Omphale* (1701), du *Carnaval et la Folie* (1703) ou de *La Vénitienne* (1705) de La Motte, ou, au terme de notre période, du *Tarare* (1787) de Beaumarchais, la représentation commence par l'apparition d'un univers largement composé de divinités ou de figures allégoriques de tous bords. Dans le Prologue des *Fêtes Grecques et Romaines* (1723) de Fuzelier, Clio, muse de l'Histoire, Erato, muse de la Musique, et Terpsicore, muse de la Danse, défendent devant Apollon la légitimité d'une thématique empruntée à l'Histoire. L'« Opéra tragédie » non représentée de J.-J. Rousseau, *La Découverte du Nouveau Monde* (1739 environ) met en scène des pays et continents (l'Europe et la France), des divinités (Minerve et Le Destin) et une nationalité (Peuples François), qui défendent les guerres continentales récentes de la France avant d'orienter les regards vers un passé plus lointain qui vit l'« Européen » Christophe Colomb débarquer dans les Amériques :

> (*À l'Europe*)
> Vos enfants autrefois d'un beau Zèle animez
> Aux Climats Etrangers étendant vôtre Empire
> Vous épargnoient les maux dont vôtre cœur soupire.
>
> Retraçons-leur ces tems si renommez
> Où conquérans d'un nouveau monde,
> Vainqueurs de la Terre et de l'onde,
> Pour la première fois au bout de l'Univers
> Ils porterent vos fers. (*Œuvres complètes*, II, Prol., sc. 3)

Partie intégrante des ouvrages qu'ils annoncent, les prologues s'en distinguent pourtant par l'effet de distanciation qu'ils créent entre le discours métathéâtral qu'ils tiennent et l'action scénique que l'on joue après. Situés en dehors de la fiction de la pièce, ils furent néanmoins confondus avec des pièces auxquelles le titre de ces dernières l'associaient. Le prologue jette un pont entre le spectateur et le spectacle qui va suivre. Il ne doit pas être confondu avec l'exposition car il se situe en dehors de la fable. En même temps, il réfère à cette fable qu'il présente au public.

Différent par nature de la préface, qui est écrite, le prologue s'adresse au public au commencement d'un programme théâtral.

> Partie avant la pièce proprement dite où un acteur [...] s'adresse directement au public pour lui souhaiter la bienvenue et annoncer quelques thèmes majeurs ainsi que le début du jeu, en donnant les précisions jugées nécessaires à leur bonne compréhension [228].

Au XVIIIe siècle, le prologue se distingue par la variété de manifestations qu'il assume et par la grande fréquence avec laquelle on y recourt. Au début du siècle il constitue une partie structurelle de tout opéra ou ballet représenté à l'Académie Royale de Musique, il se confond avec les discours d'ouverture annuels ou saisonniers sur toutes les scènes, il met en scène un nombre infiniment variable d'acteurs, et il assume toutes les perspectives imaginables vis-à-vis du spectacle qu'il ouvre. Globalement, il alimente un dialogue constant et recherché avec les spectateurs sur la nature et les implications de l'activité théâtrale. En cela, il est éminemment métathéâtral.

Il fallut marier les formes voisines de l'« impromptu » (ex. *L'Impromptu de Versailles* de Molière) et de la « critique » (ex. *Critique de l'École des femmes*) à celle du prologue pour en arriver à des discussions ou justifications avant la lettre telles que la *Critique du Légataire* (1708) de Regnard, le Prologue du *Faucon et les Oies de Boccace* (1725) de Delisle, ou le Prologue de *L'Ile de la Raison* (1727) de Marivaux.

Bien que la *Critique du Légataire* suivît la comédie de Regnard, cet acte en sept scènes manifeste plusieurs des qualités associées au prologue. Premièrement, en s'apparentant à l'annonce par laquelle,

---

228. P. Pavis, *Dictionnaire du théâtre*.

encore costumé, l'orateur de la troupe venait avertir le public des spectacles des jours suivants : « Et le jour suivant, vous aurez encore une représentation du *Légataire*. » (sc. 1) Cette promesse met en marche une discussion du *Légataire* qui réfère tant à la pièce qu'on vient de jouer qu'à celle qu'on propose de (re)jouer le surlendemain, brouillant ainsi les repères temporels du passé et du futur. Le même phénomène, d'ailleurs, se répète au niveau de la localisation spatiale de l'action, car la fiction de la *Critique du Légataire* débute apparemment sur le théâtre – c'est un chevalier ostensiblement assis sur les bancs de la scène qui interpelle le comédien-orateur. Mais lorsque le comédien « s'en va » vers les coulisses, le lieu qu'occupe le Chevalier se trouve déplacé dans les foyers de la Comédie où la ruée habituelle vers les carrosses est censée être en branle. Nouvelle confusion – voulue par ce type de pièce située à mi-chemin entre le monde des spectateurs et celui de la scène – entre le temps du public, encore à sa place dans la salle de théâtre, et le temps scénique qui est celui d'une fin de soirée théâtrale pas encore commencée. Que Regnard le veuille ainsi est amplement attesté par les scènes IV et VI. L'acteur Paul Poisson qui venait de jouer le Crispin du *Légataire* se fait des compliments à lui-même dans le rôle du Mr. Bredouille de la *Critique* : « Ce Poisson est plaisant ; il me divertit. » [229] L'apparition de deux « Messieurs Clistorel » (sc. VI), l'un « Apotiquaire » et l'autre « comédien » porte la confusion entre réalité et théâtre à son comble. La Comtesse commente ainsi leur arrivée : « Il me semble que j'apperçois Monsieur Clistorel ; il n'est pas encore déshabillé. » (sc. IV) Or, c'est justement le « *vrai* » Clistorel qu'elle remarque, et non pas le comédien.

La Critique du Légataire suit le modèle « français » de la petite pièce qui depuis *La Critique de l'École des femmes* de Molière venait après la grande pièce. En dépit de sa position dans le programme du jour, il n'en possède pas moins les marques de « théâtralité » que nous associons au prologue.

Entre 1708 (date de la *Critique* de Regnard) et les années 1720, la Comédie-Française effectuait le renversement d'ordre mettant un

---

229. « Il est légitime de penser que Mr. Bredouille était incarné par le même acteur, Paul Poisson, qui devait déjà bredouiller dans son rôle de Crispin du *Légataire universel* », note 68, p. 293, de l'édition critique de C. Mazouer.

prologue/petite-pièce avant la grande pièce. *L'Ile de la Raison* (1727) de Marivaux l'atteste. L'auteur concède que la chute, après la 4ᵉ représentation, de son *Ile de la raison ou les Petits hommes* venait de son mauvais jugement en ce qui concerne la théâtralité de cette comédie singulière : « Ces *Petits hommes*, qui devenaient fictivement grands, n'ont point pris. Les yeux ne se sont point plu à cela [...] » (Préface, I, p. 590). Ce fut la seule de ses pièces pour laquelle il fit un prologue, où, justement, on raisonne sur l'ajustement mental qu'il exigeait de la part des spectateurs. Représentés par la Comtesse du Prologue, ils auraient eu trop de difficultés à passer de la taille réelle des acteurs à leur rétrécissement fictif :

> LA COMTESSE – ... Voulez-vous bien nous dire ce que c'est que vos *Petits Hommes* ? Où les avez-vous pris ?
> L'ACTEUR – Dans la fiction, Madame.
> LE CONSEILLE – Je me suis bien douté qu'ils n'étaient pas réellement petits.
> L'ACTEUR – Cela ne se pouvait, Monsieur, à moins que d'aller dans l'île où on les trouve.
> LE CHEVALIER – Ah ! ce n'est pas la peine : les nôtres sont fort bons pour figurer en petit : la taille n'y fera rien pour moi.
> LE MARQUIS – Parbleu ! tous les jours on voit des nains qui ont six pieds de haut. Et d'ailleurs, ne suppose-t-on pas sur le théâtre qu'un homme ou une femme deviennent invisibles par le moyen d'une ceinture ? (Prol. sc. III)

Outre la question habituelle des promesses du titre (voir *Le Faucon* de Delisle où le prologue évoque la réutilisation du même titre par plusieurs auteurs), le prologue de *L'Ile de la Raison* dévoile plusieurs facettes du débat sur la réception au théâtre en 1727. Certes il divise les esprits littéraux (« LA COMTESSE – Mais comment fonder cela ? ») des esprits figurés (« L'ACTEUR – Et ici on suppose, pour quelque temps seulement, qu'il y a des hommes plus petits que d'autres ») ; mais en évoquant l'invisibilité scénique acceptée par les initiés au code, le Marquis du prologue confirme qu'il existait à cette époque une situation de réception dans laquelle certains des spectateurs acceptaient de nier momentanément l'évidence de leurs yeux. Ce débat sur deux façons de percevoir la même chose suggère fortement qu'il y avait plusieurs codes de réception, et non pas un seul, qui opposaient les différents éléments du public du Théâtre Français ;

à plus forte raison, donc, pouvons-nous rappeler que cette variété des façons d'apprécier un spectacle pouvait encore s'enrichir à cause des déplacements du public entre plusieurs théâtres.

Ce sont les spectacles de la Foire qui eurent le recours le plus libre aux prologues. Alors que l'Opéra en faisait un instrument d'enchâssement des actes ou entrées à suivre, les Forains encadraient moins une suite donnée d'actes qu'une pratique plus commercialisée de programmation [230]. La dramaturgie des « scènes détachées », motivée ironiquement par la défense du monopole des théâtres officiels (voir chapitre II), rendait possible sinon nécessaire la grande flexibilité des unités individuelles qui finissaient par constituer le programme de telle séance individuelle de spectacles. Ce fait encourageait l'immédiateté des prologues qui ouvraient la séquence du jour ; des allusions à l'actualité théâtrale, des critiques/parodies de spectacles, et quelques mots sur les actes/pièces à suivre, telle est à peu près la recette. Dans l'*Homère jugé* (1714), Fuzelier évoque la querelle des Anciens et des Modernes avant de céder la place aux deux actes de *La Coupe enchantée*. Dans *Le Déménagement du théâtre* (1724), il célèbre le retour des Forains à la salle du chevalier Pellegrin après que les Comédiens Italiens de Riccoboni y eurent passé trois saisons estivales pendant la Foire Saint-Laurent ; suivent deux pièces en un acte, *Les Nœuds* et *le Quadrille des théâtres*. Cette pratique consistant à lier un prologue à deux ou trois actes plus ou moins autonomes s'appelait un « ambigu-comique ». Les scènes d'ouverture de ces séquences entretenaient une relation enchâssante ou métathéâtrale avec les scènes qui suivaient.

La transmission de cette technique des Forains aux troupes plus officielles telles que celle des Italiens est reflétée, par exemple, dans le programme de ces derniers à la Foire Saint-Laurent, le 8 août 1722. *Le Dieu du Hasard* de Lesage, D'Orneval et Fuzelier rend explicite le rapport plutôt lâche qui existait entre ce prologue et *La Force de l'amour* et *La Foire des fées* qui suivaient :

> PANTALON – Qu'allons-nous faire de deux pièces d'un acte ?
> THALIE – Vous n'avez qu'à les lier par le moindre petit Prologue.
> (*Théâtre de la Foire*, V)

---

230. Évidemment, la suite des actes/entrées d'un opéra et surtout d'un ballet pouvait se modifier. L'entrée des « Sauvages » des *Indes galantes* (1735) de Fuzelier et de Rameau fut ajoutée à l'opéra-ballet l'année après la première.

Charles-François Pannard, praticien de ce que Nathalie Rizzoni appelle « le petit » [231], fut attiré par l'espace intermédiaire entre la scène et la salle. Parmi les 145 « morceaux » qu'elle lui attribue, figurent de multiples compliments d'ouverture et de clôture des saisons foraines, mais aussi un grand nombre de prologues *sur*-théâtralisés par le fait que leur statut de pont entre les spectateurs et les pièces qu'ils annonçaient fut renforcé par des titres « théâtraux » autoréflexifs : *La Comédie... à deux acteurs* (1731) ... *sans hommes* (1732) ... *sans paroles* (1732) ; *Les Petits Comédiens* (1731), *L'Amant comédien* (1735) ; *L'Assemblée des acteurs* (1737), *Les Acteurs éclopés* (1740), *L'Impromptu des acteurs* (1745)... La collaboration entre Pannard et son disciple, Favart, qui assura la relève du répertoire forain après 1750, fut marqué par les deux versions du prologue, *La Répétition interrompue* (1735).

L'avènement d'une séparation de l'espace intermédaire entre les acteurs et leurs spectateurs pendant la deuxième moitié du XVIIIe siècle, ainsi que l'émergence d'un discours critique écrit (plutôt que joué sur scène), fit diminuer la popularité du petit genre du prologue qui prospéra tant avant 1750.

A.3. LA PARODIE

La profusion des parodies théâtrales au XVIIIe siècle constitue un autre signe de la vogue des manifestations de la théâtralité ambiante du moment. Cette vague de citations et de réappropriations ironisantes du canon théâtral léguée par le classicisme parcourut tout le siècle et s'enrichit progressivement de nouvelles cibles au fur et à mesure que le répertoire des spectacles en France augmenta. Elle constitua, d'ailleurs, une étape de déconstruction importante sinon nécessaire pour les renouvellements qui suivirent ; et en tant que pratique intertextuelle, elle porta autant sur les emprunts de textes soustendant bien des spectacles que sur la mimique des comédiens. Il s'agit ici de rendre compte de la parodie en tant que mode de dédoublement critique ; car elle instaure une relation double entre l'instance parodiante et le référent parodié, elle crée nécessairement une dis-

---

231. *Défense et illustration du « petit » : la vie et l'œuvre de Charles-François Pannard*, thèse à paraître aux *Studies on Voltaire and the Eighteenth Century*.

tance entre ces deux composantes et elle dépend d'une complicité active de la part d'un public conscient de la comparaison et avide de gestes désacralisants.

La fréquence, la polyvalence et la rapidité de composition des parodies ne semblent pas avoir de limites pour la période qui nous intéresse ; pendant la première moitié du siècle, à chaque reprise d'une tragédie lyrique de Quinault et de Lully, une ou plusieurs parodies témoignèrent de l'événement. Des reprises de *Phaeton* (1683) donnèrent *Arlequin Phaeton* à la Foire St-Laurent en 1713, *Phaeton* à la Comédie-Italienne en 1721, *Le Cocher maladroit* à la Foire St-Germain en 1731. Les reprises d'*Atys* (1676) eurent pour échos le 19 février 1726 *Arlequin Atys* à la Foire St-Germain et *Atys* à la Comédie-Italienne ; dix jours plus tard une troupe de marionnettes à la Foire prit la relève avec *La Grand-mère amoureuse* ; en 1736 suivit *Atys travesti*... Un mécanisme quasi automatique assurait ainsi aux programmes des théâtres officiels des répliques scéniques venues des troupes non officielles ; par ailleurs, celles-ci rivalisèrent entre elles pour attirer vers leur propre parodie plus d'attention que les autres.

La parodie des pièces fut « théâtrale » par l'intériorisation du dialogue entre la pratique et le théorique qu'elle effectua. Comme dans le cas des prologues qui mettaient sur scène des réflexions sur l'activité scénique à venir, les parodies incorporaient scéniquement des échanges entre des genres écrits de plus en plus distincts ; d'une part, le poème dramatique écrit (domaine de la fonction d'auteur émergente) et, de l'autre, le jugement analytique, qu'il soit critique (domaine du journalisme naissant), académique (domaine des savants et des philosophes) ou littéraire (domaine des gens du goût et des beaux-esprits).

Pour ne citer que l'exemple de la parodie la plus populaire de la première moitié du siècle, l'*Agnès de Chaillot* (août 1723) [232] de Biancolelli, le jeu entre texte et métatexte se fond en une seule entité. Le « travestissement » d'*Inès de Castro* (avril 1723) [233] présenta sur la scène des Italiens le même débat entre la tragédie et ses prin-

---

232. 125 représentations connues avant 1750.
233. 110 représentations à la Comédie-Française jusqu'en 1750.

cipes que celui mené rétrospectivement par écrit par l'auteur La Motte dans ses Discours sur ce genre. Réagissant aux critiques adressées à sa pièce, La Motte se livre dans le discours théorisant, hors-texte, à des considérations que sa conception univoque de la tragédie en bannissait :

> Que le Spectateur voïe toûjours une action, & ne sente jamais un Ouvrage : car dès que l'Auteur prend ses avantages aux dépens de la moindre vraisemblance, il les peut perdre par cela même. L'illusion cesse. On ne voit plus que le Poëte au lieu des Personnages [234].

Dans la parodie, la fonction « auteur » se discute et se critique *dans* la pièce et non pas, comme pour les Discours de La Motte, séparément d'elle. Par conséquent, le souci d'une « gradation » de l'action, du rôle « des confidents », de la fonction « des monologues », de la « conduite d'une tragédie » [235] fait partie intégrante du texte d'*Agnès de Chaillot*. Pour ce qui est de la gradation de l'intérêt, les 40 vers du monologue du roi Alphonse (IV, 1) se téléscopent en 14 pour exprimer le déchirement d'un père qui hésite à dispenser une justice royale à son fils ; le Bailli d'*Agnès* réduit les hésitations plus subtiles du Roi d'*Inès* à un alexandrin saccadant l'alternative : « Punissons... pardonnons... soyons dur... soyons tendre. » (scène XVI) [236] Par ailleurs, l'ouverture de ce même monologue laisse clairement entendre la voix du « Poëte » que La Motte rejetait : « Quelques reflexions sont ici nécessaires,/ Pour balancer les droits des Baillis & des Peres ! » Dans la scène XVII d'*Agnès*, nous trouvons également une réflexion critique sur la présence de « conseillers » muets :

> LE BAILLI, *aux autres Conseillers*
> Vous ne me dites rien... vous gardez le silence...
> Messieurs, ah ! je sçais trop ce qu'il faut que j'en pense !
> Qui ne dit mot consent. Je condamne mon fils.
> Je ne demande point là-dessus vos avis,
> La chose est inutile, & n'en vaut pas la peine,
> Car vous n'êtes ici que pour orner la Scene.

---

234. *Œuvres*, tome 4, p. 284-285.
235. Ces règles se discutent aux p. 271, 277, 280 et 283, *op. cit.*
236. *Parodies du Nouveau théâtre italien*, tome premier.

La conduite parallèle de l'action comique d'*Agnès* et de son discours sur la conduite de cette action (justification de personnages, mise en évidence de la structure antithétique d'un monologue...) a pour effet de dévoiler les coutures de l'illusion théâtrale.

En suivant les recettes éprouvées du genre burlesque qui déprécie l'art sublime, le créateur de la parodie d'*Inès de Castro* rend les spectateurs conscients par contraste de l'artifice dont ce sublime est constitué. Biancolelli et ses confrères de la troupe italienne suivent fidèlement l'intrigue d'*Inès*, mais en comprimant ses cinq actes en un, et en rabaissant la royauté et l'aristocratie portugaises et castillanes de la tragédie au niveau des baillis, bedeaux et paysans de Chaillot et de Gonesse. Les « travestissements » se multiplient : la tragédie en parodie, le roi Alphonse du Portugal en Trivelin, l'Infant en Silvia déguisée en Pierrot, le prince Rodrigue en Arlequin jouant un bedeau. Bien que la versification en alexandrins d'*Inès* soit conservée dans *Agnès,* le style noble baisse comme la condition des personnages. Les victoires militaires de l'Infant portugais, par exemple,

ALPHONSE
Mon fils ne me suit point ! Il a craint, je le vois,
D'être ici le témoin du bruit de ses exploits.   (I, 1)

deviennent le premier prix décerné à Pierrot pour son habileté de tireur :

LE BAILLI
Mon fils ne me suit point ! sans peine je l'excuse,
Il vient de remporter le prix de l'arquebuse :   (scène première)

Alors que le terme « parodie » signifiait originellement l'emprunt d'un air musical à partir duquel on écrivait de nouvelles paroles (les couplets des vaudevilles forains, par exemple), les transferts intertextuels auxquels menait cette pratique au XVIIIe siècle furent multiples. F. Rubellin, dans un récent article sur Lesage, établit le classement suivant de niveaux parodiques dans ses pièces critiques, afin de « dégager les caractéristiques de la transformation parodique chez lui, et de mesurer par la même occasion l'ampleur référentielle et la portée critique de ces pièces » [237] :

---

237. « Lesage parodiste », p. 95.

– au niveau du titre ;
– au niveau de l'intrigue ;
– au niveau des caractères ;
– au niveau du langage (citations/déformations).

Dans la *Parodie d'Annette et Lubin* (1762) des Favart, l'intrigue est condensée et le registre stylistique est baissé ; l'opéra-comique d'origine est transformé en une parade au ton polisson. L'innocence et la nature se transforment par inversion en grivoiserie. Annette est sur le point d'accoucher, sans se douter de sa grossesse. Lubin est poursuivi par les femmes de la ville, et tous ses propos sont ponctués de références au « labourage », « anguille », « flageolet »... Le Bailli s'appelle « Cassandre ».

Au niveau de l'action, tout est accéléré ; le texte est réduit à certaines citations charnières, telles que :

Annette et Lubin	*Parodie d'Annette & Lubin*
LE BAILLI	LE BAILLI
Il vous dit qu'il vous aime ?	Lubin vous fait plaisir ?
	Pour lui votre mouchoir s'entrouvre ?
ANNETTE	ANNETTE
Oui, monsieur le bailli.	Aut' chose itou.
LE BAILLI	LE BAILLI
Vous lui dites de même ?	Pour lui votre cœur se découvre ?
ANNETTE	ANNETTE
Oui, monsieur le bailli.	Aut' chose itou.
(Sc. 5)	(Sc. 5)

Le mariage de la fin est précipité, non pas par la révolte de Lubin qui attaque les gens du Seigneur, mais par le déclenchement de l'accouchement d'Annette.

Parmi les multiples avatars de la parodie, il est intéressant de noter aussi comment cette arme qu'employait surtout le non officiel pour attaquer le canonique peut être l'instrument du pouvoir pour ridiculiser tout ce qui le menace. *Les Philosophes* (1760) de Palissot empruntent les procédés de la parodie développée déjà dans le *Serdeau des théâtres* (1723) de Fuzelier. Il s'agit d'une forme de parodie collective, ou en série, plutôt que le ciblage d'un ouvrage unique. Alors que Fuzelier et d'autres passaient en revue les succès scéniques d'une saison, Palissot énumère par les nombreux détails dont son texte est fait un vaste corpus de textes non dramatiques (par exemple *Les Bijoux indiscrets*) et dramatiques (*Le Père de famille*). C'est tout un mode de pensée qu'il attaque, et ce mode se manifeste dans sa pièce à travers :

1) des thèmes – l'humanité, le cosmopolitisme, le danger des préjugés... ;

2) des personnalités repérables – Dortidius = Diderot ; Crispin à quatre pattes = Rousseau... ;

3) des textes – *incipit* de Duclos, de Diderot ; citation du *Fils naturel*... ;

4) des mots clefs – *erreur, fanatisme, persécution, humanité, crédule*... ;

5) des titres et des genres – « tragédie domestique », *Le Fils naturel, Discours sur l'inégalité, Lettre... sourds*.

Si l'on considère le texte de Palissot comme un avatar de la parodie, il en résulte la reconnaissance du « poids » de son référent ; la parodie consacrant en même temps l'œuvre qu'elle subvertit. Elle se fonde aussi sur la complicité des spectateurs qui jouent le jeu de la double référence, et qui connaissent aussi bien les textes cibles que le texte parodiant. Finalement, se retrouve le même procédé de dévalorisation d'un discours parodié par le choix du porte-parole qui le profère. La « femme savante » (Cidalise) de Palissot ; le Frontin/Carondas ; le Dortidius/[Diderot]...

Il y a une ironie certaine à voir « l'institution » d'Ancien Régime s'en prendre à une nouvelle institution (la pensée des Lumières) qui est toujours en train de s'implanter.

A.4. MARIVAUX ET LA THÉÂTRALITÉ

Les comédies de Marivaux et de ses contemporains reflètent une théâtralité que les lecteurs et spectateurs du XXᵉ siècle finissant apprécient particulièrement. Aiguisée au XVIIIᵉ siècle par le heurt des spectacles collectifs et d'une hégémonie émergente de l'auteur, cette conscience extrême des rouages de l'illusion scénique confond volontiers deux espaces – celui des acteurs et celui des spectateurs – dans une célébration des feintes démasquées, de la complicité recherchée et d'une autoréférentialité délibérée. Cette pratique, qui contrecarrait les exigences de vraisemblance de l'orthodoxie classique, en même temps qu'elle gênait la quête d'un effet de réel cher au drame bourgeois, va se trouver progressivement marginalisée à la fin du siècle. Mais comme en témoigne la grande vogue de représentations théâtrales en société, les prescriptions du goût officiel, à défaut de l'étouffer, ne pouvaient rien sauf dissimuler une pratique restée discrètement vivace.

Comme les grands dramaturges Shakespeare et Molière avant lui, Marivaux ne laissa pas, ou peu, de manuscrits de son théâtre. Il nous reste des textes publiés que les grands éditeurs du XXᵉ siècle, Frédéric Deloffre en tête, se sont efforcés de rendre définitifs. En revanche, l'absence de documents permettant de reconstituer la gestation des quelque 39 pièces marivaudiennes, ainsi que les avatars par lesquels passèrent celles-ci avant de devenir monuments littéraires, nous laisse devant les mêmes questions que celles que se posent les spécialistes des créateurs du *Roi Lear* et du *Misanthrope* : qu'auraient pu nous révéler différentes versions de leurs pièces en ce qui concerne leurs stratégies d'écriture ? ont-ils créé seuls *tout* ce qu'on leur attribue ? Les conditions de la production théâtrale que le présent essai met en lumière peuvent, nous semble-t-il, autoriser cette interrogation [238]. Livrées à la postérité en versions généralement uniques et dans un état de parachèvement avancé, les pièces de Marivaux (plus que beaucoup d'autres) nous obligent à trouver les échos de leur production dans leur texte écrit.

Et pourtant, les textes du théâtre marivaudien ne cessent de nous fasciner par un irrésistible sens de la théâtralité qu'ils renferment ou véhiculent. Contrairement à ses contemporains, Marivaux sut réconcilier les impératifs de la scène avec les exigences de la littérature. Il fut le seul au XVIIIᵉ siècle à avoir son nom associé à un style, « le marivaudage ». Ironiquement, l'unicité de son accomplissement se mesura d'abord par la vigueur des attaques menées contre son écriture ;

---

238. F. Rubellin la formule, en évoquant les pouvoirs du directeur des Italiens retournés à Paris depuis 1716 : « Dans quelle mesure Riccoboni a-t-il " donné assistance " à Marivaux pour ses premières pièces ? » (*Marivaux dramaturge*, p. 22).

appelé « métaphysique » dès *La Double Inconstance* (1723) et ridiculisé sous les traits de Mᴵˡᵉ Raffinot dans *Les Amours déguisés* (1726), le style écrit de Marivaux déconcerta par sa nouveauté et provoqua la célèbre boutade de Voltaire qui n'y vit qu'un effort de « peser des œufs... dans des balances en toiles d'araignées ». Ce ne sont que quelques-uns des paradoxes du cas Marivaux ; ce plus « français » des écrivains par la virtuosité de ses dialogues les aiguisa... en collaboration avec des acteurs nés en Italie ; vu initialement comme un intrus du domaine non officiel par les défenseurs de la « maison de Molière », il a fini par devancer le grand auteur comique pour devenir à la fin du XXᵉ siècle l'auteur de théâtre « classique » le plus représenté en France. Creuset – d'autres diraient « alambic » – où se raffinèrent des éléments et des tendances très divers, le théâtre de Marivaux frappe par sa perfection formelle. Or, et c'est le signe d'une grande œuvre textuelle, l'unité de surface recouvre une richesse apparemment inépuisable de sens et d'effets.

Alors que Marivaux n'inventa pas la batterie de procédés conventionnels associés à la théâtralité, sa combinatoire de moyens pour aiguiser la conscience du jeu mena cette qualité à un degré rare de perfection. Qu'il s'agisse de feintes, de rôles, de déguisements, de stratagèmes ou d'intrigues, ses pièces (surtout celles qu'il fit pour les Italiens) reviennent constamment à l'écart des niveaux de conscience qui séparent des « personnages-spectateurs » de ceux que ces derniers observent à distance. Cette disposition qui semble caractériser toute l'œuvre marivaudienne est à la base de ce que J. Rousset a identifié comme « la structure du double registre ».

De son temps, pourtant, le théâtre de Marivaux se fit remarquer (et critiquer) pour une intériorisation des obstacles au sentiment. Disparus, les pères monomanes envahissants de Molière et les alliances d'amoureux doucereux avec des domestiques (valets et soubrettes) entreprenants pour contrer les projets matrimoniaux fantasques des vieux ; était-ce un effet ou une cause de la fortune décevante des *vecchii* de la troupe de L. Riccoboni [239]. Quoi qu'il en soit, il est indéniable que les querelles, les poursuites et même les bastonnades qui faisaient l'action de bien des scènes comiques de Molière et de ses successeurs se virent remplacer chez Marivaux par des

---

239. Voir Ch. II, p. 133. Pietro Alborghetti jouait les Pantalons, et Francesco Materazzi les Docteurs

luttes internes, plus subtiles, désincarnées en quelque sorte. Les finesses de la « métaphysique du cœur » que ses détracteurs reprochaient à Marivaux prennent corps par le vocable échappé, par le lapsus verbal, par les tournoiements microscopiques du langage des dialogues, par des mots inventés pour marquer des degrés autrefois inexprimables de la psyché imaginaire des personnages.

La naissance de l'amour dans le théâtre de Marivaux met en cause surtout le personnage qui le ressent, qui en est « surpris », et qui rejette l'aide des autres autour de lui. Alors que les jeunes premiers avaient coutume de solliciter le secours de leur entourage (valets intrigants et soubrettes complices), l'amoureux marivaudien a plutôt tendance à en nier le besoin. Tenu ainsi à distance, l'entourage (certains privilégiés, du moins...) se transforme en accompagnateurs amusés, en spectateurs lucides qui commentent le progrès imperceptible du sentiment combattu, en meneurs de jeu plus actifs lorsque la victime de telle surprise agonise trop longtemps. C'est désormais *contre* le héros ou l'héroïne, mais paradoxalement pour leur propre « bien », que ces observateurs activeront la gamme des rôles, stratagèmes et intrigues évoqués plus haut. N'est-ce pas la soubrette Colombine, dans *La Surprise de l'amour* (1721), qui affiche sa supériorité par rapport à la Comtesse lorsqu'elle la voit s'intéresser inconsciemment à Lélio : « Vous riez ! Adieu, pauvres brebis égarées » (I, 7) ? Le personnage du Baron, dans la même pièce, se rallie à cette perspective détachée en s'exclamant amicalement : « Ah le beau duo ! Vous ne savez pas encore combien il est tendre. » (I, 8) N'est-ce pas Monsieur Orgon dans *Le Jeu de l'amour et du hasard* (1730) qui encourage Silvia et Dorante à se rapprocher : « Courage, mes enfants, si vous commencez à vous aimer, vous voilà débarrassés des cérémonies » (I, 6) ? N'est-ce pas Dubois, dans *Les Fausses Confidences* (1737), qui a mené la conquête d'Araminte par Dorante au point culminant de l'administration du coup de grâce : « ... point de quartier. Il faut l'achever, pendant qu'elle est étourdie » (III, 1) ?

D'emblée, se forge une nouvelle alliance pour remplacer celle, devenue désuète, des jeunes amoureux avec leurs domestiques ; le spectateur-meneur dc Marivaux s'associe avec une affectivité apparemment incontrôlable pour transformer en spectacle (plus ou moins) balisé les heurts de la nature avec la culture. Dubois décrit cette nouvelle synergie au commencement des *Fausses Confidences* :

« L'amour et moi nous ferons le reste. » (I, 2) Or prétendre canaliser les pulsions naturelles débouche finalement chez Marivaux sur une réflexion explicite à propos du processus par lequel le chaos reçoit une forme. Ce n'est pas par hasard, croyons-nous, que cette réflexion sur l'acte de création vise particulièrement la théâtralité. Depuis le petit jeu improvisé des dissimulations dans *Arlequin poli par l'amour* jusqu'à la pièce-dans-une-pièce, *Les Acteurs de bonne foi* (1757 environ), Marivaux approfondit son étude de l'illusion théâtrale.

La Fausse Suivante, ou le fourbe puni

Le recours aux déguisements est éminemment théâtral en lui-même. Comme dans la scène d'*Arlequin poli par l'amour* où Arlequin et Silvia « endossent » des rôles, il y a port de masque (au propre et au figuré), transparence au moins partielle de cette feinte, complicité des uns (personnages « spectateurs » au fait de la tromperie et spectateurs « réels » toujours avertis), effets ironiques sur les victimes (dupes à des degrés variables), interprétations de ce qu'on prend pour des sens cachés. La dose de théâtralité se mesure aussi par la durée ; plus un rôle s'étire dans le temps (interne à la pièce, aussi bien qu'au niveau historico-conjoncturel), plus il risque d'être perçu comme « forcé », donc invraisemblable. *La Fausse Suivante ou le fourbe puni* (1724), dans laquelle Silvia jouait en travestie le rôle du Chevalier jusque dans les années 1740, a reçu les applaudissements du public de la Comédie-Italienne tant que la troupe maintenait intacts ses codes de jeu « italiens ». Lorsque se fit la fusion des Italiens avec l'Opéra-Comique, *La Fausse Suivante* disparut de l'affiche de la troupe [240].

Quand convient-il de mettre fin à un rôle ou de lever le masque d'un déguisement ? Les pièces de Marivaux soulèvent souvent cette question délicate, et par l'insistance avec laquelle cette question semble revenir fois après fois, Marivaux souligne une dimension temporelle de la théâtralité. Déjà dans *La Double Inconstance* il avait hésité sur le moment du dévoilement du déguisement du Prince en officier du palais (d'abord, à la fin de l'acte II, puis finalement dans la scène 9 de l'acte III). Dans *Le Jeu de l'amour et du hasard*, Monsieur Orgon parle directement à Lisette de la temporalité du

---

240. La table des représentations dans le *Théâtre complet* (t. II) indique des représentations jusqu'en 1760, puis l'abandon (sauf en 1780) de la pièce.

déguisement : « ... j'ai mes raisons pour faire durer ce déguisement...(II, 1) » ; quant au public, la décision de Silvia de ne pas
avouer sa vraie identité à Bourguignon/Dorante avant que celui-ci
n'offre de l'épouser fit caractériser son stratagème d'extrême par certains [241]. À la lumière de ce ciblage du moment « propice » du
démasquage, l'intrigue de *La Fausse Suivante* prend une importance
rehaussée ; déguisée initialement en Chevalier pour sonder les intentions de Lélio à son égard, Silvia prolonge son travestissement dès la
scène 8 du premier acte afin de punir celui qu'on voulait lui donner
comme mari : « Mais puisque je suis en train, continuons pour me
divertir et punir ce fourbe-là, et pour en débarrasser la Comtesse. »

Ainsi se justifie le sous-titre, *le fourbe puni*, mais en même temps
se posent les conditions dans lesquelles les deux actes suivants tire-
ront en longueur le déguisement de Silvia en homme. Les éditeurs de
Marivaux qualifient le jugement favorable du marquis D'Argenson
d'« original » ; l'avis de ce dernier souligne justement l'aspect de
durée que nous lions ici à la théâtralité : « ... il n'y a de défauts que
celui de vraisemblance de prendre si longtemps une fille pour un garçon » (t. I, p. 402). L'extension de la durée du rôle du Chevalier fait
multiplier les occasions offertes aux autres personnages de s'interro-
ger sur les soupçons causés par le déguisement de Silvia, et de bien
les *lire* tout comme dans une explication de texte.

L'aggressivité de Trivelin qui saisit le lapsus de Frontin (« ... tu
serviras la meilleure fille... » [I, 1]) déconcerte momentanément le
Chevalier (I, 5), mais là où Trivelin croit tenir sa victime (« Parlons
à présent à rez-de-chaussée »), celle-ci s'esquive en lui cachant sa
condition sociale. Par la suite, Silvia-en-Chevalier pare habilement
les coups multipliés des prétendus herméneutes de ses actions et
intentions. Trivelin se fourvoie lorsqu'il croit dévoiler à Lélio le badi-
nage du Chevalier auprès de la Comtesse. Il surprend l'intérêt que
montre celle-ci (« Tout ce qui se passe dans son cœur s'écrit sur son
visage, et j'ai tant étudié cette écriture-là, que je la lis tout aussi cou-
ramment que la mienne ») ; il déchiffre son sourire (« Savez-vous ce
qu'il signifiait ? ») ; il interprète les silences entre les deux (« Qu'est-
ce que cela signifie, Monsieur ? » [II, 3]). Dans l'acte II, scène 8, c'est

---

241. « ... la raison qui empêche Silvia de se découvrir [à la fin de l'acte II]..., n'étant
qu'une petite vanité, ne saurait excuser son silence », compte rendu du *Mercure*, avril, 1730.

la Comtesse qui cherche à préciser le sens caché derrière les galante-
ries du Chevalier, lequel profite de l'occasion pour retourner l'explication contre elle : « ... je fuis le danger de mal interpréter vos hon-
nêtetés ». Dans l'acte III, scène 3, Lélio croit démasquer le Chevalier
en le provoquant en duel, mais la vigueur avec laquelle le défi est
relevé le persuade finalement que ses soupçons sont mal fondés :
« Arlequin m'a tenu aussi des discours qui signifiaient que tu étais
fille ; [...] mais je me rends. »

La lecture de la théâtralité d'un rôle comme celui de Silvia-en-
Chevalier engage une théorie de la réception. Elle est interne et exter-
ne à la fois. Certes l'univers fictif de *La Fausse Suivante* se répartit
en deux groupes typiquement marivaudiens : les spectateurs qui
pénètrent tout, et les dupes ou victimes que les premiers observent
ironiquement, s'ils ne les manipulent pas activement. Bien que le
Chevalier agisse en complicité avec certains des autres personnages
dans la pièce (Trivelin et Arlequin gardent le secret de son sexe, mais
pour peu de temps ; Lélio l'engage secrètement à rendre la Comtesse
infidèle ; la Comtesse suit les instructions du Chevalier à la fin de la
pièce en réaffirmant son intention d'accepter la demande en mariage
de Lélio), aucun de ces « complices » ne saisit tous les enjeux du rôle
de Silvia travestie. D'où les ouvertures nombreuses aux spectateurs
hors-fiction. Les apartés fréquents en témoignent, évidemment, mais
aussi un certain nombre d'énoncés équivoques dont seul le public de
théâtre est capable d'apprécier toute la richesse signifiante : « Je vous
sers loyalement, ou je ne suis pas soubrette. » (III, 8)

Le contrat scène-salle dans *La Fausse Suivante* contient deux
clauses : l'évocation explicite de la théâtralité des situations (« TRI-
VELIN – ... je suis ton valet sur la scène, et ton amant dans les coulisses » [I, 5] ; « LA COMTESSE [*à Lélio*]... – N'était-ce qu'une passion
de théâtre ? »... « Vous êtes un excellent comédien » [III, 9]) ; et la
façon dont Le Chevalier utilise son déguisement pour pousser Lélio
et la Comtesse au-delà des normes de comportement policé du temps
(« LE CHEVALIER – ... (*à part*) Et qu'il me fait dire de folies » [...] « *à
part* – Le succès de mes impertinences me surprend » [III, 6] [242] ;
« LÉLIO – Il y a bien du bizarre dans ce que tu me proposes là » [III,
8]). « [F]olies », « impertinences », « bien du bizarre » sont autant

---

242. Ces deux apartés figurent dans l'édition 1968 du *Théâtre complet*.

d'indications que l'outré du déguisement prolongé de Silvia-en-Chevalier constituait une forme de théâtralité liée au jeu stylisé des Comédiens Italiens du temps de Luigi Riccoboni.

Le Jeu de l'amour et du hasard

Les coïncidences qui n'en sont pas constituent une autre facette (nullement novatrice, d'ailleurs) de l'arsenal des effets de théâtralité. Des hasards trop bons pour être vrais abondent dans *Le Jeu de l'amour* dont la symétrie parfaite – deux couples, deux fois deux déguisements, deux spectateurs – dépasse même celle du chassé-croisé quasi géométrique de *La Double Inconstance* (le couple de Flaminia et du Prince ne comportant pas la même égalité de condition sociale que celui des villageois Silvia et Arlequin). La canalisation du coup de foudre en mariage d'amour par ceux qui « voient clair » est perçue par Silvia, une fois qu'elle sait que « Bourguignon » est en réalité Dorante, comme « unique » et « singuli[ère] » (III, 4). Autant dire « incroyable ». Et pourtant, le public du temps de Marivaux y a cru, si l'on en juge par la popularité plus que respectable de son chef-d'œuvre.

Même après l'abandon par la Comédie-Italienne du mode de jouer « à l'italienne » en 1779, *Le Jeu* est resté à l'affiche, interprété désormais par des Comédiens Français. Mais privé d'acteurs italiens, il avait subi dès les années 1750 le changement symbolique du rôle d'Arlequin en Pasquin. Pour continuer de faire « croire » à la représentation d'une pièce apparemment trop singulière pour une nouvelle génération de spectateurs, il a fallu justement le dé-théâtraliser. Ce fut au niveau des rôles et des déguisements que le plus grand changement s'effectua ; l'élimination d'Arlequin entraîna la suppression du jeu masqué selon lequel les spectateurs de 1730 auraient vu l'Arlequin de la troupe de Riccoboni se déguiser en Dorante sans cacher pour autant son habit bariolé et son masque d'Arlequin.

Ce regard rétrospectif sur *Le Jeu de l'amour* en 1730 suggère fortement la popularité d'un spectacle qui faisait converger différents effets qu'on taxerait plus tard d'invraisemblables, mais que les conditions de production et de réception des pièces à l'époque de Marivaux rendaient même « naturelles » par rapport à des codes de jeu encore plus conventionnels dans les tragédies néoclassiques du Théâtre Français. Nous revenons à la constatation d'un type d'attente particulier dans tous les théâtres de l'époque, chez des spectateurs plus proches physiquement de la scène qu'ils partageaient avec les comédiens, plus complices en conséquence, et plus prêts à faire l'ajustement perceptuel du « ressouvenir secret » (voir plus haut, p. 187) que Marivaux lui-même avait formulé pour rendre compte de la réception d'une représentation d'*Andromaque*.

Les Serments indiscrets

À première vue, *Les Serments indiscrets* (1732) frappent par leur peu de théâtralité. Pas de déguisements, ni de costumes de théâtre indiqués ; si peu d'intrigue(s) que les contemporains de Marivaux reprochèrent à la pièce un manque apparemment total d'action ; aucun « spectateur » capable de voir clair, aucun « meneur de jeu » filant sa trame préméditée ou en improvisant une avec brio ; peu ou pas de parallèles avec le théâtre décrivant le comportement ou la fausseté d'un personnage en termes de pratique théâtrale. Seules deux expression y réfèrent : « le personnage que vous jouez » (III, 1), et « jouer la comédie » (IV, 6) ; pas de mise en opposition des expressions « scène » et « coulisses ». La pièce ne consiste qu'en une suite de conversations élégantes qui illustrent au plus haut degré la « métaphysique » dont on accusait Marivaux d'abuser, et le style recherché – on disait « singulier » à l'époque – qu'on lui associe.

Cependant, Marivaux s'investit beaucoup dans cette pièce qu'il donna aux Comédiens Français, qu'il mit apparemment du temps à écrire, qui est la seule de ses comédies à déployer cinq actes, et qu'il classa dans le groupe de ses œuvres préférées selon son biographe, Lesbros de la Versane. Loin de s'incliner devant des jugements traitant ses dialogues d'artificiels, voire de théâtraux, Marivaux riposta, fait rare, dans un avertissement de l'édition de sa pièce : « ... c'est la nature, c'est le ton de la conversation en général que j'ai tâché de prendre » (Avertissement).

Nous voici donc arrivé au croisement du théâtre et de la société. L'interpénétration des deux est si complète dans *Les Serments indiscrets* que le théâtral semble en être exclu à la faveur d'une représentation de ces conversations de salon que Diderot allait réclamer vingt-cinq ans plus tard dans ses *Entretiens sur le Fils naturel*. Par ailleurs, si le public de la Comédie-Française ne s'enthousiasma guère pour cette comédie, il n'en fut pas de même pour les adeptes du théâtre de société dont nous avons montré la grande ampleur dans le chapitre précédent. Les éditeurs modernes de Marivaux font remarquer que *Les Serments* figurent dans le répertoire du théâtre de Berny. Il est significatif aussi qu'ils spéculent sur un passage plus immédiat dans un théâtre de société : « On peut se demander si *les Serments indiscrets* [...] ne furent pas, dès ce moment repris sur une scène particulière. » (Notice, t. I, p. 953)

C'est Marivaux lui-même qui fournit la clef d'une théâtralité refoulée, au sens figuré, dans sa pièce ; l'ambiguïté, la dualité et la délicatesse recherchées dans l'art de la conversation sociale. S'étant engagés trop précipitamment à s'opposer au mariage de l'un avec l'autre proposé par leurs pères, Lucile et Damis se rendent compte dès la fin du premier acte qu'ils s'aiment. Pendant les quatre actes qui suivent, ils s'efforceront de doter toutes leurs remarques de deux sens qui s'excluent ou se nient mutuellement. Ils parleront en oxymores en quelque sorte ; aux autres de démêler le sens « vrai » et le sens « faux » de leurs énoncés quand les deux possibilités s'annulent :

> Liés tous deux par la convention de ne point s'épouser comment feront-ils pour cacher leur amour ? Comment feront-ils pour se l'apprendre ? car *ces deux choses* [nos italiques] vont se trouver dans tout ce qu'ils diront.   (Avertissement)

C'est le double registre lui-même qui s'intériorise dans *Les Serments*, pour revenir à la surface en dialogues « hétéroclites ». Conscients (à la grande différence des amoureux de *La Surprise*, selon Marivaux) de l'irréconciliable contradiction qu'ils vivent, ils s'efforcent d'être doubles. Le recours initial qu'ils font aux domestiques pour filtrer et communiquer leur dilemme ne fait qu'exaspérer les pères qui n'y voient que « jeu de mots » (II, 1) et « [d]ispute de délicatesse » (II, 7) :

> MONSIEUR ORGON – Il ne s'éloigne que parce qu'il est mal reçu.
> LISETTE – Mais, Monsieur, s'il n'était mal reçu que parce qu'il s'éloigne ?   (II, 1)

La même exaspération les touche dans les nombreux dialogues qu'ils ont ensemble. Damis, par exemple, n'exclut jamais la possibilité d'être amoureux de Lucile qui n'ose préciser la raison de sa curiosité ;

seulement, à cause du serment qu'il respecte, il s'interdit la possibilité de le lui dire :

> DAMIS – ... car enfin, je pourrais vous aimer.
>
> LUCILE – Oui-da ! mais je serais pourtant bien aise de savoir ce qui en est, à vous parler vrai.
>
> DAMIS – Ah ! c'est ce qui ne se peut pas, Madame ; j'ai promis de me taire là-dessus. J'ai de l'amour, ou je n'en ai point ; je n'ai pas juré de n'en point avoir ; mais j'ai juré de le point dire en cas que j'en eusse, et d'agir comme s'il n'en était rien.   (II, 8)

Comme Lucile et Damis sont les seuls à pouvoir démêler le sens vrai de leurs propos si délibérément imprécis, leur entourage (deux pères, deux domestiques, et une sœur qui finit par deviner la fausseté du rôle galant que Damis joue auprès d'elle [243]) se livre à une recherche d'éclaircissements qui rappelle la frénésie herméneutique de *La Fausse Suivante*.

> MONSIEUR ORGON – [...] d'où vient donc qu'on voit Damis parler plus volontiers à sa sœur ?   (II, 1)
>
> MONSIEUR ERGASTE – Vous voyez un homme consterné ; mon cher ami, je ne vois nulle apparence au mariage en question, à moins que de violenter des cœurs qui ne semblent pas faits l'un pour l'autre. (III,3)
>
> LISETTE – [...] Qu'est-ce que cela signifie ?   (III, 6)
>
> MONSIEUR ERGASTE – Est-ce qu'il n'est pas content ?   (IV, 2)

En mettant en scène le langage de la conversation polie de son époque, Marivaux innova radicalement par rapport aux dialogues du style écrit plus laborieux et souvent plus univoque. Les échanges vifs, mobiles et animés dans *Les Serments indiscrets* ont en commun avec le théâtre joué l'immédiateté et la spontanéité de l'oral par rapport au pondéré de l'écrit. Ce fut cette qualité souple, fugitive, presque éphémère, qui dut intéresser les multiples cercles mondains dans lesquels l'aisance et l'esprit qu'on montrait plaisait autant sur des scènes intimes où on les répétait que dans les conversations éblouissantes où on les exécutait si brillamment. Ou bien, étaient-ce au contraire les conversations qui formaient les mondains pour la scène qu'ils affectionnaient tant ?

---

243. C'est la sœur, Phénice, qui prononce les deux tournures théâtrales mentionnées plus haut.

Les Fausses Confidences

Il est généralement admis que le domestique, Dubois, dans *Les Fausses Confidences* (1737), joue le rôle de dramaturge dans l'exécution du plan pour la séduction d'Araminte par Dorante. Affichant la confiance absolue que préfigurait celle de Flaminia dans *La Double Inconstance* (1722) (« Et moi je vous dis, seigneur, que... je me suis mis dans la tête de vous rendre content ; que je vous ai promis que vous le seriez ; que je vous tiendrai parole, et que de tout ce que je vous dis là, je ne rabattrai pas la valeur d'un mot » [I, 8]), Dubois textualise la fonction d'auteur dans le sens qu'il construit et exécute une intrigue. Bien que ce ne soit pas celle d'une pièce-dans-une-pièce comme ce sera le cas avec Merlin dans *Les Acteurs de bonne foi*, Dubois représente l'aboutissement de la figure marivaudienne du meneur de jeu.

Fort d'un détachement et d'une cérébralité extrêmes (« laissez faire un homme de sang-froid » [III, 1]), Dubois possède des qualités analytiques dignes du célèbre comédien du *Paradoxe* de Diderot. Bien que démentie par un statut de domestique, sa supériorité stratégique par rapport aux autres personnages lui donne le pouvoir de prédire l'avenir (« il me semble que je vous vois déjà en déshabillé dans l'appartement de Madame » [I, 2]), de proposer des rôles (« tâchez que Marton prenne un peu de goût pour vous » [I, 1]), et de réaliser des coups de théâtre par son maniement des coïncidences (« Quoi ! c'est à vous que j'ai l'obligation de la scène qui vient de se passer ? » [III, 9]). Sa plus grande habileté est de feindre de dénoncer Dorante auprès d'Araminte (les « fausses » confidences...) alors que le secret qu'il jure de garder donne libre cours à l'affection croissante d'Araminte pour son bel intendant. La distinction établie par Dorante dans son grand aveu de la fin fait la part entre le manipulateur et ceux et celles qu'il a dirigés (« Tous les incidents qui sont arrivés partent de l'industrie d'un domestique... » [III, 12]). La théâtralité des *Fausses Confidences* vient des rôles volontaires et involontaires que Dubois semble faire jouer à tous les autres personnages de cette comédie.

Mais l'intérêt de cette pièce dépasse la mise en scène particulièrement élaborée d'un stratagème de valet intrigant évolué. Il y va de la nature même de la tension que Marivaux examine entre l'illusion théâtrale et la nature qui lui sert de référent. Est-ce la « nature » qui détermine la représentation de théâtre, ou bien le « théâtre » (mode

d'expression artistique) qui façonne la nature ? Alors que ses premières comédies semblaient mettre l'accent sur le surgissement
aléatoire de la nature dans l'existence des personnages – surprises
bouleversantes de l'amour (les deux *Surprises*), reconnaissances
humiliantes de l'altérité des castes (*La Double Inconstance, Ile des
esclaves*) –, troublant ainsi des systèmes de certitudes et de valeurs
en place, Marivaux se réfugie dans sa théorie du ressouvenir secret,
relativisant par là un semblant de révolution et laisse en suspens sa
portée. En fin de compte, est-ce que le dénouement des *Fausses
Confidences* confirme la victoire de l'amour sur une structure sociale qui défend des mésalliances, ou est-ce qu'il confirme la primauté
de l'artifice qui fait la « gloire » de Dubois (« Ouf ! ma gloire m'ac-
cable ; je mériterais bien d'appeler cette femme-là ma bru » [III, 13]) ?

Empêché par les circonstances d'accéder aux représentations
publiques – moins populaire chez les Français, victime des péripéties
du Théâtre Italien dont le répertoire français fut délaissé entre 1769
et 1779 –, le théâtre de Marivaux subsista et prospéra ailleurs. Henri
Lagrave fait état de sa popularité sur des scènes privées. Jean Monnet
signale que le début de son mandat comme directeur du théâtre de
Lyon se fit vers la même époque par une mise en scène de *La
Surprise de l'amour*. Nous savons quelle fut l'activité de Marivaux
pour le comte de Clermont à Berny. Adolphe Jullien mentionne de
son côté la représentation en 1763 chez les sœurs Verrière de la
Seconde Surprise de l'amour. Si la « métaphysique » des sentiments
perdait de son intérêt par rapport à la popularité croissante du théâtre
sentimental, l'acte analytique se faisait plus métathéâtral. Au fur et à
mesure que le fonctionnement mécaniquc dc la scène attire l'attention
des esprits fins, le théâtre de Marivaux reflète cette réorientation au
moyen de la pièce constituée par *Les Acteurs de bonne foi*.

A.5. AUTORÉFÉRENTIALITÉ : LA PIÈCE DANS UNE PIÈCE

En même temps que se développait une réflexion critique sur
l'illusion théâtrale au XVIIIe siècle, les variantes et mutations du
thème du théâtre dans le théâtre devenaient le sujet de nombreuses
pièces. Dans les prologues, nous l'avons vu, il était question de la représentation qui allait suivre. Par ailleurs, au sein même de plusieurs
spectacles créés entre 1700 et 1790, il s'agit de la production d'une
pièce. Chacune reflète à sa façon le style « autoréférentiel » du moment.

Piron, *La Métromanie*

La Métromanie (1738) de Piron met en scène la confusion entre l'art et la vie, et l'élabore sur un fond de créations théâtrales. Vers 1732 Voltaire fit l'éloge d'un poète mineur qui passait pour une poétesse dans les pages du *Mercure* [244]. Le grand auteur rit moins quand Piron incorpora l'incident dans sa pièce pour la Comédie-Française. Le personnage Damis imite l'erreur de son modèle vivant lorsqu'il tombe amoureux des vers de Mériadec de Kersic, de Quimper, sans se douter que leur vrai auteur est le métromane, Francaleu. En outre, Piron amplifie l'anecdote en associant l'amour des vers à la manie du théâtre, car son œuvre renferme plusieurs pièces dans une pièce où le fait de jouer des rôles et de monter des spectacles figure explicitement dans le texte. Damis rêve d'une carrière théâtrale, se faisant représenter le soir même chez les Français :

> Une pièce affichée ; une autre dans la tête ;
> Une où je joue ; une autre à lire toute prête :   (I, 6)

Francaleu, pour sa part, fait jouer chez lui sa propre pièce, *L'Indolente*, dans laquelle sa soubrette, Lisette, joue le rôle principal « *avec une robe et une coiffure parfaitement semblables à celles de Lucile* [la fille de Francaleu] » (IV, 1). Il n'est pas étonnant que les scènes qu'on écrit, les rôles qu'on répète et les costumes que l'on met fassent multiplier les situations dans lesquelles le théâtre et la réalité se confondent : « DAMIS – Voici qui paraît drôle./Est-ce vous qui parlez, ou si c'est votre rôle ? » (III, 7).

Marivaux, *Les Acteurs de bonne foi*

Marivaux aussi s'amusa à embrouiller théâtre et vie, dans *Les Acteurs de bonne foi* (1757 environ). Comme le titre l'annonce clairement, il s'agit de la représentation d'une pièce, faite en l'occurrence par des comédiens qui ont de la peine à séparer la vérité et le rôle. La pièce que Merlin entend faire jouer par Lisette et Blaise doit être spontanée (« Nous jouerons à l'impromptu ») et calculée à la fois (« ... une finesse de ma pièce ; c'est que Colette [...] et moi [...] nous sommes convenus tous deux de voir un peu la mine que feront Lisette et Blaise à toutes les tendresses naïves que nous prétendons nous dire » [sc. 1]). La simplicité des acteurs, ainsi que celle du canevas

---

244. Voir *Théâtre du XVIIIᵉ siècle*, éd. J. Truchet, I, p. 1456-1457.

imaginé par Merlin, débouchent sur une étude subtile et complexe sur la manière dont il convient de réagir face à la représentation théâtrale.

Diderot, *Est-il bon ? Est-il méchant ?*

Intitulé primitivement (vers 1771) *La Pièce et le prologue, Est-il bon ? Est-il méchant ?* existait en version manuscrite aux environs de 1781. Cette pièce de Diderot met en vedette Hardouin, grand faiseur de projets, dans lequel certains critiques voient l'auteur lui-même. Sollicité de toutes parts, cet homme aussi inventif que surmené conduit et entremêle plusieurs histoires à la fois. Madame de Chepy (« Je cherche un auteur » [I, 5]) va le prier de lui écrire une pièce de circonstance, pour la fête de madame de Malves. Hardouin, dont le génie se plie mal aux ordres (« j'ai heureusement ou malheureusement une de ces têtes auxquelles on ne commande pas » [I, 10]), n'acceptera la commande – détail mortifiant pour la maîtresse – que par l'intercession de la femme de chambre de Mme de Chepy. Par la suite, il n'hésitera pas à en confier l'exécution à Surmont, « poète » comme lui.

Si Hardouin n'honore pas son engagement d'écrire pour la fête de Mme de Malves, c'est qu'il applique sa « fécondité en expédients » (II, 7) à des trames moins fictives. Une veuve lui demande de l'aider à rendre réversible pour son fils une pension qui ne va qu'à la mère. Un avocat bas-normand lui propose des démarches pour un procès à terminer qu'Hardouin détournera pour aider la veuve. Monsieur de Crancey, amoureux, demande à Hardouin de profiter du goût que Madame Vertillac aurait pour lui, afin que Crancey puisse épouser Mademoiselle Vertillac, la fille. Monsieur Poultier, voulant attirer le talentueux Hardouin dans son cercle d'amis, accepte de solliciter auprès du ministre le brevet de pension que la veuve demandait. Pour articuler toutes ces « trames », Hardouin évoquera : une sœur fictive auprès de l'avocat ; une liaison imaginaire entre Crancey et Mlle Vertillac, et une grossesse de celle-ci ; une bâtardise inventée du fils de la veuve. La consternation de tout le monde se transforme en spectacle de procès qui se mue en la fête prévue pour Mme de Malves au début de la pièce par Mme de Chepy. Ayant tout de même conduit ses intrigues à bonne fin, bien que par des voies très douteuses, Hardouin entendra prononcer son propre jugement :

MADAME DE CHEPY – Est-il bon ? Est-il méchant ?
MADEMOISELLE BEAULIEU – L'un après l'autre,
MADAME DE VERTILLAC – Comme vous, comme moi, comme tout le monde. (IV, 18)

Diderot combine subtilement des tableaux de la vie contemporaine et la représentation en abyme de la création artistique. Ainsi entend-on Hardouin énumérer les genres théâtraux les plus en vogue en 1781 : « Vous ferez la parade, le proverbe, la pièce, [...] » (II, 9) ; évoquer les théâtres populaires du jour : « ces facéties, telles qu'on en joue au Palais Royal ou Bourbon » [245] (II, 1) ; citer les auteurs contemporains du théâtre de société de l'époque : « l'esprit et la facilité d'un Laujon ; la verve et l'originalité d'un Collé » (II, 1) ; et nommer des spectacles de la même année : *Jérôme Pointu* de Beaunoir, joué pour la première fois le 13 juin 1781 au théâtre des Variétés-Amusantes.

Discours de petites touches « vraies » pour évoquer le champ sémantique du théâtre en train de se faire, *Est-il bon ? est-il méchant ?* est métathéâtral aussi par la fonction double de certains de ses personnages. Mlle Beaulieu est la femme de chambre de Mme de Chepy ; mais elle est sondée dès le premier acte par sa maîtresse à propos de ses talents d'actrice de société : « dans quelle pièce avez-vous joué ? » :

MADEMOISELLE BEAULIEU – Dans *Le Bourgeois gentilhomme, La Pupille, le Philosophe sans le savoir, Cénie, le Philosophe marié.*
MADAME DE CHEPY – Et dans celle-ci, que faisiez-vous ?
MADEMOISELLE BEAULIEU – Finette.
MADAME DE CHEPY – Vous rappelleriez-vous un endroit... un certain endroit où Finette fait l'apologie des femmes ?
MADEMOISELLE BEAULIEU – Je le crois.
MADAME DE CHEPY – Récitez-le
MADEMOISELLE BEAULIEU – Soit. Mais telles que nous sommes,
Avec tous nos défauts, nous gouvernons les hommes,

---

245. Comme l'Opéra (dont le théâtre au Palais Royal fut incendié deux fois, en 1763 et en 1781) était provisoirement logé dans la salle des Menus Plaisirs en 1781, que le théâtre « du Palais Royal » signifiait désormais celui d'une autre salle où jouait une troupe boulevardière, et que le Théâtre Italien (bien que toujours dans l'Hôtel de Bourgogne) jouait beaucoup d'opéras-comiques, le terme « facéties » employés par Hardouin prend des nuances ancrées dans la réalité du jour.

Même les plus huppés ; et nous sommes l'écueil
Où viennent échouer la sagesse et l'orgueil.   (I, 5)

Madame de Vertillac, en plus d'être mère, « fait les rôles à ravir » (I, 5). Picard, un des domestiques, est envoyé « chez le tapissier, le décorateur, les musiciens » (I, 1). M. de Crancey, amoureux, se voit obligé par Hardouin à faire semblant de froideur : « ... de simuler un peu d'indifférence ».

>   MONSIEUR DE CRANCEY – Moi ! moi ! simuler de l'indifférence !
>   [...] mais la fuir ! Mais jouer l'indifférence ! Mon ami, ne pourriez-vous
>   pas m'imposer un rôle plus raisonnable et plus facile ?   (II, 7)

Lorsque Surmont arrive avec sa pièce terminée, il prend toute l'assistance chez Mme de Chepy pour ses acteurs éventuels : « C'est fait, je vous l'apporte. Cela est gai, cela est fou, et pour un amusement de société, j'espère que cela ne sera pas mal... Voilà nos acteurs apparemment. La troupe sera charmante. (*Il les compte*) Un, deux, trois... C'est précisément le nombre qu'il me faut... » (IV, 12).

Diderot, comme dans ses autres écrits, sait allier sa philosophie au banal. En tant que son double, Hardouin cumule du génie et des moments de manque d'inspiration. La vie en société autour de Mme de Chepy lui fournit les mêmes occasions que celles qui permettaient à Jacques et à son maître des événements qui se croisent et se confondent dans une réflexion, là romanesque, ici théâtrale, sur « ce qui est écrit là-haut » et les rôles qui nous sont réservés dans le « grand rouleau ».

La théâtralité comporte donc une conscience aiguisée du créateur ou du mécanisme derrière l'illusion scénique. Les prologues offraient au public un cadre pour relativiser l'effet de réel du spectacle qu'ils enchâssaient. Les parodies dévoilaient des procédés perçus comme dévitalisés. Les pièces dans une pièce focalisaient le regard des spectateurs sur la non réalité de tel rôle ou de telle scène. Dans le théâtre de Marivaux, le regard du spectateur dans une pièce fonctionnait comme guidage du regard de son homologue dans la salle. Ce dernier, surtout pendant la première moitié du siècle, se distingue par une participation plutôt active au spectacle dont il assume les codes et contrats implicites de réception avec un degré considérable de lucidité.

B - À L'EFFET DE RÉEL

La dénégation est une condition incontournable de l'expérience du théâtre pour le spectateur. Ce dernier gardera toujours la conscience que ce qu'il voit est une fiction. Et pourtant, l'art du théâtre semble aspirer vers l'assoupissement de cette faculté critique, ne serait-ce que l'instant où un effet de théâtre nous tire de notre tranquillité, nous stimule, nous secoue, et nous hypnotise... Quand le théâtre cherche à multiplier et à prolonger ces moments où l'appel aux sens stimulés endort la raison, et, d'après M. Corvin, où « la chose représentée » est « confondue avec la "vie" », c'est tout le contraire de la théâtralisation qui est en jeu. Des générations de gens de théâtre au XVIIIe siècle s'efforcèrent de créer de tels moments, que ce soit par leur obstination à s'accrocher au critère de la vraisemblance classique ou par leurs redéfinitions constantes d'un naturel, d'une vérité, grâce auxquels ils espéraient rehausser l'attrait de leurs spectacles (après 1750, on commençait à dire « l'intérêt »). Les modalités de la réception de l'activité théâtrale furent profondément reconceptualisées au XVIIIe siècle.

B.1. RECHERCHES DU « VRAI »

Les recherches d'un théâtre plus « vrai » s'organisèrent en modalités différentes. La vogue des parodies de la première moitié du siècle rabaissait une institution (théâtre officiel, dramaturgie classique) accusée d'avoir perdu son effet et sa pertinence pour les nouveaux publics d'alors. Parallèlement, des innovations que nous avons considérées, au sein tant du théâtre officiel que du théâtre privé, proposèrent de nouveaux modèles. Ces nouveaux modèles furent adoptés : par la transformation des salles de théâtre, des codes de représentation et des codes de réception ; par une « crédibilisation » des personnages de théâtre venant du tiers état (bourgeois, petits métiers...), par la domestication des intrigues, et – peut-être le plus paradoxal de tout – par des réformes de taille dans le domaine du théâtre musical qui occupa (devant même le drame bourgeois) la position la plus importante entre 1750 et 1790. Bien que ce dernier genre soit de nature éminemment théâtrale (dans la vie, on ne se parle pas en chantant...), il subira un traitement qui, dans le contexte très spécifique de l'époque, va dans le sens d'un perfectionnement de l'illusion de la réalité qu'on croyait réalisable par la recherche de l'effet de réel.

B.2. CONDITIONS DE LA REPRÉSENTATION APRÈS 1750

Déjà avant le milieu du siècle, l'élasticité du jeu des Italiens semblait plus « naturelle » que la déclamation chez les Français. Par rapport à la versification des tragédies de Crébillon et de Voltaire, La Motte croyait que la prose rendrait la tragédie plus accessible aux spectateurs d'*Œdipe* (1730). Par rapport au jeu masqué de *la Commedia dell'arte*, le jeu à visage découvert des vieillards dans *Les Fourberies de Scapin* (reprise de 1737) constituait un pas en avant vers les réformes du costume théâtral des années 1750. Par rapport à l'insertion de vaudevilles « prêts à porter » dans les premiers opéras-comiques, l'écriture « sur mesure » d'ariettes rendait ces ouvrages plus homogènes, l'illusion, plus étanche. Ces gestes ponctuels répondaient à l'attente progressivement généralisée d'une illusion scénique plus « intéressante ». Des voix insistantes et troublantes se font entendre. Mercier s'en prend violemment aux vieilles structures. Celles-ci sont esthétiques et sociopolitiques à la fois. Beaumarchais mène des campagnes multiples pour imposer ses réformes (théorie du drame avec *Eugénie*, droits de l'auteur avec *Le Barbier* et *Le Mariage*, réforme de l'opéra avec *Tarare*).

Ce fut par la reconfiguration de la relation entre regardants et regardés que le XVIIIᵉ siècle français effectua peut-être ses réformes les plus importantes. Cette poussée, dans laquelle les innovations architecturales de certains théâtres de province (Bordeaux en tête) eurent un rôle important, redéfinit l'interaction scène-salle. À l'intérieur des théâtres, la suppression des bancs de spectateurs sur la scène, puis leur réimplantation dans un *parterre* debout, devenu désormais un *parquet* assis, servirent aussi à cette restructuration de fond. D. de Kerckhove, pour qui de telles organisations architecturales fonctionnèrent comme « ... une sorte de "machine" à organiser le regard », les considère même comme étant à la base d'une révolution épistémologique :

Ces deux changements résultèrent en deux conditions nouvelles qui concernent le point de vue du spectateur : d'une part, on lui présentait une scène dégagée de tout élément étranger à la représentation ; d'autre part, il était invité, par la nouvelle disposition des banquettes, à rester assis à sa place sans plus jouir de la liberté des mouvements que sa position debout lui permettait jusqu'alors. Ces changements sont l'aboutissement d'une longue histoire de la définition progressive du point de vue au théâtre, et aussi de l'organisation du point de vue dans la pensée occidentale [246].

B.2.i. CRITIQUE DES CONDITIONS DE LA REPRÉSENTATION APRÈS 1750

L'irréalisme ressenti des codes de la représentation théâtrale devint progressivement plus évident et problématique pour les spectateurs et critiques naissants de la première moitié du siècle. Aussi voit-on une accumulation de reproches adressés à des codes de jeu insuffisamment évolués. F. Rubellin précise certains de ces défauts dans sa récente étude de la dramaturgie madivaudienne : la rigidité du jeu traditionnel [247] ; le manque de coordination entre les comédiens [248] ; l'insuffisance de l'éclairage [249].

Ce sentiment de mécontentement se fondait sur une valorisation de l'évidence oculaire. Lors d'une reprise d'*Amadis de Grèce* en

---

246. « Des bancs et du parterre : la définition du point de vue du spectateur dans la réception du spectacle dramatique au 18e siècle », *L'Âge du Théâtre en France*, p. 312.

247. Diderot, dans une « Lettre à Madame Riccoboni » (27 novembre 1758) : « O le maudit, le maussade jeu que celui qui défend d'élever les mains à une certaine hauteur, qui fixe la distance à laquelle un bras peut s'écarter du corps, et qui détermine comme au quart de cercle, de combien il est convenable de s'incliner ! Vous vous résoudrez donc toute votre vie à n'être que des mannequins ? (...) Vos régles vous ont faits de bois, et à mesure qu'on les multiplie, on vous automatise. » (*Œuvres complètes de Diderot*, t. III, p. 677)

248. « Le jeu des Comédiens-Français était généralement caractérisé par son manque de coordination. Les acteurs déclamaient un texte appris par cœur, sans toujours paraître attentifs à son sens, et sans viser un effet d'ensemble. » (F. Rubellin, *Marivaux dramaturge*, 25)

249. « Non seulement l'éclairage de la scène était insuffisant (''à trois pieds des lampes, un acteur n'a plus de visage'', dit Mme Riccoboni [cité par P. Larthomas, p. 26]), mais on n'éteignait généralement pas les lustres pendant le spectacle ; tout au plus pouvaient-ils être remontés. De la sorte, on voyait autant, sinon mieux, le public que les acteurs. On venait d'inventer la rampe, formée d'une rangée de chandelles le long de l'avant-scène : mais la lumière projetée n'était rien moins que naturelle et, augmentant la fumée, gênait les spectateurs. » (*Ibid.* 30-31)

1745, on remarqua l'écart entre la toile de fond (trop figée et générale) et l'espace suggéré par le dialogue des acteurs. Le *Mercure* de mars évoque ainsi les insuffisances de son décor à l'Opéra : « Dans ce quatrième acte le Prince de Thrace apostrophe la Mer quoique le spectateur ne l'aperçoive gueres & qu'une fête de Matelots semble exiger la proximité du rivage. » (p. 161) L'effet visuel des danses ne fut guère plus apprécié. En avril de la même année, on critiqua la trop grande abstraction des mouvements et figures qu'effectuèrent les danseurs :

> Nous disons que les Ballets de Théatre doivent être des tableaux variés. Il est surprenant qu'il soit nécessaire de s'appuyer sur des citations pour établir une idée si simple & si naturelle. Tout le monde depuis Aristote convient que l'Eloquence, la Poësie & la Musique doivent sçavoir peindre ; pourquoi la Danse seroit-elle dispensée de le faire... ? Pourquoi la Danse ne peindroit-elle pas par l'arrangement de ses attitudes & de ses pas elle qui n'a que ce langage là seul pour se faire entendre ? (*Mercure* d'avril 1745, p. 136)

Diderot, dans ses *Entretiens sur le Fils Naturel*, reprend le même problème : « DORVAL – ... Cet homme se déploie avec une grâce infinie. Il ne fait aucun mouvement où je n'aperçoive de la facilité, de la douceur et de la noblesse ; mais qu'est-ce qu'il imite ? » [250] Les danses étaient devenues trop conventionnelles et abstraites ; le nouveau public, pour sa part, était plus friand de mouvements représentatifs.

Ce fut à cette même époque que Marmontel fit sa célèbre description de l'encombrement de la scène lors d'une représentation du *Sémiramis* (1748) de Voltaire [251].

---

250. *Œuvres complètes*, t. III, p. 199.

251. « ... le théâtre n'étoit pas susceptible d'une action de ce caractère. Le lieu de la scène étoit resserré par une foule de spectateurs, les uns assis sur des gradins, les autres debout au fond du théâtre et le long des coulisses, en sorte que Sémiramus éperdue et l'ombre de Ninus sortant de son tombeau étoient obligés de traverser une épaisse haie de petits-maîtres. Cette indécence jeta du ridicule sur la gravité de l'action théâtrale. Plus d'intérêt sans illusion, plus d'illusion sans vraisemblance ; cette pièce, le chef-d'œuvre de Voltaire, du côté du génie, eut dans sa nouveauté assez peu de succès pour faire dire qu'elle étoit tombée. » (Marmontel, *Mémoires*, vol I, p. 289-90, Livre IV)

B.2.ii. CHANGEMENTS DE LA REPRÉSENTATION APRÈS **1750**

Le renouveau des conditions de la représentation théâtrale répondit aux exigences du nouveau public vers le milieu du XVIIIᵉ siècle. De multiples voix critiques (aux théâtres, dans les journaux, par la voie des parodies) convergèrent pour aiguiser la conscience d'un besoin de réformes. Celles-ci se firent à tous les niveaux : jeu de l'acteur, adoption de costumes en fonction de la pièce (et non pas de la garde-robe de tel comédien), dégagement du plateau de jeu et intégration du décor dans l'action scénique.

Marmontel raconte l'abandon par Mˡˡᵉ Clairon de sa vieille manière de déclamer les vers tragiques. Il lui disputait depuis « longtemps » « son jeu [avec] trop d'éclat, trop de fougue, pas assez de souplesse et de variété, et surtout [avec] une force qui, n'étant pas modérée, tenoit plus de l'emportement que de la sensibilité » (*Mémoires*, t. II, p. 32, livre V). Une expérience de jeu dans deux salles de théâtre physiquement plus petites que la Comédie-Française a suffi pour faire découvrir à l'actrice les avantages d'un jeu plus « naturel ». Le petit théâtre de Versailles ainsi que celui de Bordeaux l'avaient fait réduire son jeu et sa déclamation en même temps qu'elle s'essayait au port de costumes plus en rapport avec le sujet de la pièce. Après le succès de son interprétation de Roxane devant la Cour, elle choisit de « jouer Électre au naturel » aussi :

> C'étoit l'*Electre* de Crébillon. Au lieu du panier ridicule et de l'ample robe de deuil qu'on lui avoit vus dans ce rôle, elle y parut en simple habit d'esclave, échevelée, et les bras chargés de longues chaînes. Elle y fut admirable ; et, quelque temps après, elle fut plus sublime encore dans l'*Electre* de Voltaire. Ce rôle, que Voltaire lui avoit fait déclamer avec une lamentation continuelle et monotone, parlé plus naturellement, acquit une beauté inconnue à lui-même, puisqu'en le lui entendant jouer sur son théâtre de Ferney, où elle l'alla voir, il s'écria, baigné de larmes et transporté d'admiration : « Ce n'est pas moi qui ai fait cela, c'est elle ; elle a créé son rôle. » [252]

Dans *Richard Cœur de Lion* (1784) de Sedaine, la convergence de la pantomime des soldats, du décor représentant une forteresse assiégée, et la musique qui s'harmonise à l'action, est décrite ainsi dans une longue didascalie :

252. Marmontel, *Mémoires*, t. II, p. 33-34, livre V.

On voit paraître, sur le haut de la forteresse, Richard qui, sans armes, fait les plus grands efforts pour se débarrasser de trois hommes armés. Dans cet instant, la muraille tombe avec fracas. Blondel monte à la brèche, court auprès du roi, perce un des soldats, lui arrache son sabre. Le roi s'en saisit. Ils mettent en fuite les soldats qui s'opposent à eux. Alors Blondel se jette aux genoux de Richard qui l'embrasse. Dans ce moment le choeur chante : *Vive Richard !* sur une fanfare très-éclatante.

(III, 10)

D'après P. Vendrix, « le décor devenait acteur à part entière dans le drame » [253].

Le décor servant à dépayser et à émouvoir, il ne peut plus se contenter des quelques éléments symboliques qui lui suffisaient dans les premières comédies à ariettes. Pour que l'émotion surgisse, il faut que l'illusion soit complète, que le moindre accessoire soit en rapport avec la situation [254].

L'effet jugé positif de la suppression des bancs de spectateurs constitue l'essentiel de cette critique d'une reprise de *Sémiramis* de Voltaire en 1759 :

Jamais tout l'avantage des changemens qu'on a faits à la Scène, n'avoient paru avec plus d'éclat ; jamais aussi les grands tableaux de cette Tragédie si théâtrale & si pathétique, n'ont si vivement frappé les Spectateurs. Quoique les premiers plans de la décoration ne soient pas assez d'accord avec le fond, le coup d'œil général ne laisse pas que d'en être imposant ; & le moment où Sémiramis environnée d'une cour nombreuse, descend du Trône au bruit du Tonnerre, & voit sortir du Tombeau l'ombre de Ninus son époux, forme le Spectacle le-plus majestueux & le plus terrible qu'on ait vu sur la Scène Françoise [255].

Parties, les foules de spectateurs qui avaient autrefois gêné l'approche de Ninus, pour être remplacées par la cour nombreuse de Sémiramis.

Non seulement la scène se peuple de plus d'acteurs et figurants, mais ceux-ci commencent à interagir avec le décor :

---

253. Vendrix, 193.
254. *Ibid.*
255. *Mercure*, septembre 1759, p. 200.

Le 19 (mai 1759) *Iphigénie en Aulide* a été jouée avec toute la pompe dont le Théâtre est susceptible dans sa nouvelle forme. La décoration qui représente le camp des Grecs, est de la plus grande magnificence, & d'une vérité qui ajoute beaucoup à l'illusion. On voit Agamemnon dans sa tente ; on voit Achille sortir de la sienne &c. Les Acteurs eux-mêmes moins distraits, plus à leur aise, plus animés, ont une action beaucoup plus théâtrale, & forment des tableaux plus frappants [256].

Et ce décor, surtout à l'Opéra-Comique (qui portait encore le nom de la Comédie-Italienne), et surtout entre 1762 et 1789, connut un essor dans les spectacles qui annonce les grandes réalisations scéniques du XIXe siècle : « Il reflète plus fidèlement les aspirations d'un public épris de spectacles grandioses et d'émotions fortes. » [257] Pour la mise en scène de *La Fée Urgèle* (1765) de Favart et Duni, par exemple, les costumes et le dispositif scénique représentaient une proportion dangereusement grande de tout le budget de production.

B.3. SENSUALISME ET SENSIBILITÉ

En puisant dans la doxa de ses contemporains les formules toutes faites comme « il ne faut jurer de rien » ou « nécessité n'a point de loi », Carmontelle célébrait l'humanité de sa société. Cependant, il habilla ces noyaux de vérité d'accoutrements qui étaient bien de son temps. Les « concrétisations » que proposent ses proverbes dramatiques se caractérisent par une recherche poussée d'effets de réel, tant au niveau de leurs contextualisations spatio-temporelles qu'à celui de leur mise en dialogues. L'un de ses biographes cite ce mot d'Auger à propos de lui :

> Ce n'est point une combinaison dramatique que Carmontelle étale sous nos yeux ; c'est un coin de la société qu'il nous fait remarquer, c'est une aventure, une conversation de salon, de boudoir, de boutique, de spectacle, de promenade et de tout autre lieu public, à laquelle il vous fait assister. Ce qu'il a vu et entendu, il le répète avec la fidélité d'un miroir et d'un écho [258].

256. *Mercure*, septembre 1759, p. 200.
257. Vendrix, 179.
258. « Notice sur Carmontelle » (Par M. Beuchot. Extrait de la *Biographie universelle*).

La sélection de proverbes publiée par J. Truchet dans son *Théâtre du XVIIIᵉ siècle* montre jusqu'à quel point le regard de Carmontelle se pose sur des objets communs et ordinaires ; une ou deux générations plus tôt, on aurait dit « bas » et « vulgaires »... Les compères des *Deux Amis* trinquent et boivent de la bière dans « un café du Boulevard » en reconnaissant avoir engendré au moins l'un des enfants de l'autre. Tout en s'appelant « Raphaël », l'artisan engagé pour peindre l'ordre « DÉFENDU DE FAIRE ICI SES ORDURES » finit lui-même par enfreindre l'interdiction sanitaire derrière une grande pierre dans *Le Peintre en cul-de-sac*. Sans que le mot *castrato* soit prononcé dans *Le Chanteur italien*, on finit par comprendre le désarroi de l'homme à la « voix claire » lorsqu'on lui propose par méprise d'épouser une fille de famille aisée.

À la différence des farces foraines et parades de société, l'objectif semble avoir glissé de l'encanaillement carnavalesque vers une mimésis plus fidèle de la vie. L'une des étapes importantes de ce changement fut assurément l'élimination des hommes qui jouaient habituellement certains rôles de femmes. Désormais, il devient important de faire adhérer le spectateur aux scènes qu'il regarde. Les efforts pour « faire vrai » (accent sur l'ordinaire, lieux de tous les jours, situations banales, acteurs et actrices qui cherchent à déthéâtraliser leur jeu...) convergent pour créer l'impression du réel. Ce travail de *captatio* du spectateur devait se faire par la voie des sens sur lesquels, en bons disciples de Locke, les praticiens de la deuxième moitié du XVIIIᵉ siècle semblent concentrer leur énergie.

Le Boudoir de Carmontelle contient tous les éléments d'une démonstration de l'épistémologie lockienne. Expérience scientifique qui rappelle fortement *La Dispute* de Marivaux, cette piécette représente une « épreuve » qui se dévoie ironiquement du point de vue de son instigateur. Un vieux soupirant, Bourval, croit « émouvoir » le cœur insensible de Mˡˡᵉ de Saint-Edme qu'il vient de retirer du couvent. À cette fin, il l'introduit dans un décor aménagé pour séduire : « *La scène est chez M. de Bourval, dans un boudoir neuf, orné de glaces, de peintures agréables, de meubles précieux et à la mode.* » La mise en scène réussit à merveille, à un détail près... Le chevalier de Gorville y rejoint la jeune fille, « charmée » comme prévu, mais avant que M. de Bourval ne revienne d'une commission. Ce dernier ne peut que s'incliner dignement.

Le parcours qui doit conduire Mlle de Saint-Edme de l'ignorance vers la connaissance des affects passe par trois étapes : « M. de Bourval – [...] je veux lui donner tout le temps de sentir, de penser, d'examiner... » (sc. 2) Ces étapes structurent la scène 4 où, dans un premier temps, l'innocente jeune fille subit un véritable flot d'émotions (« c'est charmant ! », « ce [...] qui me plaît ; ce sont les fleurs, les odeurs, les peintures, les glaces »), puis « pense » dans un deuxième temps qu'elle voudrait passer sa vie dans un si bel endroit, et enfin, dans un troisième temps, « examine » une peinture de Vénus et Adonis en s'identifiant à la déesse quand Gorville fait irruption pour compléter le couple. De l'indifférence à l'identification, l'éducation de Mlle de Saint-Edme exemplifie le *nouveau processus de réception* que l'on propose aux spectateurs du théâtre qu'on commence à « confondre avec la "vie" ».

L'« organisation du point de vue » dont parle D. de Kerckhove est aussi la *manipulation* de ce point de vue, donc des facultés de perception même du spectateur de l'illusion théâtrale. Ce que des architectes cherchaient à faire dans l'espace en fixant et en orientant des spectateurs auparavant mobiles et indisciplinés, Marivaux semble l'envisager aussi et déjà dans sa façon de traiter l'affectivité aléatoire de ses personnages. En parfait accord avec le paradigme alors populaire chez les Comédiens Italiens de la supériorité du sentiment sur la raison (suggérée dans des titres emblématiques comme *Le Philosophe trompé par la nature* [1719] de Saint-Jorry ou *Le Philosophe dupe de l'amour* [1726] de Saint-Foix), Marivaux développa ses diverses versions du thème de la « surprise » pour illustrer les insuffisances de l'ordre rationnel et des « systèmes » qui en dépendent. Lorsque la Silvia de *La Double Inconstance* avoue son infidélité, c'est bien sous la bannière des sentiments incontrôlables qu'elle se range : « Lorsque je l'ai aimé, c'était un amour qui m'était venu ; à cette heure que je ne l'aime plus, c'est un amour qui s'en est allé ; il est venu sans mon avis, il s'en retourne de même, je ne crois pas être blamable. » (III, 8) Indépendant de toute intentionalité, l'affect surgit spontanément. Mais dès *La Surprise de l'amour*, Marivaux explorait par un dispositif de mesures rationnelles (détachement objectif du Baron, diagnostics « cliniques » de Colombine...), des façons intellectuelles de le cerner.

Lorsque l'« amour » est l'effet d'un pur « hasard », le sujet qui l'éprouve échappe (chez Marivaux, du moins) à la responsabilité morale de ses actes [259]. Les meneurs de jeu marivaudiens, par contre, s'arrogent le droit de générer le sentiment puis, comme Dubois dans *Les Fausses Confidences*, d'en réclamer une sorte de paternité : « ... je mériterais bien d'appeler cette femme-là ma bru. » (III, 13) La nature n'est plus nature, car elle est née des calculs d'un projet humain. Mais lorsqu'un autre se substitue au hasard, l'imprévu d'un sentiment « vrai » qui surgit n'est en réalité qu'un simulacre de surprise. Au niveau général du théâtre du XVIIIe siècle, les praticiens de l'art du spectacle vont cultiver cette illusion dans l'espoir de rehausser « l'intérêt » de leurs représentations ; ils le feront, justement, en multipliant les occasions d'épanchemants sentimentaux. Le recours aux effets de réel qui envahit les spectacles en France après 1750 vise à attacher ou à prendre le public par ses sens et ses émotions, confirmant ainsi la nouvelle esthétique de la sensibilité (plus passive dans la mesure où on la *subit*) qui va remplacer celle d'une participation plus intellectuelle (plus active dans la mesure où on garde un plus grand degré de lucidité, donc de mobilité mentale).

Ce projet relève d'une grande stratégie pédagogique qui fut celle de *La Mère confidente* (1735) de Marivaux et celle, vingt ans plus tard, des aspirations évangéliques dont rêvait Diderot pour le nouveau genre du drame bourgeois. Ce dernier, en parlant de l'auteur de théâtre dans « Des auteurs et des critiques » (1758), dit que : « Le rôle d'un auteur... est celui d'un homme qui se croit en état de donner des leçons au public. » (Pléiade, p. 1305) Or c'est de leçons qu'il s'agit aussi dans la comédie attendrissante (drame avant-la-lettre pour certains) de Marivaux. F. Rubellin parle volontiers de la « nouvelle pédagogie » inspirée de Madame de Lambert que cette pièce véhicule : « Marivaux éprouve, visiblement, une réelle sympathie pour la méthode d'enseignement de cette mère. » [260] La méthode en question évite les péroraisons autoritaires et les agissements rigides de la Madame Argante de *L'École des mères* (1732) pour adopter l'insinuation et la douceur touchantes – certes manipulatrices aussi ! – de

---

259. « Dans ce monde de mensonge et d'artifice, le dénouement ne fait pas la clarté sur "tout ce qui s'est passé". Le Prince avoue à Silvia qu'il lui a caché son rang, mais personne ne vient apprendre à Arlequin et Silvia qu'on les a abreuvés d'informations fausses, que Flaminia avait parié qu'elle réussirait à les séparer : la double inconstance doit continuer à leur paraître *naturelle*. » (F. Rubellin, *Marivaux dramaturge*, p. 180)

260. *L'École des mères*, suivi de *La Mère confidente*, éd. F. Rubellin, Livre de poche classique, 1992, p. 93.

son homonyme de *La Mère confidente*. L'élan par lequel Angélique et Dorante se rendent aux convictions de la mère/amie est révélateur :

> ANGÉLIQUE – [...] Madame, je me livre à vous, à vos conseils, conduisez-moi, ordonnez, que faut-il que je devienne, vous êtes la maîtresse, je fais moins cas de la vie que des lumières que vous venez de me donner...
>
> DORANTE – [...] c'est l'horreur de penser que les autres ne vous estimeraient plus, qui m'effraye ; oui, je le comprends, le danger est sûr, Madame vient de m'éclairer à mon tour.   (III, 11)

La conversion émouvante des deux jeunes gens dans la pièce semble avoir eu pour effet secondaire l'attendrissement du public de Marivaux. Sans qu'il prêche une cause particulière, voilà qu'il dévoile les possibilités persuasives du drame à venir :

> Quant au spectateur, « il faut absolument qu'il s'applique ce qu'il entend [Diderot] ». Le drame bourgeois doit éclairer les désordres et ramener l'harmonie, en faisant triompher la vertu, et en s'appuyant autant que possible sur le pathétique. On ne peut nier que La Mère confidente corresponde à ces critères. Relation de famille, attendrissement, éloge de la vertu y sont centraux [261].

B.4. VERS UN « RÉALISME » BOURGEOIS

Les textes de Diderot que l'on met en scène de nos jours viennent plus volontiers de sa production romanesque. Les dialogues entre Jacques et son maître attirent davantage les gens de théâtre que ceux de Constance et Dorval dans *Le Fils naturel* (1757). Quant au *Père de famille*, joué publiquement deux ans après sa publication (1758), il parut d'abord au théâtre de Marseille en 1760 avant d'entrer (modestement) dans le répertoire de la Comédie-Française en 1761 où il fut représenté sept fois au cours de l'année de sa « création » parisienne. La pièce la plus théâtrale, *Est-il bon ? est-il méchant ?*, nous l'avons vu, ne fut probablement pas connue par les spectateurs du vivant de Diderot. Ce fut plutôt comme théoricien et réformateur que l'« auteur » de l'*Encyclopédie* laissa sa plus grande marque sur le monde des spectacles.

---

261. *Ibid.*, p. 95.

La critique et l'analyse des représentations s'étaient développées timidement avant le milieu du siècle. Bien que les éditeurs du *Mercure* aient créé la rubrique des spectacles en 1721 comme section distincte de celle des pièces éditées (belles-lettres), il fut régulièrement admis que l'auteur rédigeât lui-même le compte rendu de sa pièce. Dans les parodies, ce furent souvent les comédiens-auteurs comme Legrand, Biancolelli ou Romagnesi qui s'arrogèrent la voix du « Parterre ». Cette collectivité, d'après la préface de Fuzelier sur les parodies, prononçait un jugement prioritaire sur la représentation. Mais les interlocuteurs des *Entretiens sur le Fils naturel* firent valoir un point de vue de l'instance réceptive qui semblera plus « vraie » que les précédents parce que moins encombré de clins-d'œil ironiques ou de parti pris autrement intéressés. Aussi, tend-on à doter les écrits critiques de Diderot sur le théâtre d'une originalité et d'une force de rupture qu'ils n'avaient peut-être pas au degré suggéré. Toutefois, *Les Entretiens* et le *Discours sur la poésie dramatique* qui les suivit immédiatement développeront l'insatisfaction du public des années 1750 en ce qui concerne les conditions de la représentation théâtrale, tout en gardant à l'horizon les implications idéologiques de leur amélioration.

En s'attaquant à la dramaturgie classique, Dorval et Moi dans les *Entretiens* prennent pour cible le théâtre officiel. Ils le font, non seulement en se livrant à un nouvel examen des règles et de la théorie aristotéliciennes, mais aussi et surtout en se souciant de la perspective du témoin oculaire de l'événement scénique. Moi initie les trois jours de dialogues avec Dorval après avoir regardé secrètement la représentation du *Fils naturel* interprété dans un salon par les personnes « réelles » dont la pièce est supposée représenter l'histoire. Bien qu'il ait pris la peine d'étudier le texte écrit, Moi évoque de nombreuses impressions du lieu et du moment de la mise en scène ; les conversations familières que Dorval a eues avec son valet, Charles ; le thé au théâtre ; les larmes que versait Dorval, le dos tourné, au moment où son ami, Clairville, exprimait sa douleur ; le niveau de discours du domestique, André ; l'impression de longueur d'une scène... L'étrangeté de chaque détail permet de mesurer la distance entre le salon où se déroula la pièce et le théâtre où la même action aurait été considérée comme déplacée selon Moi. Les innovations réalisées par Dorval, protagoniste et auteur du *Fils naturel*, sont spatialisées encore plus qu'elles ne sont théorisées.

Ce que le spectateur voit sur scène assume une importance capitale. Le « réel » et le « vrai » ne se distinguent plus des conditions concrètes de la représentation : le mouvement physique dédouble la parole (« DORVAL – La pantomime si négligée parmi nous, est employée dans cette scène, et vous avez éprouvé vous-même avec quel succès ! Nous parlons trop dans nos drames, et conséquemment nos acteurs n'y jouent pas assez » [262]) ; les moyens de décoration scénique sont nécessaires pour le progrès de l'art théâtral (« DORVAL – Faute de scène, on n'imaginera rien... Avez-vous vu la salle de Lyon ? Je ne demanderais qu'un pareil monument dans la capitale, pour faire éclore une multitude de poèmes, et produire peut-être quelques genres nouveaux. » [263]) ; la disposition des acteurs en tableaux contribue à l'impact de l'illusion (« MOI – [...] Une disposition de [...] personnages sur la scène, si naturelle et si vraie, que rendue fidèlement par un peintre, elle me plairait sur la toile, est un tableau [264] »). Au même moment où Voltaire maintient ses critiques d'une scène encombrée de spectateurs et où le comte de Lauraguais s'apprête à effectuer la suppression des bancs (1759), Diderot et ses collaborateurs (d'Alembert, l'article « Genève »...) déploient leurs arguments pour que le théâtre soit mis au service des changements sociaux prônés par les Philosophes.

La clef de voûte de leur stratégie du côté du théâtre fut l'intensification de l'identification des spectateurs à l'image scénique. L'identification devait s'effectuer par la voie des sens, ainsi que le suggère le rehaussement des moyens matériels de la mise en scène mentionné plus haut. Pour y parvenir, Diderot reconfigura la vieille hiérarchie graduée des genres, non seulement pour faire occuper par le drame la zone de rencontre entre tragédie et comédie, mais aussi pour façonner un nouveau paradigme binaire opposant à son « réel » un regroupement des anciennes extrémités, jugées désormais trop théâtrales en comparaison, du merveilleux (domaine de l'Académie de Musique) et du burlesque (domaine des Italiens, des Forains et des théâtres de Boulevard) :

> DORVAL – Voulez-vous donner à ce système toute l'étendue possible ; y comprendre la vérité et les chimères ; le monde imaginaire et le

---

262. Diderot, *Œuvres complètes*, t. III, p. 139.
263. *Ibid.*, p. 151.
264. *Ibid.*, p. 127-128.

monde réel ? ajoutez le burlesque au-dessous du genre comique, et le merveilleux au-dessus du genre tragique [265].

Il en résulta un embourgeoisement des sujets qui prirent au sérieux les dilemmes et aspirations du tiers état. Définis dorénavant par leur condition sociale (« l'homme de lettres, le philosophe, le commerçant, le juge... [et, chez Mercier, le vinaigrier, le tisserand et la courtisane] ») ou leur relation familiale (« le père de famille, l'époux, la sœur, les frères ») [266], les seuls personnages admis sur une scène transformée en salon, devaient y accéder selon les normes de crédibilité du public élargi et évolué de la fin des années 1750. Bannis, par conséquent, les « valets de comédie » [267] et les « hommes poétiques » comme Calchas dont le « poil hérissé » qu'on lui prête dans la tragédie *Mahomet* n'était pas montrable [268].

La recherche de situations domestiques réputées être plus réelles aux yeux du nouveau spectateur s'accompagna d'un travail corollaire sur la fabrication matérielle de l'illusion rehaussée qu'on lui offrait. L'« effet de réel » fut autant un produit d'artifices que l'éclosion du sentiment vrai dans une pièce marivaudienne à stratagème. Le *Paradoxe sur le comédien*, largement ignorée du public du XVIIIe siècle, dévoile minutieusement le travail de machiniste – en l'occasion, celui de l'acteur – que Diderot évacuait, tout comme il avait banni en 1757 les « Dave » et autres valets intrigants, de l'inté-rieur de l'action scénique. Pour assujettir le public de théâtre aux leçons de civisme et de vertu qu'il voulut répandre, Diderot dut endormir leurs facultés critiques du moment pour faire resurgir la vague d'émotions fortes nécessaires à sa conversion au bien. La leçon théâtrale de *La Mère Confidente*, et des comédies larmoyantes de La Chaussée de la même époque, céda la place à l'évangélisme scénique que Diderot espéra atteindre, sans succès, pour ses drames.

C'est ici, pourtant, que nous voyons que la défense des intérêts du public « las, selon Michel Linant, [...] de la dureté des tirans et de la

---

265. *Ibid.*, Troisième Entretien, p. 174.

266. Troisième Entretien, p. 191.

267. « Si le poète les laisse dans l'antichambre, où ils doivent être, l'action se passant entre les principaux personnages en sera plus intéressante et plus forte. » (Premier Entretien, p. 123)

268. « Quelque terrible qu'il soit, ses cheveux ne se hérisseront pas sur sa tête. L'imitation dramatique ne va pas jusque-là. » (Troisième Entretien, p. 187)

fierté des princesses » [269], ne fut pas désintéressée. La vieille querelle des théâtres pour s'attirer des spectateurs se doubla d'un projet de transformation sociale qui instrumentalisa le théâtre. À l'embellissement de la scène envisagé dans les *Entretiens* fit suite la réforme de l'art du comédien. Le *Paradoxe* propose de rendre l'illusion de théâtre plus touchante, plus séduisante, plus « intéressante », mais en supprimant chez l'acteur la même émotivité qu'il cherche à créer sur scène. Le sentiment devient ainsi le résultat d'un calcul cérébral dont celui qui l'éprouve ignorera le caractère factice. Comme Dubois dans *Les Fausses Confidences* (« Laissez faire un homme de sang-froid » [III, 1]), le Premier Interlocuteur du *Paradoxe* veut que l'acteur soit « un spectateur froid et tranquille ; j'en exige par conséquent de la pénétration et nulle sensibilité » [270]. L'autre spectateur, le vrai, qui se définit justement plus que jamais par sa sensibilité, se fait exclure par là d'un processus censé l'ensorceler et qu'il consomme passivement.

Le réalisme scénique présuppose la résiliation du contrat de duplicité qui fondait la théâtralité du début du XVIIIᵉ siècle. La maîtrise de l'illusion par les artistes scéniques mettra le spectateur à l'extérieur de l'univers fictif qu'il observera de plus loin, séparé de lui par un mur invisible (avant-coureur du 4ᵉ mur), ou, dans le cas du théâtre des Délassements comiques en 1788, par un rideau de gaze transparent. Le talent du comédien rêvé par Diderot dans le *Paradoxe* ouvre la voie à la manipulation du jugement du public et à une prise de pouvoir sur l'espace scénique :

> Qu'est-ce donc que le vrai talent ? Celui de bien connaître les symptômes extérieurs de l'âme d'emprunt, de s'adresser à la sensation de ceux qui nous entendent, qui nous voient, et de les tromper par l'imitation de ces symptômes, par une imitation qui agrandisse tout dans leurs têtes et qui devienne la règle de leur jugement...

Peu importe si les créateurs de l'illusion s'en détachent, l'essentiel est que les spectateurs n'en soient pas conscients :

> Et que nous importe en effet qu'ils sentent ou qu'ils ne sentent pas, pourvu que nous l'ignorions ? (p. 469)

---

269. Voltaire, *Correspondance* (Toronto : University of Toronto Press, 1969), vol. 86, D674, Michel Linant to Pierre Le Cormier de Cideville, p. 419.
270. Diderot, *Œuvres complètes*, t. X, p. 426.

Le mouvement vers une accumulation d'effets de réel qui prend de l'ampleur après 1750 s'annonce de façons multiples. Par exemple, au niveau des héros de théâtre que le public trouvait de plus en plus aliénants. Linant avait critiqué en 1733 le peu de pertinence pour ses contemporains des vieilles conventions des représentations de la Comédie-Française. Pour apporter une solution à cette situation d'impasse, il commença, mais n'acheva point, une « tragédie bourgeoise » en trois actes, annoncée huit ans avant celle de Paul Landois, *Silvie* (1741). L'œuvre de Landois évoque dans son Prologue les implications innovatrices de l'embourgeoisement des héros tragiques ; ces derniers ne reflètent plus la vie des spectateurs :

> Une Pièce Dramatique est une représentation de la vie ; & sans vouloir interdire la Scene aux Héros, j'imagine qu'on peut y faire paroître des Personnages, dont la vie ayant un peu plus de rapport avec celle des Spectateurs, devroient naturellement interesser davantage.
>
> (Prologue, sc. III)

Par ailleurs, sous la plume de Landois, le genre tragique s'ouvre à une naturalisation du langage dans le texte qui annonce les ajustements de la mise en scène à venir :

> Les choses y sont nommées par leur nom. Le matin n'est point le blond Phoebus qui va reposer dans le sein de Thetis. Il y est question de boire, de manger, d'habits, de meubles. (Prologue, sc. II)

Diderot devait reconnaître l'œuvre de Landois (représentée à la Comédie-Française le 17 août 1741) comme le prototype de son *genre sérieux*. Luigi Riccoboni envisageait également une combinaison d'éléments de la tragédie et la comédie dans ses *Réflexions historiques et critiques sur les différents théâtres de l'Europe* (1738).

Dans l' « Avertissement » qu'il écrivit pour *La Partie de chasse*, Collé met en garde les éventuels interprètes de la « bonhommie » du monarque contre un jeu trop stylisé : « il faut [...] que les acteurs s'éloignent de quelque espèce de déclamation que ce soit ; il faut, dans les scènes sérieuses ou intéressantes, que leur jeu soit naturel, et que leurs tons soient nobles, sans avoir rien de guindé ». Ce qui ressort de sa prescription est la façon dont le terme « théâtral » a pris au moment de l'impression de la pièce (1766) un sens voisin de ce que nous appelons ici « réaliste » :

J'ai assisté à des représentations de cette pièce, jouée dans cet esprit, et dans un point de vérité et de perfection que je n'aurais jamais imaginé que l'on pût atteindre. D'après ce que j'ai vu, je pourrais assurer que cette comédie, ainsi rendue, est d'un grand effet théâtral, et fait aux spectateurs l'illusion la plus complète, surtout lorsqu'on y joint (comme je l'ai encore vu) le costume des habits à la diversité des décorations analogues au sujet. («Avertissement», p. 600)

Également dans *La Partie de chasse*, Collé vise des effets d'éclairage explicités dans les didascalies de l'Acte II. L'arrivée de la nuit dans la forêt de Sénart alors que Lucas parle seul, puis à Richard :

(*Baisser ici les lampes*)... Mais l'ami Richard devrait être arrivé ; car le jour commence à tomber un tantinet. (II, 4)

(*Baisser les lampes tout à fait*)... Oui, v'nais-vous-en cheux nous : aussi bian v'la la nuit close... (II, 5)

B.5. ÉLARGISSEMENT DU « RÉALISME »

Le mouvement dramatique de *La Brouette du Vinaigrier* (1776) de Louis-Sébastien Mercier culmine dans l'approbation du mariage entre Mlle Delomer et Dominique fils ; le mouvement dramaturgique, lui, culmine dans l'effet visuel du 3e acte qui met sur le théâtre ce qu'une certaine idée des bienséances considérait comme un objet repoussant. Quand le vinaigrier Dominique père se présente, son propre fils lui dit : « Quoi ! cet habit de travail, ce baril, cette brouette dans une salle frottée ! » (III, 2) (Figure 9).

Apostrophant, comme dans une pièce classique (*L'Avare*, par exemple), l'or contenu dans son baril, Dominique père réfléchit sur l'effet qu'il crée : « Je t'ai enchaîné pour un moment d'éclat. » (III, 5) Ce moment fait converger un événement dramatique dans l'intrigue avec un effet fort au niveau de la représentation. La dernière scène de la pièce fait visualiser deux familles « attelées » à l'objet (la brouette) « offensif » qu'ils rentrent définitivement, toutefois, dans la maison Delomer :

(*Apercevant Mlle Delomer qui aide Dominique*) Eh ! voyez, voyez, je vous prie, qu'ils sont bien attelés ensemble !... (*Il rit*) Allons, allons, mes bons amis, je vous laisse faire, je ne m'en mêle pas. Courage, voyons si cela roulera... (*La brouette n'allant pas bien, M. Delomer met la main à l'œuvre*) Et vous aussi, vous tirez à mon baril ; bon, bon, cela. (*Il rit*) Ah ! les maladroits !... Eh bien !... vaille que vaille !... (*À son fils*) Tu ne te plains donc plus de ma brouette ? [271]   (III, 7)

Figure 9. – Frontispice de *La Brouette du Vinaigrier.*

Les Comédiens Français, mécontents des propositions de Mercier dans son essai *Du théâtre* [272], ne voulurent pas jouer sa *Brouette* qui finit par se produire sur la scène du Théâtre des Associés en 1776, avant d'être jouée chez les Italiens plusieurs années plus tard, en 1784. L'une des caractéristiques de cet auteur polygraphe de 52 pièces [273] fut son esthétique de l'objet ordinaire qui le rapproche, d'après J. Truchet [274], du réalisme de Balzac ou de Becque. Dans la préface de *La Brouette*, Mercier précise :

271. *Théâtre du XVIIIe siècle*, éd. J. Truchet, II.

272. *Du théâtre ou Nouvel essai sur l'art dramatique* (1773), où Mercier demandait la suppression de leur privilège.

273. « Mercier est *le* Dramaturge. Dans l'histoire du "drame", aucun auteur n'est au XVIIIe siècle plus constant, plus prolifique ou plus ambitieux. (...) trente-trois pièces publiées, cinquante-deux composées d'après ses propres listes. Seize d'entre elles ont été montées à Paris entre 1776 et 1792 dans des théâtres publics, bien davantage en province et à l'étranger. » (M. de Rougement, p. 123-124)

274. *Théâtre du XVIIIe siècle*, éd. J. Truchet, II, p. 1503.

> Le poète dramatique (ainsi du moins je le conçois) est peintre universel. Tout le détail de la vie humaine est également son objet. Le manteau royal et l'habit de bure sont indifférents à son pinceau [...] Tout lui est précieux dès que la chose est vraie [275].

En avance sur son temps par l'ampleur des sujets qu'il aborda dans son théâtre (toutes les couches sociales, les temps présents, le passé de l'histoire nationale), il prit tôt le parti que nous avons signalé au chapitre I, d'assurer la circulation de son œuvre dramatique par éditions avant même les ouvertures scéniques, quand celles-ci furent possibles.

La « chose vraie » chez Mercier est confirmée comme telle par sa matérialité. Jullefort, prétendant rapace de la dot de Mlle Delomer, veut du solide dans l'amour conjugal qu'il envisage : « L'amour ne se nourrit point de brouillards ; il faut en ménage de la réalité. » (I,1) Affection égale richesse matérielle. L'auteur cherche, comme son personnage, à privilégier les acceptions concrètes des termes ; lorsque le négociant Delomer évoque la nuit blanche de travail qu'il passe dans son cabinet à amasser sa fortune, il détourne le sens habituellement immatériel de l'expression « châteaux en Espagne » : « je la passe toute blanche, à bâtir comme l'on dit, des châteaux en Espagne » (I, 3). Son interlocuteur Jullefort enchaîne en anticipant le gain financier concret qu'il attend d'un tel effort de réflexion : « Surtout quand... on forme... une spéculation bien conçue, bien nette, et qu'à quelque temps de là elle réussit à plaisir... » (I, 3).

Mercier va bien au-delà des exemples fournis par des auteurs comme Diderot et Sedaine ; en plus du travail de l'homme d'affaires, de l'intendant, « même » celui des petits métiers est pris au sérieux. Son drame *L'Indigent* (1773) met en scène la misère émouvante du tisserand, Joseph, et de celle qu'il croit sa sœur, Charlotte :

JOSEPH

(*Il va boire de l'eau à une cruche de terre, & revient à son travail*) Je n'ai que deux bras, je les exerce nuit & jour, & sans murmurer. Je supporte courageusement mon sort ; mais ce malheureux ouvrage n'est pas assez payé. (*Avec une énergie douloureuse*) Non, il n'est pas payé. L'incertitude me mine, je ne sais si je pourrai le vendre encore au bas prix où l'on réduit les travaux de l'ouvrier.   (I, 1)

---

275. *Ibid.*, p. 889.

Une autre pièce de Mercier, *Jenneval ou le Barnevelt français* (environ 1769) reprend le plan du *Marchand de Londres* de G. Lillo qui représente la liaison d'un jeune homme avec une courtisane : « Il falloit nécessairement mettre sur la Scène une courtisane, la faire parler, la faire agir, montrer un jeune homme livré à ses charmes, abandonné à son génie corrupteur, & l'idolâtrant avec [...] transport. » (Préface de *Jenneval*) [276] Pourtant, interdit d'accès au Théâtre Français, il dut recourir à d'autres lieux pour disséminer son œuvre. *L'Indigent* fut monté d'abord à Dijon en 1773, puis au Théâtre Italien en novembre 1782. *Le Déserteur* eut sa première à Brest en 1771 ; on peut imaginer d'autres représentations en province avant sa mise en scène chez les Italiens en juin 1782. Plusieurs de ses pièces, quoique publiées, ne laissent aucune trace de représentation ; d'autres ne furent jouées qu'en province et à l'étranger.

Les Deux Jumeaux de Bergame de Florian connut un grand succès entre 1782 et 1793 ; plus d'une centaine de représentations dans des programmes dont quelques-unes attirèrent au Théâtre des Italiens des salles importantes et des recettes considérables, de plus de 4 000 livres pour la troupe. Après l'échec d'*Arlequin Roi, Dame et Valet* (novembre 1779), qui devait être la dernière création en italien pour les successeurs de Luigi Riccoboni et sa compagnie italienne de 1716 [277], Florian eut recours à des procédés plus susceptibles de plaire aux spectateurs parisiens des dernières années de l'Ancien Régime : l'atténuation des conventions de la vieille *Commedia dell'arte*, et l'attribution à Arlequin d'un état civil de « domestique » plutôt qu'un emploi de théâtre.

Les Deux Jumeaux tourne autour du quiproquo des identités embrouillées de deux Arlequins. Pris malgré lui dans un triangle d'amour, et poursuivi par deux amoureuses rivales, Arlequin l'aîné ne démêle pas la confusion causée par l'arrivée de Bergame de son frère cadet. Ce dernier apparaît comme un écho du Figaro du *Barbier* par la guitare qu'il porte et par la bonne humeur qu'il affiche dès son arrivée :

---

276. *Théâtre complet de M. Mercier*, I, p. 4.

277. Le registre édité par C. Brenner n'indique aucune représentation en langue italienne (généralement signalée par un astérisque devant le titre en français) après la saison de 1779-80. La veille de la clôture annuelle, le 10 mars 1780, les Italiens ont joué *Les trois Jumeaux vénitiens*, mais en reprise. Le dernier lancement, en première, d'une pièce en italien, fut celui de la pièce de Florian, créée et tombée le même jour, le 5 novembre 1779.

> Toujours joyeux, toujours content
>> Je sais braver la misère ;
>> Pour la rendre plus légère,
>> Je la supporte en chantant.   (scène 5)

Il se réjouit de recevoir le portrait et l'argent de Rosette qui pensait les passer à celui qu'elle comptait épouser le lendemain. La fureur de Nérine qui, jalouse, cherche à étrangler celui qu'elle croit être sur le point de se marier avec une autre, ne décourage pas Arlequin cadet [*sic*] ; il lui fait immédiatement sa cour une fois que l'éclaircissement est fait :

> Vous avez disparu comme un éclair, en me reprochant que j'étais insensible à votre amour, tandis que j'aurais donné tous les trésors du monde pour avoir le plaisir de vous voir un moment de plus. (scène 19)

Réduite à un stricte minimum, cette petite comédie écarte la traditionelle opposition paternelle aux amours des jeunes, et élimine également le préjugé qui dans bien des drames faisait de l'inégalité sociale des amoureux un problème de taille. Arlequin l'aîné démissionne aussitôt que son employeur contrarie son amour : « Il m'a refusé la permission de me marier ; je lui ai dit qu'il n'avait qu'à chercher un autre domestique. » (scène 3) Rosette offre immédiatement de remplacer les revenus perdus de son fiancé : « Sois tranquille, je suis riche, et demain ma fortune et ma main seront à toi. » (scène 3) Libéré ainsi de ce qui faisait l'intérêt de bien des scénarios italiens conventionnels antérieurs, Florian ramène l'action de sa pièce à la seule confusion des identités. Rosette et Nérine prennent Arlequin le cadet pour son aîné ; celui-ci ne pénètre le mystère qu'à la fin d'une scène de nuit où l'éclaircissement se fait littéralement par une torche (« ARLEQUIN, *qui apporte de la lumière...* » [scène 19]). Comme le dédoublement d'Arlequin transforme le triangle initial en carré, les deux amoureuses se voient au bout de leurs peines.

Que reste-t-il dans cet opuscule de véritablement italien ? La scène d'une place publique bordée des maisons de Nérine et de Rosette, un nom propre dédoublé, « Bergame », un nom de lieu évocateur, la faim traditionnel du zanni gourmand (Arlequin cadet cherche un emploi pour se nourrir), et une batte avec laquelle Arlequin l'aîné administre la traditionnelle bastonnade. Au centre de tout cela, l'activation d'un jeu d'identités symbolisé par le seul type (dédoublé, en l'occasion) au masque célèbre, car le personnel de la compagnie « italienne » ne disposait plus d'acteurs italiens depuis 1779.

B.6. L'OPÉRA-COMIQUE, FACE « RÉALISTE » QUI MANQUAIT À L'OPÉRA

L'opéra est une forme de théâtre irréaliste par nature. Ses personnages dialoguent en chantant, ses livrets recourent souvent aux effets merveilleux, le tout s'accompagne d'une musique d'orchestre sur fond de décorations scéniques somptueuses. Quoi de plus factice et théâtral ? En revanche, vue de la perspective ciblée du XVIIIᵉ siècle français, la contribution la plus originale à l'épanouissement de cette forme européenne fut la création de l'opéra-comique. Lully et Quinault avaient légué une « tragédie lyrique » à l'Académie Royale de Musique qui tint à distance d'autres avatars (l'*opéra séria* italien) et virtualités (des « comédies lyriques ») du genre. La recette d'une alliance de la musique de la Cour de Louis XIV à des textes tragiques dignes de la Comédie-Française par leur adhésion aux impératifs classiques, resta trop longtemps en place. Il fallut la confluence de la comédie à vaudevilles, celle à ariettes, l'*opéra buffa* de Pergolèse et *Le Devin du village* de Rousseau pour enfin élargir le genre lyrique au versant comico-réaliste qui semblait lui manquer avant 1752.

La séparation des deux grands genres classiques de la tragédie et de la comédie servit au XVIIIᵉ siècle à structurer l'effort d'innovation. C'est par référence à cet effort qu'on parla de genres « mixtes » et « intermédiaires ». Donc, même si les normes du canon classique se faisaient contester, elles continuaient en même temps de canaliser ce débat. Il faut ainsi replacer ce que certains ont appelé « le réalisme » des pièces bourgeoises et populaires dans le cadre de l'esthétique classique. Au-delà des unités, le classicisme faisait confondre les notions de tragique et de comique avec celles d'élévation et de bassesse, de stylisation et de peintures fidèles au réel. Transposé dans le contexte du théâtre lyrique, l'infléchissement vers le « bas » de l'orientation ascendante de l'opéra se mesura par l'accueil des opéras-bouffes (opéras-comiques) dans son répertoire traditionnellement plus exclusif. Les tensions générées par la Querelle des Bouffons signalent l'un des grands moments de mutation à cet égard.

Le versant « manquant » de l'opéra français existait déjà, mais *ailleurs*, dans le domaine non officiel du répertoire forain que nous avons étudié dans le chapitre précédent. À cause d'une approche qui s'organise hiérarchiquement et par troupes, la critique a prêté à la Querelle des Bouffons à l'Opéra de Paris une dimension de révolution qu'elle ne mérite peut-être pas à ce point. En fait, on peut aussi la voir comme une reconnaissance (douloureuse pour certains irréductibles de l'Académie Royale) que la scène du Palais Royal pouvait, elle aussi, accueillir ces spectacles moins « sérieux » que d'autres théâtres parisiens (et étrangers) applaudissaient depuis quelques temps déjà. Comme toute la décennie à partir de 1750 semble se caractériser par des bouleversements (restructurations des genres, des pratiques scénographiques, des répertoires et de l'identité même des troupes théâtrales), il nous semble raisonnable d'examiner aussi le développement de l'opéra-comique après 1752 dans le contexte d'une recherche intensifiée d'effets de réel qui influençait tous les secteurs de la production théâtrale de l'époque jusqu'à la Révolution.

Mais l'accueil du non sérieux pour amplifier la recherche d'effets de réel, n'est qu'une des démarches à étudier. L'autre est l'effort qui consista à renforcer l'illusion théâtrale, non pas en insistant sur son caractère factice (comme nous venons de le voir dans la section précédente), mais justement en le cachant pour charmer le spectateur par une production scénique sans aspérités, lisse et apparemment sans coutures. L'effet de réel devient alors un effet de synthèse dont les secrets disparaissaient sous une surface à la fois opaque et agréable.

L'harmonisation et le perfectionnement de l'illusion présidèrent au développement de la forme hybride issue des foires au début du siècle et passée dans le répertoire des Italiens ainsi qu'aux autres théâtres par la suite. Encore faut-il caractériser ces progrès en termes applicables à l'époque. Ces efforts, démontrés par le passage des vaudevilles aux ariettes à l'Opéra-Comique va dans le sens d'un rehaussement de son effet sur le spectateur. « Épanouie » seulement lorsque les éléments disparates s'harmonisent pour le public du moment, cette forme théâtrale n'atteindra sa plénitude qu'au moment où ce public se laissera bercer par un ensemble homogène dont les ingrédients individuels ne ressortent pas aussi clairement qu'avant. On pourrait schématiser cette transformation de la façon suivante :

vaudevilles [externes]➤ ariettes [intégrées]
acteur-chanteur-mime➤ un seul artiste
sujets « merveilleux »➤ sujets bourgeois/populaires

Ce fut le mouvement des pièces de Lesage à celles de Favart. Chez le premier, dès *Arlequin roi de Serendib* (1713) jusqu'à ses pièces à vaudevilles tardives, le caractère hétérogène et populaire des airs tels que *Réveillez-vous, belle endormie* et *Lanturlu* était reconnu par le public (qui était appelé, d'ailleurs, à les entonner) de la même façon que le référent double d'une pièce parodique, qui tirait toute la richesse de son effet de la conscience de sa dualité. Chez le second, dont l'ariette dialoguée « Bailli, n'avez-vous pas vu » dans *Annette et Lubin* (1762) fut composé par A.-B. Blaise pour répondre spécifiquement aux demandes du livret, la composition imite les vaudevilles tout en aspirant au statut d'une musique originale [278]. Ce fut à des compositeurs comme E.R. Duni et P.-A. Monsigny de renouveler le genre, qui était alors le plus populaire de la Comédie-Italienne reconfigurée après sa fusion avec l'Opéra-Comique de 1762. Duni, par exemple, « était capable de passer sans transition et avec le même bonheur de la compilation des pastiches à la création de partitions originales [279] ». De sa collaboration heureuse avec Favart, nous lui devons la musique de *La Fée Urgèle* (1765). Mais Ph. Vendrix réserve à A.-E.-M. Grétry le titre de « classique » parmi les compositeurs, grâce à sa participation dans des chef-d'œuvre de synthèse tels que le *Richard Cœur de Lion* (1784) de Sedaine :

> Tous ses écrits le reflètent : Grétry concevait l'opéra-comique non seulement comme une œuvre musicale mais aussi et surtout comme une œuvre musico-dramatique, le produit d'une collaboration intense entre un écrivain et un compositeur. (p. 157)

Connu principalement pour l'illustration des théories de Diderot dans son drame *Le Philosophe sans le savoir* (1765), Michel-Jean

---

278. Ph. Vendrix, *L'Opéra-comique en France*, 117.
279. *Ibid.*, p. 118.

Sedaine s'illustra davantage par les nombreux opéras-comiques qu'il créa à la Foire et pour la troupe unifiée de la Comédie-Italienne après 1762. La préface de *Rose et Colas* (1764) de Sedaine insiste particulièrement sur l'union musique-texte :

> Ce petit genre [l'opéra-comique] a l'ambition de joindre la flute d'Euterpe au masque de Thalie [...]. Ses efforts tendent à introduire la vraie comédie, ne faisant qu'un avec les morceaux de musique nécessairement enchaînés à la scène, et vicieux dès que le concours heureux de l'harmonie ne donne pas à l'action de la chaleur, du mouvement et de la précision. (L'Auteur au lecteur, p. 127)

Beaumarchais envisage une synthèse similaire, mais propose de la mener bien plus loin, dans son avertissement « Aux abonnés de l'Opéra qui voudraient aimer l'opéra » qui précède *Tarare*. Son seul opéra, en 5 actes avec prologue, fut représenté à l'Académie Royale de Musique le 8 juin 1787, et grâce à une très étroite collaboration avec le compositeur Antonio Salieri, Beaumarchais releva le défi de redéfinir les « rapports de la poésie, de la musique, de la danse et des décors »[280]. Sa réforme, ébruitée déjà dans la « Lettre modeste », visait l'apprivoisement d'une musique désignée comme excessive (« Il y a trop de musique dans la musique du théâtre »[281]). Au nom de la fonction d'auteur qu'il s'efforçait de faire respecter (voir Chapitre I), Beaumarchais condamne un élément de l'art du spectacle devenu trop autonome à son goût :

> L'impudent qui veut briller seul n'est qu'un phosphore, un feu follet. Cherche-t-il à vivre sans moi, il ne fait plus que végéter ; un orgueil si mal entendu tue son existence et la mienne[282].

Depuis le début du siècle, quelque chose de fondamental a changé. L'auteur d'alors ne pouvait pas freiner l'envie de « briller seul » des comédiens et musiciens avec lesquels il collaborait. Il pouvait encore moins aspirer à occuper le premier rang et faire un texte sur lequel tous les autres exécutants accepteraient de se modeler. Nous avons vu, au premier chapitre, que Voltaire dut s'incliner devant les

---

280. Beaumarchais, *Œuvres*, p. 1429.
281. *Ibid.*, p.500.
282. *Ibid.*, p. 501.

dictats des comédiens pour *Œdipe*, comment Lesage perdit pendant 20 ans ses droits sur *Turcaret* qui était resté étouffé dans les archive du théâtre, la manière dont Marivaux et ses confrères fournisseurs de textes s'adaptèrent aux pratiques des Italiens, et le fait que Rousseau fut privé de son droit d'entrée au théâtre que le *Devin du village* continuait d'enrichir. Vers la fin du siècle, Beaumarchais exprime enfin l'ambition refoulée de ses prédecesseurs.

Beaumarchais place le sujet et son élaboration en un livret au centre du spectacle lyrique qu'il envisage (p. 499). La hiérarchie qu'il propose est celle d'un auteur qui, fort de son nouveau statut, place le « poème » au cœur de cette création composite. Bien que ce livret soit comparé à un « canevas » [283], Beaumarchais n'accepte plus le sort modeste du canevas théâtral que les Italiens abandonnaient depuis peu, et qui avait pour fonction d'être souple, ouvert et pliable à la virtuosité de l'artiste – comédien *dell'arte* ou musicien. Ce canevas-là, comme l'auteur qui le créait, restait effacé et discret. Voilà d'ailleurs pourquoi nous connaissons si peu de noms d'auteurs de canevas et d'auteurs de livrets ; ce sont les poèmes de Quinault, et non ceux de Racine, qui ont servi d'appuis à la musique de Lully. Au XVIIIe siècle, c'est Fuzelier (et non pas un écrivain plus chevronné) qui fit le livret des *Indes galantes* pour la musique de Rameau. Beaumarchais, par contre, réclame une place centrale pour le livret dans le spectacle qu'il envisage. Ce nouveau livret doit non seulement déclencher, mais aussi, et surtout, harmoniser le reste.

Il existait déjà des exemples d'un spectacle musical qui réussissait par son homogénéité, fruit de l'apport des Favart au répertoire non officiel, et raison du grand succès du *Devin du village* de Rousseau. Beaumarchais va cependant plus loin. Il cherche des pouvoirs de vrai démiurge, seul capable de maîtriser le chaos et d'imposer l'ordre là où auparavant il n'y en avait pas. Le Prologue de *Tarare* représente ce paradigme sous une forme allégorique :

LA NATURE ET LES VENTS DÉCHAÎNÉS
L'ouverture fait entendre un bruit violent dans les airs, un choc terrible de tous les éléments. La toile, en se levant, ne montre que des

---

283. « C'est le canevas des brodeurs que chacun couvre à volonté » (Beaumarchais, *Œuvres*, p. 499).

nuages qui roulent, se déchirent et laissent voir les vents déchaînés ; ils forment, en tourbillonnant, des danses de la plus violente agitation.
(Prologue, sc. 1)

Armée de sa baguette magique, La Nature impose ordre et calme en expliquant : « Je rassemble les éléments », éléments qualifiés plus loin d'« Atomes perdus dans l'espace » (Prologue, sc. 2). Faisant référence en fait au rôle du hasard dans les rangs de la société, Beaumarchais n'en offre pas moins une image du passage du désordre à l'ordre qui annonce l'ère du metteur en scène créant le sens du spectacle dont il gouvernera toutes les facettes :

> Ces revendications ne sont pas toutes nouvelles ; Beaumarchais sait les rassembler pour redonner au spectacle son unité et le rendre ainsi beau et efficace. Wagner aura les mêmes préoccupations, et le texte de Beaumarchais annonce les écrits théoriques du maître de Bayreuth [284].

*
* *

Cette étude débouche sur la notion de l'unification de tous les éléments d'un spectacle sous la conduite d'un créateur qui aspire à une parfaite synthèse. Chez les auteurs cela se reflète dans des textes de plus en plus truffés de didascalies ; chez les théoriciens de l'art de l'acteur, par l'ensorcellement calculé du public ; chez les directeurs de troupes, par la recherche d'exécutants capables de jouer, de parler et de chanter également bien. P. Peyronnet considère ce moment comme celui de l'émergence du concept de la mise en scène [285]. Désormais, le spectateur assumera une relation avec l'activité scénique tout autre que la participation intrusive et désordonnée d'autrefois. La participation ludique rendue possible pour le spectateur par les représentations stylisées de la première moitié du siècle est désormais atténuée par l'immobilisation du public devant une illusion scénique matériellement perfectionnée.

---

284. Beaumarchais, *Œuvres*, Notice de *Tarare*, p. 1429.

285. « [...] avec le XIXe siècle, le metteur en scène est né. Mais c'est le Siècle des Lumières qui l'a enfanté. » (*La Mise en scène au XVIIIe siècle*, p. 13)

CONCLUSION

« Jeux, écritures, regards » ; le sous-titre de ce *Théâtre du XVIIIᵉ siècle* met l'accent sur une pluralité de perspectives pour l'appréhension de ses pratiques scéniques. L'ampleur de l'activité théâtrale entre 1700 et 1790 suggère, en outre, l'importance extrême de cette pratique pour les Français de tous les états. Au moins des centaines de milliers de gestes théâtraux posés dans toute l'étendue du royaume, du palais de Versailles jusqu'au marché en plein air de telle ou telle ville où les animaux encore vivants côtoyaient des scènes du théâtre de Voltaire. Pour reprendre l'expression de notre introduction, on aurait dit que tout le monde jouait... Certes, il fallait des moyens considérables, « extravagants » aux yeux de certains critiques, mais l'évidence montre avec insistance un élan collectif que ces réticents ne purent guère atténuer. Seule la mort de Louis XIV, et non pas les critiques des dépenses de la duchesse du Maine, put interrompre les Grandes Nuits de Sceaux. Pour ceux qui n'avaient pas ces moyens matériels, l'égalité entre participants se rétablissait à force de talent, d'ambition et de persistance. Le jeu théâtral offrait à tous une occasion et un lieu « magiques » pour se rejoindre, au-delà des classes et des conditions, dans un amour commun de la représentation scénique. Artistes et Grands se retrouvaient unis, du moins le temps de l'exécution d'un rôle sur la scène...

Dans les coulisses, en revanche, ce plaisir se payait cher. Deux visions du théâtre s'affrontèrent dans une lutte pour la survie. La révolution épistémologique des Lumières a non seulement modifié notre façon de saisir la réalité ; elle a aussi reconfiguré la perception des représentations artistiques de cette réalité. L'aube de ce qui allait être l'ère de la représentation naturaliste se traduit au niveau de l'histoire théâtrale en une redistribution des pouvoirs dans le circuit de la production et de la réception des spectacles. Il était question d'un heurt entre les comédiens et les auteurs, d'une opposition entre les détenteurs de privilèges et ceux qui réclamait leur part des recettes, et d'un débat entre spectateurs et praticiens sur l'attribution du sens d'un spectacle. Ces conflits étaient au cœur des échanges ponctuels qui constituaient la petite histoire du théâtre. Alors que les Comédiens-Français présidèrent si promptement à la démolition de la Loge foraine de Holtz en février 1709, ce fut le tour, le 14 juillet 1789, du directeur du petit théâtre des Délassements Comiques de s'élever contre les *diktats* des théâtres officiels et de rétablir un contact plus direct avec ses spectateurs. Il fit « déchirer le rideau de gaze qu'on l'avait obligé en 1788 à étendre entre les acteurs et les spectateurs » [286] en guise de 4e mur (sûrement plus pudique qu'esthétique en l'occurrence). De telles manifestations de force frappent l'imagination parce qu'elles sont intenses et localisées. Mais au niveau collectif, le « démasquage » des vieillards dans la reprise des *Fourberies de Scapin* en 1737 et l'élimination graduelle du jeu improvisé de l'ensemble d'habiletés exigé d'un acteur professionnel témoignent du même type de restructuration. Les perdants dans ce vaste ajustement n'étaient pas seulement le groupe des adeptes d'un style de jeu ; la curieuse éclipse du théâtre marivaudien pendant quelques générations suggère l'ampleur des enjeux. La reconfiguration du monde théâtral entre 1700 et 1790 réclama ses victimes.

Si les jeux différemment codés des « Italiens » et des « Français » du premier tiers du siècle durent céder du terrain sur l'aire scénique à d'autres modes d'investissement de l'espace théâtral, l'épanouissement parallèle d'une multiplicité d'écritures (tragédies en prose, parades en vers, créations dans la sphère privée par des femmes auteurs, ascendance graduelle de l'écrivain par rapport au praticien) orienta la production théâtrale vers une mise en éditions de plus en plus valorisée. Quant au spectateur, la double évolution, vers des jeux naturalisés et vers son éloignement – physique et mental – de l'action représentée, influença le regard même par lequel il percevait une pièce.

Les listes de titres, d'auteurs, de lieux et de troupes que nous avons mis en index à la fin de cet essai révèlent le dynamisme du phénomène « théâtre » au XVIIIe siècle. La pratique des créations collectives brouille les pistes pour qui veut désigner l'auteur de *Barbarin*, de *La Foire Saint-Germain* ou d'*Annette et Lubin*. Le Palais Royal abritait l'Opéra, mais aussi, à différents moments, la Comédie-Italienne et des spectacles venus de la Foire. À une époque

---

286. A. Tissier, *Les Spectacles à Paris pendant la Révolution*, p. 183.

où la distinction entre majuscules et minuscules n'était pas fixée, l'O/opéra-C/comique désignait une association de deux troupes, une seule troupe privilégiée par rapport aux autres artistes forains, un genre de spectacle ou une salle de théâtre où jouait une compagnie du même nom. La Comédie-Italienne de la fin du siècle était en fait l'Opéra-Comique sous un autre nom alors que pendant les trois étés de 1721 à 1723, elle était une troupe foraine dont certaines pièces se trouvent publiées dans *Le Théâtre de la foire* de Lesage et D'Orneval. Et finalement, pour qui veut cerner la tradition de la Comédie-Française, il faut chercher dans l'index sous ce terme ainsi que sous les « Français », le « Théâtre Français », et dans le texte, sous « Romains », alors que du côté de leurs rivaux, l'Hôtel de Bourgogne a longtemps signifié la tradition des Italiens qui y jouaient.

L'impression de mobilité met en perspective les notions de sclérose, de hiérarchie rigide et de palmarès incontesté que l'on a souvent invoquées pour caractériser le théâtre du XVIIIᵉ siècle. On ne fait que commencer la découverte et la réévaluation du théâtre lyrique qui envahit les théâtres, surtout après le milieu du siècle. Si la critique naissante de cette époque a été « nettement négative » [287] à l'égard de Marivaux (comme Fréron à l'égard de La Touche), les recherches plus poussées d'H. Lagrave sur l'accueil favorable du public des spectacles ont relativisé cette opinion. La réémergence de Marivaux au cours du XXᵉ siècle, mais aussi du répertoire ludique, spirituel et théâtral dont il n'est que le représentant le mieux connu de nos jours, justifie pleinement la nouvelle perspective que nous proposons. Elle révèle, au terme de cette étude, la grande importance de Mercier (phénomène à approfondir), l'omniprésence de Voltaire qui, en plus de sa défense du répertoire « Français », hanta les théâtres de société, les scènes de province, les représentations de collège et même le théâtre des rues, et enfin elle revalorise les acteurs et les spectateurs qu'une longue tradition de théâtre de texte et de mise en scène totalisante avaient écartés pendant plus d'un siècle. Le XVIIIᵉ siècle fut un âge du théâtre au sens large de ce terme ; les jeux, écritures et regards transformés constituèrent le vaste champ de bataille sur lequel on contesta ses limites et ses dimensions.

---

287. *Marivaux et sa fortune littéraire*, p. 33.

INDEX DES AUTEURS ET TITRES DE PIÈCES

(* = scénario improvisé en italien)

INDEX SÉLECTIF DES LIEUX,
THÉÂTRES ET TROUPES

Ambigu-Comique (1769), 163

Grands Danseurs, théâtre des (devient théâtre de la Gaîté), 34, 42, 57n, 163

Associés (1774) (Sallé & Vienne, bd du Temple), 32n, 34, 136, 163, 240

Variétés-Amusantes (1778), 77

Délassements Comiques (bd du Temple), 34, 165, 237, 254

Bourgogne, voir Hôtel de, voir aussi Comédie-Italienne

Brest, théâtre de, 242

Cassini, théâtre de Mme de, 128n

Caylus, maison du comte de (« Lazzis » en 1732), 172

Chantilly, château de, 105

Châtenay, résidence de (Malézieu), 62, **169-170**

Chevallier, résidence, 63, 171

Chevrette, château de, voir marquise de Gléon

Choisy, théâtres à, 105, 171

Cirey (Mme du Châtelet), 170

Cirque du Palais-Royal, voir Palais-Royal

Clagny, château de, voir Maine, duchesse du

Colisée (1771-1778, Champs-Élysées), 163, 165

Collège de France, 23

Collège, théâtre(s) de, 28, 29, 30, 34, 42, 43, 89, 116, 181, 255

    Collège de la Marche, 28, 30

    Collège d'Harcourt, 28, 68, 116,

    Collège de Sainte-Geneviève (à Nanterre), 116

    Collège de Saint-Germer (Rouen), 116

    Collège des Arts (Caen), 116

    Collège des Barnabites (Montargis), 116

    Collège des Oratoriens (Niort), 34

    Collège d'Orléans (à Versailles), 116

    Collège Duplessis-Sorbonne, 28

    Collège Louis-le-Grand, 28, 29

    Collège Mazarin, 116

Comédie-Française (Théâtre de la Nation depuis juillet 1789), 12, 18, 20, 23, 25, 30, 32, 34, 36, 38, 42, 43, 68, 69, 70, 71, 75, 78, 82, 87, 95, 102, 103, 104n, 105, 106n, 107, 109, 112, 113, 119, 120, 122, 125, 126, 129n, 131, 132, 134, 135, 136, 137, 138, 143, 146, 148, 153, 154, 156, 163, 165, 171, 176, 177, 192, 194, 198, 202n, 214, 219, 227, 233, 238, 244, 255

    Rue des Fossés Saint-Germain (ex. rue de l'Ancienne Comédie) (1687-1770), 22, 38, 113

Honoré, troupe d' (voir aussi Opéra-Comique), 43, 140
Hôtel de Bourgogne, troupe de l' (avant 1680), 22
Hôtel de Bourgogne (voir aussi Comédie-Italienne), 12, 38, 43n, 107n, 132, 133, 221n, 255
Italiens (vieille troupe de Gherardi, avant 1697), 23
Italiens, ou Comédiens Italiens (voir aussi Comédie-Italienne), 22, 23, 30, 31, 34, 38, 41, 55, 58, 61, 84, 97, 102, 103, 105, **130-136**, 138, 139, 140, 149, 160, 163, 179, 191, 200, 202, 207n, 210, 213, 224, 231, 235, 240, 242, 245, 248, 254, 255
Jaback, hôtel de, 176
Lazzistes, société des (1731-1732), **171-172**
La Roquette, théâtre de (1754 et après ?, comte de Clermont), 175-176
La Traversière, théâtre de la rue (troupe de Voltaire), 176
Le Jay, hôtel (débuts d'Adrienne Lecouvreur, 1705), 168, 177
Lille, théâtre de, 116n, 169
Lincoln's Inn (à Londres), 70
Lunéville, théâtre de, 169
Lyon, théâtre de (Monnet dir. en 1745), 35, 68, 156, 167, 218, 235
Maine, duchesse du, théâtres, **169-171**
        Clagny, 169, 170
        Sceaux, 120, 169, 171, 253
        Anet, 170
Marais, théâtre du, 22, 105
Marché de jeudi, 161 (vis-à-vis), 253
Mareux, théâtre, voir aussi Élèves de Thalie, 165
Marly-le-Roi, château de, **26-28**, 34, 35, 105, 167, **168**, 170
Marseille, théâtre de, 89n, 133n, 233
Maurepas, comte de (petite-maison env. 1732), 64, 172
Menus-Plaisirs, théâtre des (ex. théâtre de l'Opéra-comique de Monnet à la foire Saint-Laurent), 38, 221n
Molière, troupe de, 22
Monsieur, théâtre de (devient théâtre Feydeau), 32, 34, 41, 165
        Tuileries, salle des Machines (janv.-déc. 1789), 38
        Foire Saint-Germain (janv. 1790 et après), 139, 161, 162, 163
Montesson, théâtre de la marquise de (Chaussée d'Antin), **179-180**
Montpellier, théâtre de, 68
Nancy, théâtre de, 116
Nicolet, théâtre (à la Foire Saint-Germain), 162
Nicolet, voir Boulevard
Niort, théâtre de, voir aussi Collège des Oratoriens, 34

BIBLIOGRAPHIE SÉLECTIVE

A. MANUSCRITS

Canevas Italiens (plusieurs ayant appartenu à Gueullette), Bibliothèque Nationale, f.fr. 9310.

Fuzelier, Louis, *Les Amusemens de l'automne, ou les temples d'Éphèse et de Gnide*, Bibliothèque Nationale, f.fr., 9332.

–, *État des pièces données depuis 1710*, Bibliothèque de l'Opéra.

–, *Opéra comique*, Bibliothèque de l'Opéra.

« Fuzelier », Bibliothèque de l'Opéra, Dossier d'artiste.

Gueullette, T.S., Parades anciennes, Bibliothèque Nationale, f.fr. 9340.

Les Amusemens de la campagne, ou recueil de parades, opéras-comiques et autres petites pièces, jouées et récitées dans une société, Paris, 1767, 361 pages, Bibliothèque Historique de la Ville de Paris, NA ms 223.

Mascarades, Bibliothèque historique de la Ville de Paris, C.P. 4319.

Nouveaux mémoires sur les spectacles de la Foire, par un entrepreneur de Lazzis, dédiés à l'acteur Forain, [1743] Bibliothèque de l'Opéra, Rés. 611.

Parades de M. Gueullette, Bibliothèque Historique de la Ville de Paris, NA ms 224 (vol. relié de 551 p, + table + Lettre à Madame*** sur les Parades).

Recueil [sic] de Parades, Bibliothèque Historique de la Ville de Paris, C.P. 4444 (205 ff.).

Recueil de Parades, Bibliothèque Historique de la Ville de Paris, C.P. 4326 (122 ff.).

Recueil de Parades, Bibliothèque Historique de la Ville de Paris, C.P. 4327 (110 ff.).

Registres de la Comédie-Française, Bibliothèque de la Comédie-Française.

Sujets de Comédies italiennes non imprimés dans le recueil de Gherardi, Bibliothèque Nationale, f.fr. 9329.

B. IMPRIMÉS

1. TEXTES. AUTEURS ET RECUEILS

Anthologie de pièces du Théâtre de la Foire, choisies et éditées par Derek Connon & George Evans, Egham, Surrey, Runnymede Books, 1996.

Beaumarchais [Pierre Caron], *Œuvres*, édition établie par Pierre Larthomas avec la collaboration de Jacqueline Larthomas, Paris, Gallimard, Bibliothèque de la Pléiade, 1988.

Biancolelli, Dominique [Pierre-François], *Nouveau Théâtre italien*, à Anvers, François Huyssens, 1713.

Bibliothèque des théâtres, Paris, Veuve Duchesne, 1784, 41 vol.

Collalto, A., *Les Trois jumeaux vénitiens*, comédie italienne, en quatre actes ; dialoguée en françois, *En faveur des Sociétés, & des Troupes de Province*, Paris, chez la Veuve Duchesne, 1777.

[Collé, Charles], *Théâtre de Société*, nouvelle édition, revue, corrigée & augmentée, A La Haye, chez P. Fr. Gueffier, 1778, 3 vol.

Collé, Charles, *La Veuve*, présentation de Michèle Weil, Montpellier, Éditions Espaces 34, 1991.

Dancourt, Florent Carton, *La Fête de village ou les bourgeoises de qualité*, présentation de Judith Curtis et Ross Curtis, Montpellier, Éditions Espaces 34, 1996.

Delisle de la Drevetière, Louis-François, *Arlequin sauvage*, suivi de *Le Faucon et les Oies de Boccace*, présentation de David Trott, Montpellier, Éditions Espaces 34, 1996.

Diderot, Denis, *Œuvres complètes*, introduction de Roger Lewinter, Le Club Français du Livre, 1969-1973, 15 vol.

Dorat, Claude-Joseph, *Les Deux « Régulus » de Dorat*, édition établie par Jean-Noël Pascal, Perpignan, Presses Universitaires de Perpignan, « Collection Études », 1996.

Dumaniant, Antoine-Jean Bourlin, pseud., *Recueil des pièces qui ont le plus de succès sur les théâtres de la rue de Richelieu, ci-devant des Variétés amusantes, et théâtre du Palais Royal ; sur celui des Petits-Comédiens du Palais Royal*. Paris, Belin, Valade, 1791, 7 vol.

Favart, Charles-Simon, *Théâtre choisi de Favart*, Paris, Léopold Collin, 1809, 3 vol.

–, *La Fée Urgèle*, précédée de *La Répétition Interrompue*, préface de François Moureau, Paris, Cicero Éditeurs, 1996.

Femmes dramaturges en France (1650-1750), Textes établis, présentés et annotés par Perry Gethner, Paris-Seattle-Tübingen, Biblio 17, 1993.

Bibliographie sélective

Fin du Répertoire du Théâtre Français, avec un nouveau choix des pièces des autres théâtres, rassemblées par M. Lepeintre, Paris, chez Mme Vve. Dabo, 1824, tomes 42 & 43 (proverbes de Dorvigny et Carmontelle, et al.).

Florian, *Cinq Arlequinades*, présentation de Jean-Noël Pascal, Montpellier, Éditions Espaces 34, 1993.

Frantext < http://www.ciril.fr/INALF/inalf.presentation/frantext.htm>

Gambelli, Delia, *Arlecchino a Parigi. Lo Scenario di Domenico Biancolelli*, edizione critica, introduzioni e note, Roma, Bulzoni editore, 1997, 2 vol.

Genlis, Mme de, *Théâtre d'éducation à l'usage de la jeunesse*, nouvelle édition, revue et corrigée, Paris, Didier et Cie, 1860, 2 vol.

Gouges, Marie Gouze, dite Olympe de, *L'Esclavage des Noirs, ou l'heureux naufrage*, Paris, Vve. Duchesne, 1782.

Graffigny, [Françoise d'Happoncourt] Mme de, *Cénie*, dans *Œuvres complètes*, Paris, Briand, 1821.

Gueullette, Th.-S., *Parades inédites*, avec une préface par Charles Gueullette, Paris, Librairie des Bibliophiles, 1885.

–, *Parades*, extraites du *Théâtre de Boulevards*, présentation de Dominique Triaire, Montpellier, Éditions Espaces 34, 2000.

Histoire et recueil des Lazzis, éd. Judith Curtis & David Trott, Studies on Voltaire and the Eighteenth Century, n° 338, 1996.

La Motte, Houdar de, *Œuvres*, Paris, Prault, 1754, t. 4.

Landois, Paul, *Silvie*, Tragédie, en Prose, en un Acte, éd. Henry Carrington Lancaster, *Johns Hopkins Studies in Romance Literature and Languages*, vol. XLVIII, 1954.

L'Autre Iphigénie, textes de Guimond de la Touche, Guillard et Favart, réunis et présentés par Jean-Noël Pascal, Perpignan, Presses Universitaires de Perpignan, 1997.

Lesage [Alain-René] et D'Orneval, *Le Théâtre de la Foire ou l'Opéra-comique, contenant les meilleures pièces qui ont été représentées aux Foires Saint-Germain et Saint-Laurent*. Paris, E. Ganeau, 1721-1737, 10 vol.

Marivaux, *Théâtre complet*, éd. F. Deloffre et F. Rubellin, Nouvelle édition, revue et mise à jour, Paris, Bordas, « Classiques Garnier », 1989-92, 2 vol.

–, *L'École des mères*, suivi de *La Mère confidente*, éd. Françoise Rubellin, Livre de Poche, 1992.

Mercier, Louis-Sébastien, *Théâtre complet*, « avec de tres-belles figures en taille douce » [*sic*], Nouvelle édition, Amsterdam, B. Vlam, Leide, J. Murray, 1778, 4 vol.

Montesson, Charlotte-Jeanne Beraud de la Haie de Riou, marquise de, *Œuvres anonymes*, Paris, Didot l'aîné, 1782-1785, 8 vol.

Nouveau Théâtre Italien, ou Recueil général des comédies représentées par les Comédiens Italiens ordinaires du Roy. Nouvelle édition augmentée des pièces nouvelles, des arguments de plusieurs autres qui n'ont pas été imprimées, et d'un catalogue de toutes les comédies représentées depuis le rétablissement des Comédiens Italiens, Paris, Briasson, 1729, 8 vol.

Parodies du Nouveau Théâtre Italien, Paris, Briasson, Nouvelle Édition, 1738, 4 vol.

Regnard, Jean-François, *Le Légataire universel*, suivi de *La Critique du Légataire*, Textes établis, présentés et annotés par Charles Mazouer, Genève, Droz, 1994.

Romagnesi, Jean-Antoine, *Œuvres de Romagnesi*, nouvelle édition augmentée de la vie de l'auteur, Paris, Veuve Duchesne, 1772, 2 vol.

Rousseau, Jean-Jacques, *Œuvres complètes*, édition publiée sous la direction de Bernard Gagnebin et Marcel Raymond, Paris, Gallimard, Bibliothèque de la Pléiade, *Les Confessions*, t. I, 1959 ; « Théâtre », t. II, 1964.

Sedaine, Michel-Jean, *Théâtre de Sedaine*, avec une introduction par M. Louis Moland, Paris, Garnier Frères, 1878.

Teatro della « Foire », Il, dieci commedie di Alard, Fuzelier, Lesage, D'Orneval, La Font, Piron, presentate da Marcello Spaziani, Roma, Ateneo, 1965.

Théâtre de foire au XVIIIᵉ siècle, éd Dominique Lurcel, Paris, U.G.E., coll. 10/18, 1983.

Théâtre de la Foire, Le, site WWW de Barry Russell <http://foires.net>.

Théâtre des boulevards, ou recueil de parades, A Mahon, Langlois, 1756, 3 vol.

Théâtre des Variétés et des Boulevards, contenant un Recueil des pièces qui ont obtenu le plus de succès sur le Théâtre des Variétés Amusantes, sur celui des Petits Comédiens du Palais Royal dit Beaujolais et sur les théâtres de l'Ambigu-Comique, des Grands Danseurs du Roi et des Élèves de l'Opéra, Paris, 1810, 5 vol.

Théâtre du XVIIIᵉ siècle, éd. Jacques Truchet, Paris, Gallimard, Bibliothèque de la Pléiade, 1972, 2 vol.

Le Théâtre italien de Gherardi, ou le Recueil Général de toutes les Comédies & Scenes Françoises jouées par les Comediens Italiens du Roy, pendant tout le temps qu'ils ont été au Service, Paris, Jean-Bapt. Cusson et Pierre Witte, 1700, 6 vol.

Voltaire, *Œuvres complètes de Voltaire*, tome premier, « Théâtre », Paris, Firmin-Didot, 1876.

2. ÉTUDES

XVIIIᵉ siècle

Calandrier historique des Théâtres de l'Opéra et des Comédies Françoise et Italienne, Paris, Cailleau, 1752.

Collé, Charles, *Journal et mémoires*, Nouvelle Édition par Honoré Bonhomme, Paris, Librairie de Firmin Didot frères, 1868, 3 vol.

Desboulmiers [J.-A. Jullien], *Histoire anecdotique et raisonnée du Théâtre italien depuis son rétablisssement en France jusqu'à l'année 1769*, Paris, Lacombe, 1769, 7 vol. Genève, Slatkine Reprint, 1968.

Dictionnaire dramatique, dans la collection *Bibliothèque des Théâtres*, Paris, Veuve Duchesne, 1784, 2 vol.

Grimm, Diderot, Raynal, Meister, etc. *Correspondance littéraire, philosophique et critique*, éd. Maurice Tourneux, Paris, Garnier frères, 1877-1882, 16 vol.

Léris, Antoine de, *Dictionnaire portatif, historique et littéraire des théâtres*, Paris, Jombert, 1763.

Marmontel, *Mémoires*, éd. Maurice Tourneux, Paris, Librarie des Bibliophiles, 1891, 3 vol.

Mercier, Louis Sébastien, *Tableau de Paris*, édition établie sous la direction de Jean-Claude Bonnet, [Paris], Mercure de France, 1994, 2 vol. + cartes et index.

Mercure de France, Genève, Slatkine Reprints, 1970.

Monnet, Jean, *Mémoires de Jean Monnet, Directeur du Théâtre de la Foire*, Introduction et notes par Henri d'Alméras, Paris, Louis-Michaud, [s.d.]

Parfaict, François et Claude, *Mémoires pour servir d'histoire des spectacles de la Foire*, par un acteur forain, Paris, Briasson, 1743, 2 vol.

–, *Dictionnaire des théâtres de Paris*, Paris, Lambert, 1756, 6 vol. Slatkine reprints, 1967, 2 vol. : réimpression de l'édition de Paris, Rozet 1767. Avec supplément.

Parfaict, François, *Agendas des théâtres de Paris*, 1735, 1736, et 1737. éd. J. Bonnassies. Paris, 1876.

Perrucci, Andrea, *Dell'arte rappresentativa premeditata e all'improvviso*, publié en 1699, éd. G. Bragaglia, Firenze, Sansoni, 1961.

Rétif de la Bretonne, N.-E., *Les Contemporaines, ou Aventures des plus jolies femmes de l'âge présent*, publiées par Timothée Joly, de Lyon, Imprimé à Leïpsick, 1781, vol. 41.

Riccoboni, Luigi, *Histoire du Théâtre Italien*, Paris, André Cailleau, 1731, 2 vol.

Les Spectacles de Paris, ou suite du calendrier historique et chronologique des théâtres, Huitième partie pour l'année 1759, Paris, Duchesne, 1759,

Vingt-sixième partie pour l'année 1777, Paris, Veuve Duchesne, s.d., Trente-neuvième partie et Quarantième partie pour les années 1790 et 1791 (en fait, 1789 et 1790).

Voltaire, *Correspondance*, dans *Œuvres complètes de Voltaire*, éd. T. Besterman et al., Genève, Banbury, Oxford, 1968.

XIXᵉ siècle

Bapst, Germain, *Essai sur l'histoire du théâtre, la mise en scène, le décor, le costume, l'architecture, l'éclairage, l'hygiène*, (reprint de l'éd. 1893) New York, Burt Franklin, 1971.

Bernier de Maligny, Aristippe, *Nouveau manuel théâtral théorique et pratique*, Paris, Librairie encyclopédique de Roret, 1854. Réimp. Genève, Minkoff Reprint, 1973.

Bonnassies, Jules, *Les Spectacles forains et la Comédie-Française*, Paris, Dentu, 1875.

Compardon, Emile, *Spectacles de la Foire. Théâtres, acteurs, sauteurs et danseurs de corde... des foires Saint-Germain et Saint-Laurent, des boulevards et du Palais-Royal, depuis 1595 jusqu'à 1791*, Paris, Berger-Levrault, 1877, 2 vol.

–, *Les Comédiens du Roi de la troupe italienne*, Paris, Berger-Levrault, 1880, 2 vol.

Cousin, Jules, *Le comte de Clermont, sa cour, ses maîtresses, lettres familières*, Paris, Académie des Bibliophiles, 1867, 2 vol.

Jullien, Adolphe, *La Comédie à la Cour, Les Théâtres de société royale pendant le siècle dernier*, Paris, Libraire de Firmin-Didot et Cie., [1885].

Moynet, J., *L'Envers du théâtre. Machines et décors*, 3ᵉ édition, Paris, 1888. Réimpression, Genève, Minkoff Reprint, 1973.

Olivier, J.J., *Voltaire et les comédiens interprètes de son théâtre*, Paris, Lecène, Oudin et Cie., 1899.

Villemain, M., « Tableau de la littérature au XVIIIᵉ siècle », *Cours de littérature française*, Paris, Didier, 1855, t. III.

XXᵉ siècle

Âge du Théâtre en France, L'/The Age of Theatre in France, éd. David Trott & Nicole Boursier, Edmonton, Academic Printing and Publishing, 1988.

Alasseur, Claude, *La Comédie française au 18ᵉ siècle. Étude économique*, La Haye, Mouton et Cie., 1967.

Albert, Maurice, *Les Théâtres des boulevards (1660-1789)*, Genève, Slatkine reprints, 1969 (réimpression de l'éd. de Paris, Hachette & Cie 1900).

Attinger, Gustave, *L'Esprit de la « Commedia dell'Arte » dans le théâtre français*, Paris, Librairie Théâtrale, 1950.

Beaulieu, Henri, *Les Théâtres du Boulevard du Crime, Cabinets galants, Cabarets, Théâtres, Cirques, Bateleurs, De Nicolet à Déjazet (1752-1862)*, Paris, H. Daragon, 1905.

Blanc, André, *Le Théâtre français du XVIIIe siècle*, Paris, Ellipses, 1998.

Brenner, Clarence D., *A Bibliographical List of Plays in the French Language 1700-1789*, Berkeley, California, 1947. Réimprimé « With a New Foreword and an Index by Michael A. Keller and Neal Zaslaw, New York, AMS Press, 1979 ».

–, *The Théâtre italien, its Repertory 1716-1793*, Berkeley and Los Angeles, University of California Press, 1961.

Calame, Alexandre, *Regnard. Sa vie et son œuvre.* [Alger], 1960.

Capon, G. & R. Yve-Plessis, *Les Théâtres clandestins*, Paris, Plessis, 1905.

Carlson, Marvin, *Le Théâtre de la Révolution française*, Paris, Gallimard, 1970.

Chartier, Roger, *L'Ordre des livres. Lecteurs, auteurs, bibliothèques en Europe entre XIVe et XVIIIe siècle*, Aix-en-Provence, Alinea, 1992.

Corvin, Michel, *Dictionnaire encyclopédique du théâtre*, Paris, Bordas, 1991.

Couprie, Alain, *Lire la tragédie*, Paris, Dunod, 1994.

Dictionnaire des lettres françaises. Le XVIIIe siècle, publié sous la direction de Georges Grente. Édition revue et mise à jour sous la direction de François Moureau, Fayard, 1995.

Duchartre, Pierre-Louis, *La Commedia dell'Arte et ses enfants*, préface de Jean-Louis Barrault, Éditions d'art et d'industrie, 1955.

Dux, Pierre, et Sylvie Chevallier, *La Comédie Française. Trois siècles de gloire*, Paris, Denoël, 1980.

Enciclopedia dello spettacolo, Fondata da Silvio d'Amico, Roma, Casa Editrice le maschere, 1959, 10 vol.

Fleury, Vicomte, *Les Derniers Jours de Versailles*, Paris, Perrin et Cie., 1929.

Frantz, Pierre, *L'esthétique du tableau dans le théâtre du XVIIIe siècle*, Paris, Presses Universitaires de France, 1998.

–, *Le siècle des théâtres. Salles et scènes en France 1748-1807*, avec Michèle Sajous d'Oria et le concours de G. Radicchio, Paris, Bibliothèque historique de la Ville de Paris, 1999.

Fuchs, Max, *La Vie théâtrale en province au XVIIIe siècle. Personnel et répertoire*, Préface de Jean Nattiez. Introduction d'Henri Lagrave, Paris, Editions du CNRS, 1986.

Gilot, Michel, et Jean Serroy, *La Comédie à l'âge classique*, Paris, Belin, 1997.

Gourret, Jean, *Histoire des Salles de l'Opéra de Paris*, Préface de Jean-Pierre Samoyault, Paris, Guy Trédaniel, 1985.

Bibliographie sélective

Grayson, Vera L., « The genesis and reception of Mme de Graffigny's *Lettres d'une Péruvienne* and *Cénie* », *Studies on Voltaire and the Eighteenth Century*, no. 336, 1996, p. 1-152.

Grewe, Andrea, *Monde renversé-théâtre renversé. Lesage und das Théâtre de la Foire*, Bonn, Romanistischer Verlag, 1989.

Gueullette, J.-E., *Un Magistrat du XVIIIe siècle, ami des lettrés, du théâtre et des plaisirs*, Paris, Droz, 1938.

Herzel, Roger, « Racine, Laurent, and the *Palais à volonté* », *PMLA*, 108, 1993, p. 1064-1082.

Hillairet, Jacques, *Connaissance du Vieux Paris*, Paris, Le Club Français du Livre, 1965.

Impe, Jean-Luc, *Opéra baroque et marionnette. Dix lustres de répertoire musical au siècle des lumières*, Charleville Mézières, Institut International de la Marionnette, 1994.

Joannidès, A., *La Comédie-Française de 1680 à 1900*, Dictionnaire général des pièces et des auteurs, (reprint of 1901 edition) New York, Burt Franklin, 1971.

Lagrave, Henri, *Marivaux et sa fortune littéraire*, Bordeaux, Éditions Ducros, 1970.

–, *Le Théâtre et le public à Paris de 1715 à 1750*, Paris, Klincksieck, 1972.

–, « Marivaux chez les Comédiens-Italiens à la fin du XVIIIe siècle (1779-1789), un retour manqué », *Revue Marivaux*, n° 2, 1992, p. 49-65.

Lancaster, H.C., *The Comédie Française, 1701-1774*, Plays, Actors, Spectators, Finances, Philadelphia, The American Philosophical Society, 1951.

Larthomas, Pierre, *Le Théâtre du XVIIIe siècle*, Paris, Presses Universitaires de France, 1980.

Moore, A. P., *The « genre poissard » and the French Stage of the Eighteenth Century*, New York, Publications of the Institue of French Studies, 1935.

Morel, Jacques, *La Tragédie*, Paris, Armand Colin, 1964.

Moureau, François, *Dufresny, auteur dramatique (1657-1724)*, Paris, Klincksieck, 1979.

Plagnol-Diéval, Marie-Emmanuelle, *Madame de Genlis et le théâtre d'éducation au XVIIIe siècle*, dans *Studies on Voltaire and the Eighteenth Century*, n° 350, 1997.

Pavis, Patrice, *Marivaux à l'épreuve de la scène*, Paris, Publications de la Sorbonne, 1986.

–, *Dictionnaire du théâtre*, Paris, Dunod, 1996.

Peyronnet, Pierre, *Mise en scène au XVIIIe siècle*, Paris, Nizet, 1974.

Pomeau, René, *D'Arouet à Voltaire. 1694-1734*, Oxford, Voltaire Foundation, Taylor Institution, 1985.

Quero, Dominique, *Momus philosophe. Recherches sur une figure littéraire du XVIIIe siècle*, Paris, Honoré Champion, 1995.

Rizzoni, Nathalie, *Défense et illustration du « petit » : la vie et l'œuvre de Charles-François Pannard*, thèse pour le doctorat, Université de la Sorbonne nouvelle/Paris III, 1995.

Robinson, Philip, « La musique des comédies de Figaro : éléments de dramaturgie », *Studies on Voltaire and the Eighteenth Century*, n° 275, 1990, p. 359-499.

Rougemont, Martine de, *La Vie théâtrale en France au XVIIIe siècle*, Paris, Librairie Honoré Champion, 1988.

–, « Le Dramaturge », dans *Louis-Sébastien Mercier : un hérétique en littérature*, sous la direction de Jean-Claude Bonnet, Paris, Mercure de France, 1995, p. 121-51.

Rousset, Jean, « Marivaux et la structure du double registre », *Studi francesi*, I, 1957, p. 58-68.

Rubellin, Françoise, *Marivaux dramaturge*, Paris, Champion, 1996.

–, « Lesage parodiste », *Lesage, écrivain (1695-1735)*, Textes réunis, présentés et publiés par Jacques Wagner, Amsterdam, Éditions Rodopi, 1997, p. 95-123.

Sangsue, Daniel, *La Parodie*, Paris, Hachette, 1994.

Scherer, Jacques, *Théâtre et anti-Théâtre au XVIIIe siècle*, Oxford, Clarendon Press, 1975.

Spaziani, Marcello, *Il teatro minore di Lesage*, Roma, A. Signorelli, 1957.

–, « Per una storia della commedia *foraine* : il periodo 1713-1736 », *Studi in onore di Carlo Pelligrini*, Torino, Società editrice internazionale, 1963, p. 255-77.

Tissier, André, *Les Spectacles à Paris pendant la Révolution. Répertoire analytique, chronologique et bibliographique, 1789-1792*, Genève, Droz, 1992.

Trott, David, « Pour une histoire des spectacles non-officiels : Louis Fuzelier et le théâtre à Paris en 1725-1726 », *Revue d'Histoire du Théâtre*, 3, 1985, p. 255-75.

–, « Du Jeu masqué aux *Jeux de l'amour et du hasard* : l'évolution du spectacle à l'italienne en France au 18e siècle », *Man and Nature/L'Homme et la Nature*, 5, 1986, p. 177-90.

–, « Production et réception du théâtre de Marivaux : le cas de *La Double Inconstance* et du *Jeu de l'amour et du hasard* », *École des Lettres*, n° 8, 1997, p. 5-18.

–, « Deux visions du théâtre : la collaboration de Lesage et Fuzelier au répertoire forain », *Lesage, écrivain (1695-1735)*, Textes réunis, présentés et publiés par Jacques Wagner, Amsterdam, Editions Rodopi, 1997, p. 69-79.

–, « De l'improvisation au Théâtre des Boulevards : le parcours de la parade entre 1708 et 1756 », *La Commedia dell'arte, le théâtre forain et les spectacles de plein air en Europe (XVIᵉ-XVIIIᵉ siècles)*, sous la direction d'Irène Mamczarz, Paris, Klincksieck, 1998, p. 157-165.

Ubersfeld, Anne, *Lire le théâtre*, Paris, Éditions Sociales, 1982.

Vendrix, Philippe, *L'Opéra-comique en France au XVIIIᵉ siècle*, Liège, Mardaga, 1992.

Vernet, Max, *Molière, côté jardin, côté cour*, Paris, A.-G. Nizet, 1991.

TABLE DES ILLUSTRATIONS

TABLE DÉTAILLÉE DES MATIÈRES

Imprimerie France Quercy – Cahors – N° d'impression : 92846
Dépôt légal : juillet 2000